圖解
系列

# 圖解

五南圖書出版公司 印行

## 海運學

張雅富 / 編著

閱讀文字

理解內容

觀看圖表

圖解讓
海運管理
更簡單

# 序

　　臺灣四面環海，對外國際貿易主要是以海上運輸為主，由於地理環境因素，國內各船公司營運的水路運輸是以遠洋及近洋航線為大宗。海運作業是一項國際性的企業經營活動，內容涉及國際貿易慣例、國際海事條約及規定、國內海商法、保險法及民法等，都有對客貨運輸的營運資格與責任分擔等訂定相關規定。而海運環境相對陸上的鐵公路運輸，海上客貨運輸更有天然災害及人為操作失誤的風險損失，因此對海運相關知識的認識將有助於海運事業的發展。

　　海運學是大專相關科系的基礎必修學科，也是公務人員航運管理、航政機關與國營港務事業人員升資考試的必考科目之一，坊間已有學界大師及業界先進的諸多著作可供後學參考，本書在撰寫時曾參考各航運先進著作架構，以及引用國內外企業網站的圖文實務資料，在此也表示謝意。

　　本書撰寫的方式仍以「**簡單易學、實用入門**」為主旨，內容多以自繪圖表再輔以說明，對有意進修海運或參加相關考試的讀者，希望本書能在一些基礎知識上給予快速協助，在輕鬆閱讀之餘能對工作與學習上，增進學習基本海運知識。雖然曾多次編修本書內容，但內容仍或許可能有些疏漏及不足之處，尚請讀者及各界先進能給指正及建議。最後，感謝臺灣港務股份有限公司給予良好的工作環境，以及五南圖書出版股份有限公司對航港專業出版品的一貫支持，使個人的港埠輕鬆讀及圖解航港系列書籍能夠順利撰寫發行。

張雅富
2022 年秋於高雄港

CONTENTS 目錄

# 第13章　海上保險

# 第14章　載貨證券

# 第15章　傭租船契約

# 附　錄

# 第1章
# 海運之特性

# Unit 1-1 運輸概念

依教育部《線上國語字典》字義：「運輸（Transportation）是指某一物體（人或者是貨物）透過運輸工具（或交通工具與運輸路徑），由甲地移動至乙地，完成某個經濟目的的行為。」因此，運輸是一種「衍生的經濟行為」，運輸多半都是為了完成某些經濟行為，例如購物、上班、上學、訪友等需求而進行，而運輸主體與運輸工具在運輸路徑上所產生的互動現象，即為交通現象。因此運輸是一種兩地之間的移動行為，而交通是兩地之間所發生的現象。

運輸依活動地理範圍可分為國際運輸與國內運輸，在經濟全球化及國際貿易分工興盛的當下，國際運輸成為貿易貨物運送的主要型態，特別是為跨國進行運送時必須克服不同地理形勢，會結合多種運輸工具以完成最終目的地的送達。

國際運輸結合多種運輸工具完成貨物運送交接

運輸方式通常分類有五種，分別是鐵路運輸（Rail）、公路運輸（Truck）、海運運輸（Maritime）、航空運輸（Air）及管道運輸（Pipeline），這些運輸方式在運送量、運送時間及運送成本上各有特色，它們相互競爭也相互結合，成為國際運輸的特色[註1]。

地球有各種水體，總稱為水圈，約覆蓋地球表面積的71%。水圈中97%為海洋，2%為極地冰原與冰河，因此水路運輸成為國際貨物的運送方式，因此

---

[註1] Transportation Modes, Modal Competition and Modal Shift
https://transportgeography.org/contents/chapter5/transportation-modes-modal-competition-modal-shift/

衍生海運的相關事務管理及營運業務型態，常見的相關字義如下：

參考教育部《重編國語辭典修訂本》的字義：

【海事】：關於海洋、船舶航海的事項。

【航運】：水上運輸。包括內河航運、沿海航運及遠洋航運。

【海運】：利用船舶在海上運輸。

【航海】：在海上航行。

## 海運運輸的類型及特點[註2]

依貨物運送的區域可分為：

1. **遠洋運輸**（Ocean Transportation）：遠洋運輸泛指跨洲際之海上運輸，實務上可分為遠洋與近洋之別，如臺灣港口至歐美的遠洋及東南亞的近洋航線。

2. **沿海運輸**（Costal Transportation）：是船舶在沿海各港口或島嶼間進行的航行，如美國東西岸港口間、日本沿海港口與離島。

3. **內河運輸**（Inland Water Transportation）：是利用船舶在江河及相連之湖泊、人工水道進行航行，如中國大陸之長江、美國五大湖流域等。

## 海運運輸的特性：

1. **運輸能力大**：運送貨櫃、油品、礦石等貨物時，能在合適水道條件（水深及海峽寬度等）下，使用載重量大的超大型貨船進行運送。

2. **能源消耗低**：相同運輸距離下，每噸貨物的運輸能源消耗與鐵公路、航空運輸相較，相對較低。

3. **單位運輸成本低**：由於單次運輸能量相對鐵公路及航空為大，單位運費成本可以大幅降低，有利於對運價負擔能力較低的大宗貨物和原物料之長途運送。

4. **續航能力大**：一般商船可攜帶大量燃料及補給品，可歷經數十日的航程，船上還具有提供船員日常生活的獨立起居設施。

5. **受氣候及商港限制大**：當船舶在海上航行時，常受海流、氣候、地形等自然環境及港埠設施的作業條件影響，又需搭配其他運輸方式才將貨物接駁運送至最終目的地。

6. **勞動生產力高**：由於海運船舶的載運量大，相對其他運輸工具配備船員比較少，使勞動生產力較高，例如 20 萬噸的油輪大約只需配備 40 名船員。

7. **航速低**：由於一般船體較大時須克服水中阻力，航速較低時可節省燃料，適合運送較無要求運送時效的煤、鐵、糧食等大宗散裝貨物。

---

[註2]　傅莉萍，《運輸管理》，清華大學出版社，北京，2015 年。

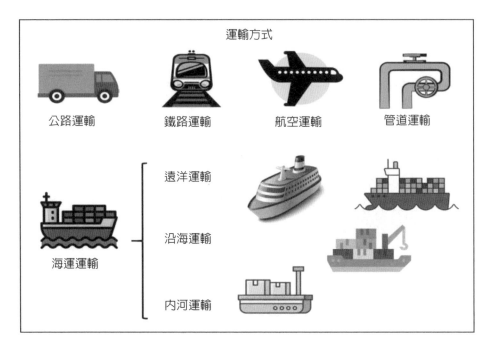

運輸方式

公路運輸　鐵路運輸　航空運輸　管道運輸

海運運輸　遠洋運輸　沿海運輸　內河運輸

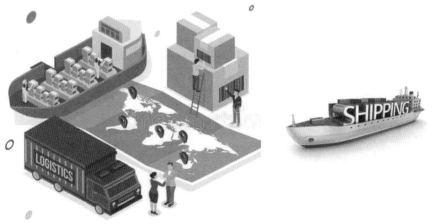

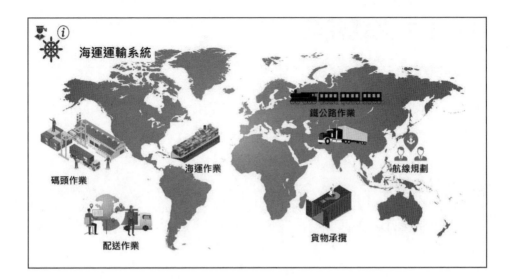

海運運輸系統

鐵公路作業

航線規劃

海運作業

碼頭作業

配送作業

貨物承攬

### 海運產業的船舶投資與營運模式

◆定期貨櫃船航業：提供具有船期表、運價表之固定航班運輸服務，或整合供應鏈的物流運送服務，扮演公共運送人角色。航線的開闢或退出、運價表等，某些受到法律上的管制，提供客戶長期、無差別待遇的運輸服務，以提高乘載率增加收益為其營運焦點。

◆不定期散裝船航業：無營運固定航線，船舶所有人或運送人提供合法具適航性的船舶，透過出租、租入船舶，賺取船舶市場租金差價，或簽訂貨物運送合約賺取高運價。市場價格依船舶運能供需平衡關係、船舶價值、貨物運送運價等關係，隨時間而連帶變動。

定期貨櫃船航業為營運船舶調整配置大小，亦會利用論時傭船方式將不合適船舶出租或租入合適船船，進行營運航線船舶替換，但不是利用傭租船交易作為本業收益之手段。

# Unit 1-2 海運要素

　　海運系統（Maritime System）[註3]是基於經濟因素衍生的海運需求（這種需求是因不同地方的資源差異、交換與生產的比較利益，導致不同區域的交流和互補之海運物流需求），在一定範圍內依照客貨資源和海運要素的技術與空間活動關係。就是為商品交易或交換，以進行海上貨物運輸為目的，由各種必要的人物與活動所構成的經濟活動，稱為海運系統。

## 海運系統的要素

　　海運系統的基本要素是由運輸的核心要素：節點（Node）、網路（Network）和需求（Derived Demand）所衍生出來，基於海上運輸的特殊屬性，要素可為：

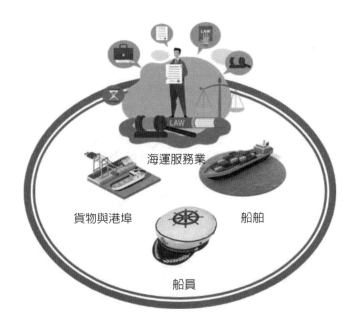

1. **海運節點**：即海運終點站（Terminal）或港口（Port or Harbor），港口是客貨在海、陸運輸的起點與終點，也是海上運輸與陸上運輸的交接點。

　　港口要能提供船舶安全泊靠地點及裝卸貨物設施，現代港口除提供貨物裝卸功能外，也提供貨物轉運、簡易加工、倉儲等國際物流的加值功能。

---

[註3]　陸琪，《世界海運地理》，上海交通大學出版社，上海，2011 年。

2. **海運航線**：是由大洋與海運航線組成的運輸路線，分布於世界各大洋中的航路，由眾多航線與節點構成海上運輸的網路。

　海運航線是連接各要素的支柱，選擇航線時要考慮貨物往返流向、船舶設施特性、港口的設施及地理位置，同時要考慮海上氣候的船舶航行安全因素。

3. **海運貨物**：海上貨物運輸需求的產生是基於國際貿易及交換的經濟需求，貨物的種類及流量、流向是構成海運運輸需求的基礎，也是整個海運系統的核心。

　海運貨物主要是以大宗原物料（煤鐵、糧食及原油等）及各種商品為主，不同種類的貨物對裝載船舶設施會有不同要求，也會對港口要求有不同的裝卸機具及作業方法；由於貿易流量及流向的不同，對運輸路線及規模有不同的要求。

4. **海運船舶**：是海上運輸的運送載具，完成旅客及貨物運送、形成運輸網路及連接各港口的重要因素，是海運系統運轉的重要載體。

　海運船舶主要指各式用以裝載旅客的客輪及貨物的商船（貨櫃船、油輪、雜貨輪等），船舶的種類、性能及數量，影響海運系統的運作。隨著船舶朝向大型化、自動化的發展，也會對船舶靠泊港口的作業設施及航行環境安全要求愈高。

## 海運之特性

　海運（Shipping）是利用船舶（Ship）與航路（Shipping Route）將客貨克服空間距離，於相當時間內由甲港運送至乙港的經濟行為，其中創造了貨物在經濟上之「時間效用」（Time Utility）與「空間效用」（Place Utility）。

1. **時間效用**：運輸工具有爭取時間、適時到達的效果，可提高商品的經濟價值，如歐美聖誕節、東亞農曆春節的消費品需求，海運配合銷售暨生產的季節運送。
2. **空間效用**：由於運輸可以變更貨物的加工、銷售場所，提高商品的使用價值，如美國、紐西蘭將多餘的農特產品運送至其他地區加工銷售。

## 海運因其營運環境而與其他行業相較具有下列特性：

1. **公共性**：特別是定期航業，提供託運人便利的運輸、服務大眾的經濟需求。因為是提供定期、不特定性對象的運輸服務，所以常被視為公共服務業，政府對其運價及服務品質會適度給以補助、監督、管制。
2. **競爭性**：海運的國際市場競爭，各國有造船補助、攬貨限制、國貨國運、聯營等作法，除航運業的內部經營管理差異外，也有國際上的貿易條件限制。
3. **獨占性**：政府因政策性或經濟性因素，會限制其他國外航運業進入市場（對我方不公平待遇）或給予特定市場（軍公及民生物資運送）、時期（徵用）

在營運上的補貼。

4. **優越性**：海上船舶就運輸能量、成本及範圍，運送大宗貨物如煤鐵、原油時較鐵公路與航空更爲優越。

5. **標準性**：爲維護船舶及船員安全，各國政府航政機關及船東對船舶各項設施、船員訓練，需依聯合國國際海事組織的標準取得證書，才可取得驗船協會的船級（Ship's Classification）與辦理海上保險。

6. **國際性**：海運船舶因行駛世界各國，不論船舶註冊、傭租、貨物承攬、保險、海難救助等，其船舶管理規範及運送契約爭議處理，涉及各個國際海事條約及各國海商法之規定。

7. **景氣循環性**：海運市場興衰常有週期循環，無一定年限且受世界經濟景氣影響，且亦受其他因素如區域政治（貿易制裁）、戰爭（限制航行）等的干擾。

---

## 船級（Ship's Classification）

船級是表示船舶技術狀態的一種指標。在國際航運界，凡註冊總噸在 100 噸以上的海運船舶，必須在某個船級社或船舶檢驗機構監督之下進行監造。在船舶開始建造之前，船舶各部分的規格須經船級社或船舶檢驗機構批准。每艘船建造完畢，由船級社或船舶檢驗局對船體、船上機器設備、吃水標誌等專案和性能進行鑑定，發給船級證書。船舶入級可保證船舶航行安全，有利於國家對船舶進行技術監督，便於租船人和託運人選擇適當的船隻，以滿足進出口貨物運輸的需要，便於保險公司決定船、貨的保險費用。

美國船級社 ABS American Bureau of Shipping
法國船級社 BV Bureau Veritas
中國大陸船級社 CCS China Classification Society
中國驗船中心 CR Classification Society
挪威船級社 DNV Det Norske Veritas
德國勞氏船級社 GL Germanischer Lloyd
韓國船級社 KR Korean Register of Shipping
英國勞氏船級社 LR Lloyd's Register
日本海事協會 NK Nippon Kaiji Kyokai (Class NK)
義大利船級學會 RINA Registro Italiano Navale
俄羅斯海事船級社 RS Russian Maritime Register of Shipping

資料來源：船舶基礎知識——船級
https://www.b2bers.com/big5/guide/trans/ship/040.html

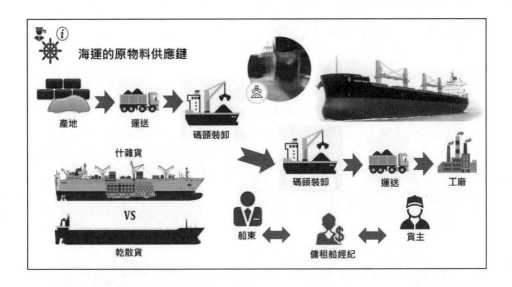

海運的原物料供應鏈

產地　運送　碼頭裝卸　碼頭裝卸　運送　工廠

什雜貨　VS　乾散貨

船東　傭租船經紀　貨主

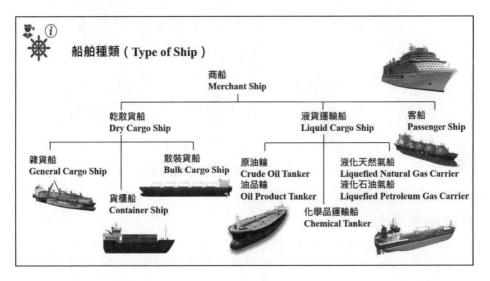

船舶種類（Type of Ship）

商船
Merchant Ship

乾散貨船
Dry Cargo Ship

液貨運輸船
Liquid Cargo Ship

客船
Passenger Ship

雜貨船
General Cargo Ship

散裝貨船
Bulk Cargo Ship

貨櫃船
Container Ship

原油輪
Crude Oil Tanker
油品輪
Oil Product Tanker

化學品運輸船
Chemical Tanker

液化天然氣船
Liquefied Natural Gas Carrier
液化石油氣船
Liquefied Petroleum Gas Carrier

# Unit 1-3 航路與航線

## 航路（Shipping Route）

　　海上航運初始時，人們對海上情況茫然無知，自無所謂一定航行通路，因此常有海上航行事故發生，後續由探險家與航海家持續探測，以及後續航海儀器及地理測量技術進步，形成多數船隻固定航行的航路。國際之間因貿易需要及各種因素（如移民、戰爭）之影響，經多數船舶在長時期內，向相同目的地循著一定途徑航行所構成之安全通路稱爲航運航路。

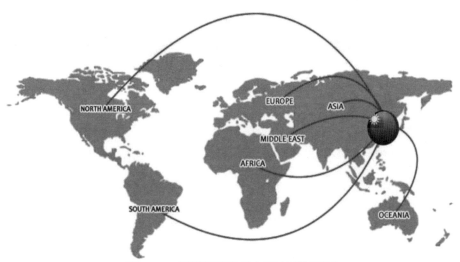

**圖 1.1　　臺灣至世界主要航路範圍**

## 航路形成的因素：

1. **貨物流向**：貨運流向及數量是構成航路的重要因素，世界各地因原物料產量及生產技術不一，彼此有貿易分工及交換的需要，如此構成海上貿易及運輸的需要，也組成爲各種航運網路。
2. **港埠設施**：海運需有船舶安全泊靠及進行貨物裝卸儲轉的地點，有良好氣候及地理位置，能提供合適作業設施及勞工資源，方便於吸引船舶彎靠作業，就成爲航路必經之處，如新加坡、鹿特丹、洛杉磯等港。
3. **人工水道**：人工開設的水道或運河，可縮短天然地理的阻隔，節省船舶航程所形成新的航路，如中美洲的巴拿馬運河、北非的蘇伊士運河。
4. **地理距離**：由於地球是橢圓狀，船舶航行於地球曲面上，兩地之間最短距離爲兩地之最大地球弧線（Great Circle Route），航行時間及燃料費用是

最大考量。

5. **船舶補給**：船舶沿途航行，需要進行燃料、日用品及船舶維護的補給作業，合適的價格及服務作業，亦會構成船公司選擇航路的因素。

6. **政府政策**：航路的開放或關閉，有時受戰爭、貿易爭議、政治報復，會影響船公司對航路的選擇運用。

7. **自然因素**：地球的海上氣候各區域有一定的季節特徵，會影響船舶的航行安全，如季風、冰封、潮汐、濃霧、颶風等，都會影響航路的選擇。

## 航線（Shipping Lines）

　　航線是運送人將船舶依據海洋不同水域、潮汐、港埠、水深、方向等自然條件，以及政經環境穩定情況，為達到最大營運效益所選定的航路。

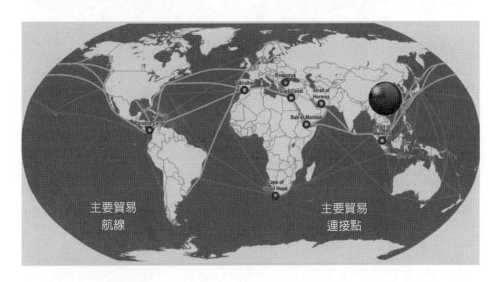

## 航線的選擇因素：

1. **安全性**：是指考慮自然地理條件及氣候因素是否影響船舶航行，另外是避免海盜及戰爭區域，以船員及船舶安全為首要考量。

2. **貨源穩定性**：視航線上是否有足夠貨量、去回程貨量能否平衡、貨運成長量的趨勢，以及當地航運業競爭情形。特別是開關定期航線及調派船舶規模時，貨量涉及運價及預期營運收入。

3. **港埠條件**：航線兩端及沿途泊靠的港口，位置是否適當、氣候及設施條件良好、作業規定及費用合適、碼頭工人勞資關係良好。這會涉及航班的準期及避免產生額外的延誤費用。

4. **技術因素**：盡量使船舶的航線循地理上最短距離，在航速採取合理節能有利方式，避免受地理及海上氣候的影響。

5. **沿途國家的政策及法令規定**：當地關稅法令、貿易限制、航運政策等（如環保、攬貨、轉運），對外來船舶進出及營運作業無不利或不公平待遇。

東非及馬六甲海峽

海盜主要出沒海域

HIGH RISK AREA

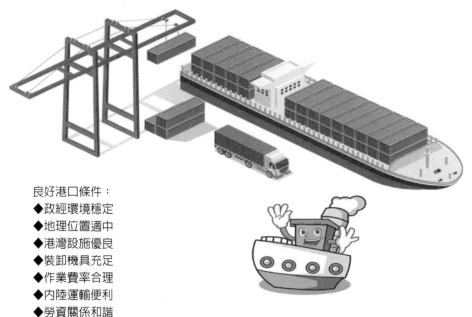

良好港口條件：
◆政經環境穩定
◆地理位置適中
◆港灣設施優良
◆裝卸機具充足
◆作業費率合理
◆內陸運輸便利
◆勞資關係和諧

## 北極航線

北極航線主要由兩條航線組成，一是俄羅斯以北的東北航線，從白令海峽開始，穿過楚科奇海、東西伯利亞海、拉普捷夫海、喀拉海、巴倫支海到達北歐；另一條是加拿大和美國阿拉斯加北面的西北航線，由戴維斯海峽開始，穿過加拿大北極群島、美國阿拉斯加到達白令海峽。

東北航線相比傳統貫通歐亞（途經西歐、南歐、地中海，再經蘇伊士運河、印度洋、馬六甲海峽、南海、台海、東海、日本海和鄂霍次克海）這條路線，路程可縮短多達4,000 海里，節省約三成航行時間。北極航線的開通，有望改變位處這條傳統路線上的港口國家的發展，以至全球地緣政治格局。

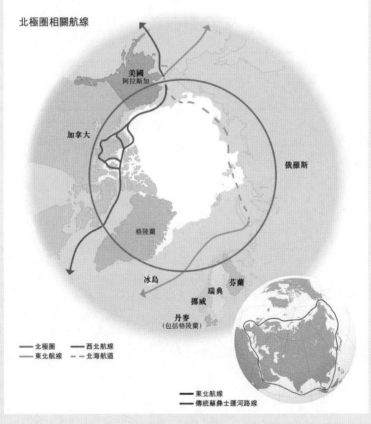

資料來源：【北極大航海‧二】沒有硝煙的戰爭　融冰海洋成中美角力場
https://www.hk01.com/sns/article/380857

# Unit 1-4 國際海運業務

國際海運是隨海上貿易的發展而興起，所以船舶營運方式是隨貿易對不同契約要求，以及貨物種類對運輸的要求而調整，以獲得最佳營運效益，目前國際海運業務分類普遍是定期（Liner Service）業務與不定期（Tramp Service）業務。

## 表 1.1 海運定期業務與不定期業務的差異[註4]

| 定期業務 | 不定期業務 |
| --- | --- |
| 有公告固定航路、船期表及目的港 | 無固定航路、船期表，僅有近期的通知；運費較低且船速較慢 |
| 定期業務會事前規定對貨物的運送條款、要求及權責 | 無類似規定，依雙方契約協議 |
| 定期船舶有現代化裝備能快速裝卸貨物 | 不定期船通常運送大批量貨物，受一兩位貨主委託且只運送至指定有限的港口 |
| 運費長期是相對固定 | 運費是可協商 |
| 定期船是擁有多種貨物的運送能力，公司營運規模較大，並能接受多位貨主的委託進行貨物運送 | 不定期船公司規模較小，同時間僅能運送大量但種類單一的貨物 |

## 定期船業務

1. 定期航業之船舶多為經營者自有，業務繁忙時會租賃船舶增加船噸從事營運。
2. 具有公共運輸人（Common Carrier）特性，以一般公共及什雜貨貨主為對象，須經常排定固定而連續的船期，事先公告招攬客貨並通知客貨運承攬代理（Forwarder）、託運人（Shipper）、報關行（Customs Broker）等。
3. 定期船所載運貨物多為每批託運量較小、價值較高，以件、櫃為單位之雜貨。
4. 嚴格控制船期準確，多自設或租用港口專用碼頭，以預為收受貨主託運貨物，以便船舶準時靠港並能迅速裝卸貨物，控制船期表的準點率。
5. 運送人與託運人（或收貨人）間之權利與義務，以載貨證券（或稱提單）、當地慣例及國內外海上運輸規定為依據。

---

[註4] What Is The Difference Between A Liner and Tramp Service?
https://www.20cube.com/blog/what-is-the-difference-between-a-liner-and-tramp-service/

## 不定期業務

以經營無固定船舶、航線、船期、運價及港口碼頭爲特色之海運業務。

1. 船舶以專用散裝船爲主要運送工具，多依適應不同貨物特性的運送而設計。
2. 以散裝貨運爲主，可爲各別託運人的特定貨運及航線服務，故每航次（Voyage）可以航行不同航線及港口順序。
3. 所承運貨物爲有一定流向、季節性、數量大、運費負擔能力低，且無運送時間壓力，因船舶噸位較大可以大量裝載，航速較慢。
4. 每批貨物運送時需先洽商簽訂特定契約，雙方權利義務是以當次簽訂之運送契約爲根據，有關船舶、港口、營運費用分擔亦依雙方協商條件或契約辦理，因係雙方個別契約行爲之運送，故又稱專約運送業務（Private Service）。
5. 運送人與託運人通常委託航運市場中的經紀人代爲居間仲介，經多次洽商後簽訂協議。不定期業務所洽商訂定之契約形式，主要可分爲論程（Voyage or Trip Charter Party）、論時（Time Charter）或光船租船契約（Demise or Bare Boat Charter）等，國際航運業及商會有制式契約條款可供協商後修改。
6. 不定期業務之運價極不穩定，是隨世界貨物交易及船舶供給行情而起落。

## 營運方式分類

1. **自營**：爲規模較大之船公司，自行購買船舶及自營航運路線。例如我國的長榮、陽明海運等，以自有或租賃船舶對外招攬貨物運送。
2. **備租船營運**：因應市場變化需要或爲降低成本，以備租方式向船東取得船噸營運。過去以不定期船備租散裝船運送爲主，定期船的貨櫃船今日也有備租情形，以紓解短期運能增加的需求。
3. **自運或專用**：大型生產企業自行購船或備租船運送本身的貨物，以穩定原料供應，例如我國台塑公司的化學品船運送本身集團公司的原料及成品。
4. **委託營運**：小型船公司或企業專用船舶，委託大型船公司營運以節省管理費用，例如中油、台電公司的運煤船委託專業海運公司操作營運。
5. **聯合營運**：數家船公司聯合成立海運同盟（Conference），提高運價、壟斷市場。
6. **投資控制**（Capital Control）：爲因應各區域政經環境差異或節省費用成立子公司。是可進行控制運能，但又不直接涉及營運管理，以分享投資收益爲主。
7. **航業代理**：是爲船東或運送人代辦船舶在港口之作業、補給、維修等手續，以收取佣金爲報酬之業者。
8. **航業經紀**（Shipping Broker）：專門從事船舶買賣、市場行情資訊提供、

船舶租賃及保險等,以收取佣金為報酬之業者。
9. **貨運承攬業**:為定期航業接洽承攬貨載,以收取佣金為報酬之業者。

---

 **航業法第 3 條名詞定義**

1. **航業**(Shipping Industry):指以船舶運送、船務代理、海運承攬運送、貨櫃集散站經營等為營業之事業。
2. **船舶運送業**(Vessel Carrier):指以總噸位二十以上之動力船舶,或總噸位五十以上之非動力船舶從事客貨運送而受報酬為營業之事業。
3. **船務代理業**(Shipping Agency):指受船舶運送業或其他有權委託人之委託,在約定授權範圍內,以委託人名義代為處理船舶客貨運送及其有關業務而受報酬為營業之事業。
4. **海運承攬運送業**(Freight Forwarder):指以自己之名義,為他人之計算,使船舶運送業運送貨物而受報酬為營業之事業。
5. **貨櫃集散站經營業**(Container Terminal Operator):指提供貨櫃、櫃裝貨物集散之場地及設備,以貨櫃、櫃裝貨物集散而受報酬為營業之事業。
6. **航線**(Sailing Route):指以船舶經營客貨運送所航行之路線。
7. **國內航線**(Domestic Route):指以船舶航行於本國港口間或特定水域內,經營客貨運送之路線。
8. **國際航線**(International Route):指以船舶航行於本國港口與外國港口間或外國港口間,經營客貨運送之路線。
9. **固定航線**(Liner Service):指利用船舶航行於港口間或特定水域內,具有固定航班,經營客貨運送之路線。

---

# 第2章
# 我國航業發展現況

Taiwan

# Unit 2-1 商船規模

　　國際貿易是以海上運輸爲主，特別是四面環海的臺灣，海上運輸需要各式的商船作爲客貨運輸的運具，海運事業是資金與技術密集產業，一國所擁有的商船船隊規模也彰顯其對外貿易與經濟實力，我國商船規模依聯合國貿易暨發展會（UNCTAD）的歷年統計均排名世界前端，對我國進出口貿易及賺取國外運費收入有很大助益，也促進修造船、海上保險、貨物承攬、國際物流、船員教育、港埠營運等領域的發展。在國防上，民間的商船船隊一旦遭遇戰爭時，船舶及船員可動員轉換爲後備力量，國家在平時也會建立獎勵國貨國運或補助國籍航運公司造船的政策。

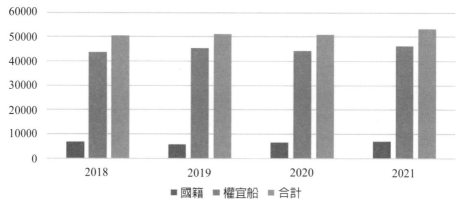

圖 2.1　2018-2021 年我國船舶載重噸（千噸）

表 2.1　我國商船船隊規模[註1]

| 全球排名 | 年（1月底） | 船舶數量（艘） | | | 載重噸（千噸） | | |
|---|---|---|---|---|---|---|---|
| | | 國籍 | 權宜船 | 合計 | 國籍 | 權宜船 | 合計 |
| 11 | 2018 | 164 | 823 | 987 | 6732 | 43690 | 50422 |
| 11 | 2019 | 134 | 871 | 1005 | 5651 | 45440 | 51091 |
| 12 | 2020 | 140 | 850 | 990 | 6636 | 44255 | 50891 |
| 12 | 2021 | 147 | 867 | 1014 | 6998 | 46284 | 53282 |

[註1]　Review of maritime transport, UNCTAD (2018~2021)
　　　　https://unctad.org/topic/transport-and-trade-logistics/review-of-maritime-transport

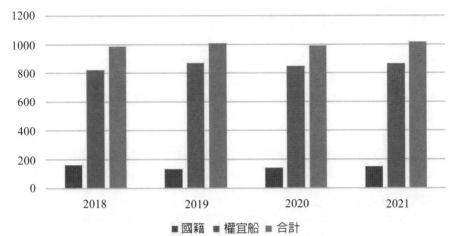

**圖 2.2　2018-2021 年我國船舶數量（艘）**

 **權宜船籍**（Flag of Convenience, FOC）

權宜船籍係指一船旗國因任何理由，允許外國人擁有或控制之船舶，基於登記者之便利或認為適當理由，依該船旗國條件而入籍者，乃部分國家就船舶所有權或船員配置毫無關係存在，而僅以向外國船東徵收些微費用，使之懸掛該國國旗之制度。現今世界上主要的公開設籍國家有巴拿馬（Panama）、賴比瑞亞（Liberia）、巴哈馬（Bahamas）、馬紹爾群島（Marshall Islands）與馬爾他（Malta）等國。

權宜船籍得以存在並發展之主要考量為經濟因素：

1. 有較寬鬆的船舶登記條件與手續。
2. 有較寬鬆的船舶管理條件。
3. 有較寬鬆的船員管制條件。
4. 較低廉的船舶營運成本。

資料來源：王穆衡、張世龍、陳一平，《船舶設籍制度之探討》，中華民國交通部運輸研究所，臺北，2008 年。

# Unit 2-2 定期航業

定期航業可分為定期客輪業務（Passenger Liner）、定期貨船業務（General Cargo Liner）、定期客貨輪業務（Passenger and Cargo Combination Liner），臺灣的定期航業營運範圍有遠洋、海峽兩岸、離島運輸等，航業經營規模及船舶噸位差距很大。

定期貨船公司，以股票上公司的長榮海運、陽明海運、萬海航運公司為代表，以各式貨櫃輪經營遠東至歐美遠洋、亞洲近洋、臺灣海峽兩岸定期貨櫃航線。

## 1. 長榮海運股份有限公司[註2]

長榮集團始於長榮海運公司，由長榮集團總裁張榮發博士創立於 1968 年 9 月 1 日。發展迄今，服務網路已遍及全球五大洲，無論是船隊規模、貨櫃承載量與造船理念，皆位居全球領先地位，是臺灣第一家開闢全貨櫃船隊的船公司。1984 年，以全新打造的二十艘 G 型船，成功開闢了史無前例的環球東西雙向全貨櫃定期航線。2007 年起，長榮海運公司整合長榮集團旗下的意大利海運公司、長榮海運英國公司、長榮香港公司、長榮海運新加坡公司（2009年加入）及長榮海運（亞洲）公司（2021 年加入）共同組成 Evergreen Line，以單一品牌提供全球貨主完善的運送服務。並透過航運聯盟、航線聯營或艙位互換等方式，積極與同業進行策略合作，以期提供貨主綿密的運輸服務與提升營運績效。

## 2. 陽明海運股份有限公司[註3]

陽明海運股份有限公司成立於 1972 年 12 月 28 日。公司主要經營業務如下：
(1) 貨櫃航運事業：陽明海運公司經營國際定期貨櫃運輸，涵蓋亞洲至北美東西岸、亞洲至地中海及歐洲、亞洲至澳洲、歐洲至北美等東西向主航線、南北美洲航線、亞洲區間航線及歐洲區間航線等。
(2) 散裝運輸事業：光明海運股份有限公司經營全球不定期散裝船運輸業務，以論時出租或論程出租方式承運鐵礦砂、煤炭及穀物等大宗貨載。
(3) 碼頭事業：在臺灣高雄及臺北港、美國洛杉磯及歐洲比利時安特衛普等港口投資經營專用貨櫃碼頭，強化運輸效率。轉投資公司高明貨櫃碼頭股份有限公司參與高雄港洲際貨櫃中心興建計畫，全數碼頭與櫃場已正式營

[註2] 長榮海運股份有限公司
https://www.evergreen-marine.com/tw/tbi1/jsp/TBI1_CorporateProfile.jsp
[註3] 陽明海運股份有限公司
https://www.yangming.com/About_Us/Group_Profile/OverView.aspx

運，作爲陽明海運在遠東的轉運基地。

(4) 物流事業：好好國際物流公司提供全方位專業物流服務，總部設於臺北，同時在亞洲上海、深圳、中山、廈門、寧波、天津、武漢、合肥、香港及泰國設有辦公室。歐美則於洛杉磯、漢堡、鹿特丹、丹麥設立自營辦公室，搭配其他各地代理，積極於全球布建物流服務網路。爲增強服務能力，提升服務品質，好好物流除了在高雄港區內設有臺灣唯一多溫層大型溫控物流中心，另外也於德國法蘭克福投資經營倉儲配送，在中國投資冷鏈倉儲配送和冷箱堆場。

(5) 文化志業：陽明海運公司爲提升全民對海洋文化之體認及善盡企業社會責任，首先於 2004 年底在基隆成立「陽明海洋文化藝術館」；嗣後爲了永續推動海洋人文藝術教育工作，於 2005 年設立「財團法人陽明海運文化基金會」，透過辦理特展及活動的方式，積極投入推廣海洋文化教育工作。

### 3. 萬海航運股份有限公司 [註4]

萬海航運創立於 1965 年 2 月 24 日，初期以從事臺灣、日本、東南亞間原木運輸爲主要營業範圍。爾後鑒於國際海運有逐漸邁入貨櫃化服務之趨勢，乃於 1976 年 7 月間購置全貨櫃輪，開始臺灣至日本貨櫃運輸服務，而從此樹立了公司貨櫃服務的里程碑。往後數年公司陸續擴充船隊、船舶設備，並積極開闢新航線，進而成爲遠東地區航次最密集、服務網路最完整之航運公司。

### 4. 台灣航業股份有限公司 [註5]

台灣航業公司自 1946 年成立，於 1998 年 6 月順利完成股票上市移轉民營，中華民國交通部是台灣航業的最大股東，2022 年擁有營運船舶 28 艘，1,362,832 載重噸的船隊規模。散裝航運業務占整體公司營收的六成，貨櫃則爲一成七，客運及港口勤務各占 5% 左右，代營業務爲 10%。

定期客貨輪公司，以股票上公司的台灣航業股份有限公司爲代表，以 8,000 噸級豪華駛上駛下客貨車輛運輸輪，行駛高雄—馬公的定期客貨航線。

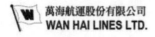

[註4]　萬海航運股份有限公司
　　　　https://tw.wanhai.com/
[註5]　台灣航業股份有限公司
　　　　http://www.taiwanline.com.tw/

### 5. 新華船業股份有限公司

　　新華航業股份有限公司 1996 年購入新華輪一艘，並於 2003 年開始，承接連江縣政府所屬臺馬輪委外業務，至 2017 年 5 月 31 日爲止；2015 年連江縣政府新船臺馬之星開航，仍委託該公司營運至今。

新華輪為臺灣、金門、馬祖三地貨運航線，臺馬之星、臺馬輪—馬祖、基隆客運航線。

航
業
政
策

**航業建設政策**
◆配合國防建設：配合平戰轉換，建立船員、船舶及港埠設施的興建維護及人船組訓制度。
◆配合交通經濟建設：提供基礎建設及促進措施，從造船、營運、法規面等發展航運業。
◆配合對外貿易建設：國際貿易之發展有賴於航運之興盛，可減少運費支出及增加外匯收益。
**航業經營政策**
◆公營：為公共利益及財政收入，在民營無力或不願經營時，由政府投入市場。
◆民營：由民間主導，維持自由及公平競爭市場環境，擴大國際市場競爭力。
◆公民合營：配合對外政策及照顧偏鄉交通，政府投入資金、運用民間營運效率。
**航業管制政策**
◆平時管制：進行運價調幅、航線及貨量分配、營業及財務及航運安全等的督導監督。
◆戰時管制：配合國防需求，進行船舶及人員徵用組訓、運價及航線管制。
**航業保護政策**
◆本國沿海貿易權之維護。
◆協助國貨國運之推動。
◆航業之賦稅減免或優惠。
◆航業振興之補助或貸款。

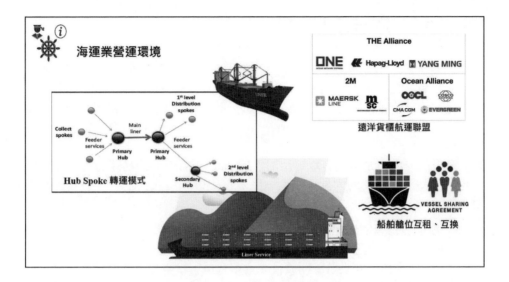

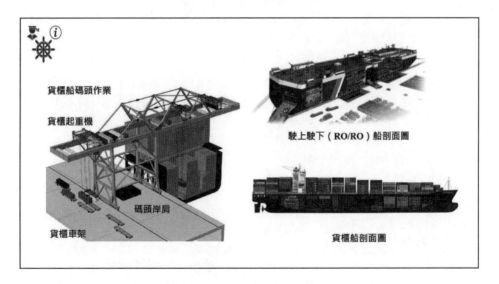

# Unit 2-3 不定期航業

不定期航業是指以不固定的船舶、航線、航期、港埠碼頭，運輸大宗貨物的海上運輸事業。除了因航路、水深及法律限制外，不定期航業可受個別託運人委託，航行於託運人指定的航線與港口。不定期船業務又稱租傭船業務，以與船公司簽訂書面租船契約（Charter Party, C/P），不定期航業之船舶以散裝船（Bulk Ship）為主，主要用來承運礦砂、原油、煤炭、化學品和穀物等五類大宗貨品。大型企業亦有以專用船（Private Vessels）業務運送特殊貨物如石化、油品等。臺灣的大型不定期航業以以下幾家為代表介紹（不分營運規模）：

## 1. 新興航運股份有限公司[註6]

自 1968 年成立於臺灣的新興航運公司，是為臺灣散裝航運領導企業之一。1989 年 12 月獲核准為股票公開發行之上市公司，於臺灣證券交易所上市。新興航運公司的業務主要著重於船舶運送業、拖船駁船業及船務代理業，近 50 年的航運經營之經驗，為世界知名的煤鐵礦石公司、鋼鐵公司、電力公司、造紙公司提供優質穩定的船舶運送服務。

## 2. 四維航業股份有限公司[註7]

四維航業股份有限公司成立於 1985 年 3 月 11 日，2003 年 8 月獲核准為股票公開發行之上市公司，於臺灣證券交易所上市。專營船舶運送、船務代理及船舶租賃與買賣業務，是國內擁有大、中、小各型散裝雜貨船多元化的航運公司。公司提供船舶運送服務，以散裝航運為主，2020 年營業比重：租金收入約占 92%、運費收入約占 2%。

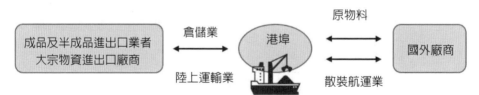

圖 2.3 我國散裝及雜貨航運產業關聯圖

---

[註6] 新興航運股份有限公司
https://www.snc.com.tw/

[註7] 四維航業股份有限公司
http://www.swnav.com.tw/

### 3. 台塑海運股份有限公司【註8】

1980 年 3 月，台塑集團成立了台塑海運公司（FPMC，公司註冊於賴比瑞亞）最初以兩艘化學品油輪作爲運載企業內原料 EDC 之運輸船。2000 年後，爲了滿足台塑集團麥寮六輕工業區輕油裂解廠運輸需求，例如原油／石腦油原料進口和石油／石化產品出口，又相應擴大了各種規格的油輪船隊。還爲麥寮工業區公用事業廠和 IPP（民營電廠）的動力煤，越南台塑河靜鋼鐵廠的煉焦煤提供散裝船隊運輸。

### 4. 能源航運股份有限公司【註9】

能源航運股份有限公司 1974 年創立於臺北，是一家以「油輪」爲主要營運核心之專業航運公司，至今已累積 40 餘年油品及液體瓦斯運輸之豐富專業經驗。所有船隊油輪都提供租賃服務於世界知名油公司，如中油公司、台塑海運、Gulf Oil、Amoco、Chevron、Union Oil、Total and Gazocean 等等。是全國唯一以「油輪」爲營運核心之專業航運公司，目前亦正積極朝化學品船經營與管理業務邁進，以擴展公司業務範圍與提升在專業運輸上之技術水準。

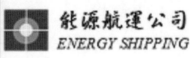

新興航運股份有限公司
SINCERE NAVIGATION CORPORATION

能源航運公司
ENERGY SHIPPING

台塑海運股份有限公司
FORMOSA PLASTICS MARINE CORPORATION

【註8】 台塑海運股份有限公司
http://www.fpmc.com.tw/tw/about.html
【註9】 能源航運股份有限公司
https://energy-shipping.webnode.tw/

### 5. 中鋼運通股份有限公司【註10】

中運公司成立於 1996 年 2 月，係中鋼
公司百分之百轉投資子公司。實收資本
額新台幣 42.25 億，營業範圍包括原料
海運服務、船舶租賃、船舶營運管理、
船務代理、鋼品船運等項目。成立宗旨
係基於中鋼集團鋼鐵原料供應之順暢，
降低運輸成本及獲取穩定船舶運力的調
派，並達成中鋼集團企業成長與多角化
之經營目標。

### 6. 裕民航運股份有限公司【註11】

成立於 1968 年 8 月，前身為裕民運
輸公司，原經營貨車運輸業務，後於
1984 年改組成為裕民航運，為全球船
東、礦商、鋼鐵廠、電廠提供散裝航運運輸服務。公司擁有海岬型、巴拿馬
極限型、輕便型散裝船、水泥船及超級油輪（VLCC）等各類船隻，為國內規
模最大、船型最齊全之船隊，屬於遠東集團之轉投資公司之一。公司主要經
營大宗物資運送業務，以礦砂、煤炭及穀物為主，依載貨比重：鐵礦砂約占
56%、煤炭約占 26%、水泥約占 6%、原油約占 4%。

| 船東或營運人 | 自有船舶營運 | 貨物型態 | 散裝貨、什雜貨 | 託運人 | 論時傭船、論時傭船 |
| | 租賃船舶營運 | | 原油、液體貨 | | 自有貨物運送 |

圖 2.4　不定期航運業務

---

【註10】 中鋼運通股份有限公司
　　　　http://www.csebulk.com.tw/
【註11】 裕民航運股份有限公司
　　　　https://www.uming.com.tw/

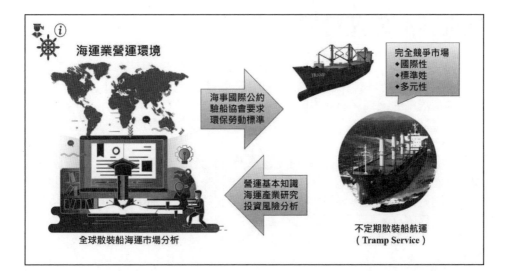

海運業營運環境

海事國際公約
驗船協會要求
環保勞動標準

完全競爭市場
◆國際性
◆標準姓
◆多元性

全球散裝船海運市場分析

營運基本知識
海運產業研究
投資風險分析

不定期散裝船航運
（Tramp Service）

波羅的海乾貨散裝船綜合運費指數（Baltic Dry Index, BDI），負責管理這個指數的《波羅的海交易所》
位於英國倫敦，提供船東與貨主進行傭租船時的貨物運費協商交易參考。
BDI指數的計算方式為：
BDI = ((Capesize + Panamax + Supramax + Handysize)/ 4) * 0.113473601.

◆海岬型指數（Capesize）：船型為8萬噸以上，無法通過巴拿馬運河或蘇伊士運河，必須繞行好望角
　或合恩角。
　*主運貨物：焦煤、燃煤、鐵礦砂、磷礦石、鋁礬土等工業原料
◆巴拿馬型指數（Panamax）：5~8萬噸，為可以通過巴拿馬運河或蘇伊士運河的最大船隻。
　*主運貨物：民生物資及穀物等大宗物資
◆輕便極限型指數（Supramax）：船型為5~6萬噸船隻
　*主運貨物：磷肥、碳酸鉀、木屑、水泥
◆輕便型指數（Handysize）：船型為4萬噸以下船隻
　*主運貨物：磷肥、碳酸鉀、木屑、水泥

# Unit 2-4 航運發展政策

　　航運政策（Shipping Policy）是指政府為了發展海上貿易運輸、增加國際收支、扶持航業發展、確保戰時海上運輸能量等，對待本國商船隊的目標、方針、各項措施的總稱。海運對國家發展與國防安全都有重大影響，同時也是深受景氣榮枯影響的產業，許多國家都以政策協助海運產業發展，並重視公部門與私部門的相互配合。

　　依據我國交通部的運輸政策白皮書【註12】的海運政策擬訂程序，海運政策為國家整體運輸政策之一環，係政府在已知限制條件與預判未來可能變遷的情況下，為因應海運需求與發展所提出之「指導綱領」。交通部海運政策之擬訂程序，首先係確立願景及政策欲達成之主要目標，進而考量海運產業環境之變化及趨勢，檢討現況及課題，據以擬訂各項政策，及落實政策的策略與短、中、長期行動方案。

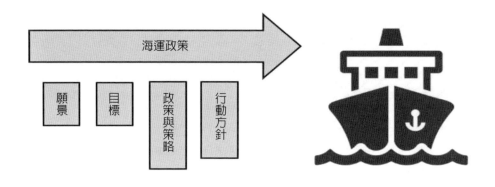

## 願景：推動航港產業升級，維持國際海運樞紐

### 政策一：協助航運發展，成為產業堅強後盾

　　策略 01：健全航運產業經營環境
　　策略 02：完整規劃航港海外投資布局
　　策略 03：推動兩岸海運部門互動交流
　　策略 04：完善綠能產業推動之相關海事法規與航港配套
　　策略 05：整合航港、觀光資源推動客運海上藍色公路

---

【註12】 2020 年版運輸政策白皮書——海運分冊，交通部運輸研究所
　　　　https://www.iot.gov.tw/cp-78-200080-7609f-1.html

　　策略 06：加強培育海運產業專業人才

## 政策二：積極固本拓源，發揮港口營運績效
　　策略 07：強化港埠建設及營運合作作為
　　策略 08：以資源整合角度務實評估港口多角化經營樣態
　　策略 09：以旅客導向優化港埠旅運設施與服務
　　策略 10：推動離島港口建設與航線規劃

## 政策三：善用資通優勢，推動航港智慧永續
　　策略 11：推動航港智慧轉型
　　策略 12：推動港口之綠色與永續發展
　　策略 13：以人本導向完善海運無障礙設施環境

## 政策四：適時調整海事規範，營造安全優質經營環境
　　策略 14：強化自由港區國際供應鏈轉口及串聯國內外產業加值再出口服務
　　　　　　　之法規制度
　　策略 15：發展智慧航安整體服務並強化港口安全管理
　　策略 16：強化海運安全法規與制度
　　策略 17：爭取加入海運相關國際組織

## 健全航港管理制度，有效提升國際海運市場競爭力【註13】

### (一) 配合大陸政策開放推動兩岸直航
　　依「臺灣地區與大陸地區人民關係條例」及整體大陸政策開放進程，配合兩岸兩會於民國 97 年 11 月 4 日完成「海峽兩岸海運協議」簽署，雙方海運直航於民國 97 年 12 月 15 日實施首航。

### (二) 推動海運自由化與國際化政策
　　積極參加「國際港埠協會（IAPH）」、「FIATA 全球年會」等國際組織及 APEC 運輸工作小組，並參與 WTO、跨太平洋夥伴全面進步協定（CPTPP）海運服務協商及談判等相關活動，以提升海運事務國際合作效能，並持續推動與主要海運國家洽簽海運所得稅及加值型營業稅（VAT）互免事宜。近年並解除海運服務業相關限制，允許外國籍船舶運送業可在臺灣設立分公司，並設立全外資之船務代理業及海運承攬運送業，及取消不得聘用外籍人士相關規定等。

---

【註13】 水運業務，中華民國交通部
　　　　 https://www.motc.gov.tw/ch/home.jsp?id=726&parentpath=0,1,717

## (三) 檢討修訂航政法規

為使我國海運相關法令符合國際規範之自由化、便捷化、複合運輸與及門服務等趨勢，持續檢討修正「航路標識條例」及「航業法」相關子法、「船舶法」、「船員法」及「海商法」，並制訂「海上交通安全法」，以加速我國商港發展與轉型，並使我國船舶之檢查發證、船員權益等符合國際公約之規定，提供業者更優質之經營環境，促進我國整體經濟發展。

## (四) 船舶管理

交通部自民國 93 年 7 月 1 日起與國際同步實施新制海事保全體制，並指定中國驗船中心為本國船舶之認可保全機構，有效國際船舶保全章程作業之航行國際航線國籍商船計。另亦成立載客船舶航行安全聯合督檢小組，不定期赴國內各水域抽查載客船舶，以保障乘客安全。

## (五) 船員培訓

為加強各級船員專業訓練，提升船員素質，依據「1978 年航海人員訓練、發證及當值標準國際公約（STCW）」及其修正案規定之師資、課程、教材及設備要求標準，建立我國船員訓練品質；並自民國 93 年起辦理船員岸上晉升訓練，使我國船員適任能力持續符合公約規定，有效提升國際海運市場競爭力。

## (六) 海上安全救助

我國係國際衛星輔助搜救組織之成員，為配合國際海上遇險及安全系統之實施，航港局完成中軌道衛星輔助搜救系統地面接收站（MEOLUT）相關軟硬體建置並通過該組織理事會議審查另於民國 110 年 10 月 30 日，正式啟用「海事中心」及「彰化風場航道 VTS 中心」，提升對臺灣海域船舶監控、預警的能力及災防應變效能，完善航行安全資訊及管理等相關服務，建構更安全的航行環境。

## (七) 未來發展重點

### 1. 建立海運產業良好經營環境

將以「以客為尊」的服務理念，提供更便民、創新的服務，並與時俱進優化各項航港行政業務，及檢視航運相關法規，與國際接軌。

### 2. 強化海運實力與對外競爭力

持續學習國外標竿港口之發展經驗，積極推動重大港埠建設計畫，開創臺灣港埠多角化發展，以營造良好港埠經營環境及維持港埠產業永續發展，並因應郵輪旅遊盛行，發展國內港埠成為郵輪靠泊港，提升我國海運地位。

### 3. 積極推動國家海運發展政策

以前瞻、專業之思維，研擬海運發展政策，並透過大小兩會爭取兩岸航運空間，擴大直航效益，並積極推動航運新南向，透過與新南向國家海事行政人員

交流，加速區域經濟整合，亦積極參與國際組織並擴大深度及廣度，使與國際
接軌。

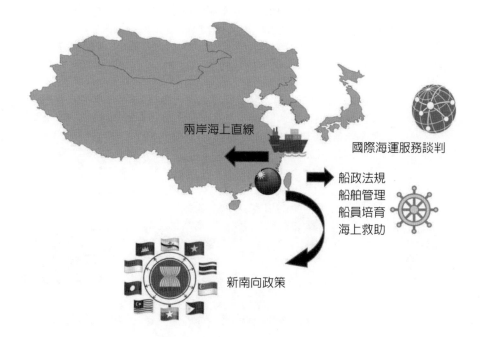

## 國際航運政策的發展[註14]

　　航運政策是對待本國航運企業及外國航運企業的營運規範及發展支持的總
稱，世界各國的航運政策大致分為保護主義和自由主義航運政策。

1. **保護主義**：單純依靠本國航運企業的競爭力和創造性，尚不足以推動國家
   航運業的發展，必須透過國家在經濟、行政、法律上的直接干預，才能加
   強和促進本國航運業的發展。

2. **自由主義**：指船舶不管登記哪個國籍，堅持航運市場的公平競爭，託運人
   可以自由選擇運送人，不需要考慮運送人是本國或外國船東，本質是要求
   航運業經營不存在任何政府、組織或其他代理人的干預。

　　實質上，實行保護主義和推動自由主義航運政策的海運國家，在政策上及作
法都有交互使用，雖然仍強調自由競爭及貨載自由，在推動航運自由化的國家
大致可分為三類：

1. 允許外國船東懸掛本國國旗，本國政府不作任何干預，這一類型國家是開

[註14] 楊斳，《國際航運經濟學》，人民交通出版社股份有限公司，北京，2014 年。

放船籍登記的國家，也就是開放權宜船籍（Flag of Convenience）登記的國家，這些國家一般沒有任何真實的船東，例如賴比瑞亞、蒙古、柬埔寨等。

2. 第二種類型是一些船東完全屬於私人，政府的各種補貼完全採用間接補貼的方式，例如軍公貨物專運、市場准入限制等。

3. 第三種是對一些航運業採取直接金融補貼，例如造船融資、稅收優惠等，或者政府直接涉及航運領域。

高級船員雇用資格

造船及營運補貼

貨載保留

船運政策範圍

稅收優惠

沿海貿易權

# 第3章
# 世界航運現況及趨勢

# Unit 3-1 全球經貿簡述

　　國際上各國的經濟發展涉及貨物貿易的規模大小，也影響到對海運貨物的衍生運輸需求，特別是已開發的工業國家與發展中國家，各國及各區的生產資源不同，需靠海運進行貨物交換，構成全球的主要航線及彎靠港口地點【註1】。

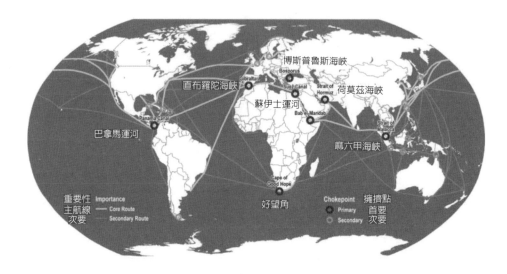

　　海運市場景氣時，船東會加緊訂造新船、租購二手船，增加艙位運能、提高運價，但也會造成日後船舶運能供給過多，進行運費削價競爭，老舊船舶開始進行拆解，以減少船舶運能供給，期望拉抬運價能再提高。此外大環境的區域性戰爭、貿易爭執、天然災變及船舶燃油價格也會影響運價在航運市場的中長期消長趨勢。

　　世界銀行【註2】（The World Bank）、國際貨幣基金組織【註3】（International Monetary Fund, IMF）及我國的主計總處、經濟部國際貿易局、中華經濟研究院、臺灣經濟研究院等，每年都會對全球主要貿易經濟體的經濟成長率提出預測，聯合國的貿易暨發展會（United Nations Conference on Trade and

【註1】　Main Maritime Shipping Routes（Port Economics, Management and Policy）
　　　　https://porteconomicsmanagement.org/pemp/contents/part1/interoceanic-passages/main-maritime-shipping-routes/
【註2】　The World Bank
　　　　https://www.worldbank.org/en/home
【註3】　International Monetary Fund
　　　　https://www.imf.org/en/Home

Development, UNCTAD）也會對年度海運運輸提出回顧分析報告。

　　涉及國際經貿的海運貨物，依據貨物是否包裝可分為散貨（Bulk）、雜貨（General Cargo）及貨櫃貨（Container Cargo）；按貨物的化學性質分為一般貨物和危險貨物；按貨物的運輸型式分為成批貨物、成組貨物、零擔貨物；按貨物的運輸分為傳統貨物、季節貨物、突發性貨物等[註4]。

1. **散貨**：是不加包裝的塊狀、顆粒狀、粉末狀和流質貨物，大宗乾散貨由五種貨物組成：鐵礦石、煤炭、糧食、鋁礦、磷礦，是海上運輸的主要貨物來源，液體散貨主要是原油、石油製品、液化石油氣（LPG）及液化天然氣（LNG）。
2. **雜貨**：有包裝的貨物，通稱為包裝貨或雜貨（Break Bulk by Tramp）。
3. **貨櫃貨**：是用貨櫃運輸的貨物，通常為什雜貨。

　　在海運中是使用哪種船舶，是由貨物的種類、特性決定，貨船所經過的航線、靠泊的港口是由貨物供需雙方的地理位置所決定，各地區的貨物需求及生產差異，生產國與消費國基於分工和國際貿易的需求，同時港口的進出貨物組成，也反映其經濟腹地的經濟與貿易特性，這些都會影響航運的決策與選擇。

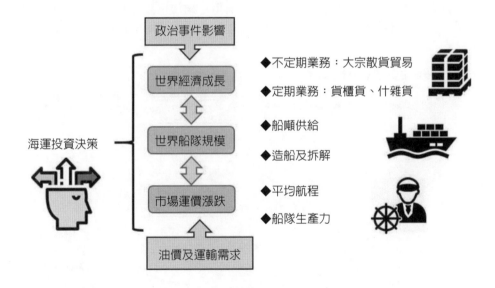

[註4]　陸琪，《世界海運地理》，上海交通大學出版社，上海，2012 年。

# Unit 3-2 海運營運概況

　　全球海運市場主要分為不定期航運（Tramp Service）及定期航運（Liner Service），不定期航運為不特定託運人運送大宗散雜貨物，無特定航線及停靠港口，依雙方運送契約協議；定期航運除少數定期雜貨船外，是以定期貨櫃航運為主，定期航行公告的航線及停靠港口，運送貨品是有包裝外表的什雜貨。

　　不定期航運是以運送乾散貨、液化貨物的貨船為主，船東或運送人與託運人經由經紀人在航運交易市場，探詢船舶租金、貨物運價與相互仲介，世界主要的不定期航運交易市場以英國倫敦的「波羅的海航運交易所」（Baltic Exchange）[註5] 歷史最悠久，該所於 2016 年被新加坡證券交易所（SGX）收購。

　　全球海運大宗散貨是以煤炭、鐵礦石、原油及各式糧食作物為運送主體，由於具有貨物物理特性、季節性、區域性，需用不同規格設備的船舶運送，因此採用不同租船契約進行，租金及運價依當季航運供需市場的行情進行協商。

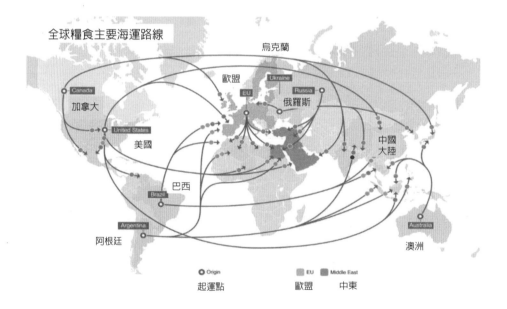

全球糧食主要海運路線

---

[註5] Baltic Exchange
https://www.balticexchange.com/en/index.html

**大宗散貨船的種類（依載重噸分）**

1. **超輕便型散貨船**（Handymax Bulk Carrier），指載重噸小於3萬噸的散貨船。

2. **輕便型散貨船**（Handysize Bulk Carrier），指載重噸在3萬～5萬噸的散貨船。

3. **巴拿馬型散貨船**（Panamax Bulk Carrier），指載重噸在 5 萬～8 萬噸的散貨船，滿載時其吃水、船寬及船長不能超過運河船閘限制。

4. **好望角（海岬）型散貨船**（Capesize Bulk Carrier），指載重噸在 8 萬～20 萬噸的散貨船，由於吃水及寬度不能通過蘇伊士運河，需繞經非洲南端的好望角海峽。

5. **超大型散貨船**（Very Large Ore Carrier, VLOC），指載重噸大於 20 萬噸以上的散貨船，僅用於煤炭和鐵礦石的遠距離運送。

**原油運輸的特性**

1. 原油運輸是在原油生產地和原油消費地之間進行運送。

2. 運輸成本在原油成本中占有較大比重。

3. 原油運輸需要特殊的運具，促成管道運輸的發展，但受技術與經濟上的限制。

4. 油輪運輸和管道運輸是原油運輸的主要方式，通常是海上與陸地的結合使用。

**油輪的種類（依載重噸分）**

1. **輕便型油輪**（Handymax Tanker）：指載重噸在 1 萬～5 萬噸級的油輪。吃水較淺能方便進出許多港口。

2. **巴拿馬運河型油輪**（Panamax Tanker）：指載重噸在 6 萬～7.5 萬噸級的油輪。受巴拿運河船閘限制，最大吃水不超過 12.04 公尺。

3. **阿芙拉型油輪**（Aframax Tanker）：指載重噸在 8 萬～12 萬噸級的油輪，吃水一般控制在 12.2 公尺，可以停靠在北美大部分港口。

4. **蘇伊士運河型油輪**（Suezmax Tanker）：指載重噸在 12 萬～20 萬噸級的油輪，其允許吃水不能超過 17 公尺。

5. **好望角（海岬）型油輪**（Capesize Tanker）：指載重噸在 12 萬～20 萬噸級的油輪，由於吃水及寬度不能通過蘇伊士運河，需繞經非洲南端的好望角海峽。

6. **超級油輪**（Very Large Crude Oil Carrier, VLCC）：指載重噸在 20 萬～30 萬噸級的巨型油輪。

7. **超級巨型油輪**（Ultra Large Crude Oil Carrier, ULCC）：指載重噸在 30 萬噸級以上的超大型油輪。

　　貨櫃航運聯盟（Container Shipping Alliances）是定期貨櫃航業從過去封閉式的航運公會（Conference）衍生新的聯營合作方式，參與者不用改變其經營權，各自負擔盈虧，經共同協議後經營某航線，可共同派船、互換艙位、互租

艙位等方式營運，可使用參與者的港口專用碼頭，解決單一公司航線及船舶不足問題，避免運價削價競爭及船舶投資過大。航商基於本身利益及條件，聯盟成員會不停轉換合作對象，2022年主要航運聯盟有2M、Ocean Alliance、THE Alliance，聯盟成員具有全球主要的運能，但航運市場仍會有一些獨立的運送人存在（如我國的萬海航運公司）。

| 2M | 34% |
| Ocean Alliance | 28% |
| THE Alliance | 17% |
| Others | 21% |

| 2M | Ocean Alliance | THE Alliance |
| :--- | :--- | :--- |
| msc<br>MEDITERRANEAN SHIPPING COMPANY | OOCL | Hapag-Lloyd |
| | CMA CGM  COSCO SHIPPING | ONE<br>OCEAN NETWORK EXPRESS |
| MAERSK | EVERGREEN LINE | YANG MING |

資料來源：Alphaliner, 2017年統計

　　世界主要貨櫃航商（如下圖）為提高競爭力及拓展服務範圍，在航運本業外也進行產業業務垂直整合，發展港口碼頭業務及國際物流，對託運人與收貨人提供一貫化作業運送服務[註6]，以增加營運收入。

圖 3.1　主要貨櫃航商的業務垂直整合（港口碼頭及國際物流）

---

[註6]　Vertical Integration for Selected Major Container Shipping Lines
https://porteconomicsmanagement.org/pemp/contents/part1/ports-and-container-shipping/vertical-integration-selected-major-container-shipping-lines/

海運業規範

法定義務
（Legitimate Liability）

◆船舶運送業資格–航業法、公司法
◆船舶安全規範–船舶法、海上人命安全國際公約（SOLAS）
◆船員資格標準–船員法、航海人員訓練、發證及當值標準國際公約（STCW）
◆船舶環保規範–防止船舶污染國際公約（MARPOL）、國際船舶壓艙水和沉積物的控制及管理公約（BWM）
◆船員勞動條件–船員法、海事勞工公約（MLC）

契約責任
（Contractual Liability）

◆客貨運送–海商法規定、民法
　　　　　　國際海上貨物運送規則
◆商務契約–傭租船契約
　　　　　　船舶買賣契約
　　　　　　船舶救助拖帶契約
◆海上保險–海商法、保險法
　　　　　　船體保險、船東互保協會責任保單

商船在開航前及開航時，運送人對於保持船舶之海值（或稱適航性、耐航力），應採必要注意與措施。所謂海值（Seaworthiness）即商船需具備安全航能力，可適宜航行於預定航線，以保障旅客貨物運送之安全。

商船之船級（Classification of Ship）係驗船協會對商船所訂船殼構造及其機器設備之等級標準，為船舶具備海值之最重要條件。船東對於新造船或修理船舶均需委託驗船協會予以監造或監修，並經檢驗合格後，簽發船級證書，謂之「入級」。

海商法第 62 條第 1 項
運送人或船舶所有人於發航前及發航時，對於下列事項，應為必要之注意及措置：
一、使船舶有安全航行之能力。
二、配置船舶相當船員、設備及供應。
三、使貨艙、冷藏室及其他供載運貨物部分適合於受載、運送與保存。

# Unit 3-3 貨櫃航線發展

　　海上貨櫃運輸是一種爲減少人力並提高單位時間內貨物裝卸工作效率，將貨物裝入標準貨櫃中以機械化方式操作，配合公路、鐵路與海運接力進行一貫化運送之運輸系統。

　　今日由於國際企業採取國際分工生產、國際物流配送，加上貨物的包裝標準化及商品型式（輕薄短小），貨櫃運輸具有戶對戶（Door to Door）運輸的特性，使貨櫃運輸成爲定期航運的主流，傳統港口的裝卸及倉儲作業設施，隨著船舶貨櫃化、大型化，也逐漸轉換以貨櫃貨爲主，全球主要貿易國家及地區也出現在海運航線上的重要貨櫃港。由於生產及消費的比較貿易特性，遠東至歐洲、遠東至北美洲、東南亞至東北亞、北美至歐洲及地中海航線成爲全球主要貨櫃船的貿易路線[註7]。

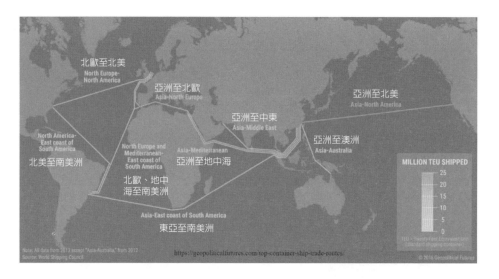

　　隨著世界經濟和國際貿易的不斷成長，貨櫃運量不斷的增加，發展中國家從出口原物料轉變爲工業產品，雜貨改用貨櫃運送，已開發國家進口更多的高級消費品，使貨櫃貨源更行擴大，以上使貨櫃運輸的發展有以下趨勢：

1. **貨櫃貨源的多元發展**：由於新興經濟體如中國大陸、東協及東歐的興起，以及什雜貨包裝運送的改變（如棧板化），貨櫃化發展趨勢從歐美向亞洲地區移轉。

---

[註7] Top Container Ship Trade Routes
　　　https://geopoliticalfutures.com/top-container-ship-trade-routes/

2. **貨櫃船舶規模化**：在主要貨運幹線上，為了降低單位運輸成本，航商部署更大型的貨櫃船舶，隨著造船技術進步、巴拿馬及蘇伊士運河的拓寬浚深，也使航線上的港口跟進更新碼頭更大型及自動化的港埠設施。

3. **貨櫃聯合運輸模式**：由以往單一運送人方式逐漸轉向結合海陸、海鐵及海空的多種運具結合的複合運輸（Intermodal Transport），國際物流及第三方物流成為航商業務多角化的項目。

4. **經營體制的改變**：航商逐漸走向聯盟化，由於貨櫃運輸採取定期航線網路化以盡可能覆蓋服務地區及規模經濟降低單位運輸成本，為避免艙位浪費及空櫃調度，航運公司採取不同公司的艙位互換、互租或共同聯營、派船方式，避免惡性競爭及單打獨鬥方式。

5. **貨櫃樞紐港口形成**：由於貨櫃船舶大型化發展，大型的貨櫃轉運及運送樞紐逐漸形成，更大的貨櫃儲轉場地及更深的航道水深、更具效率的裝卸及運輸系統，使地理位置適中的港口成為具有競爭力的轉運中心。

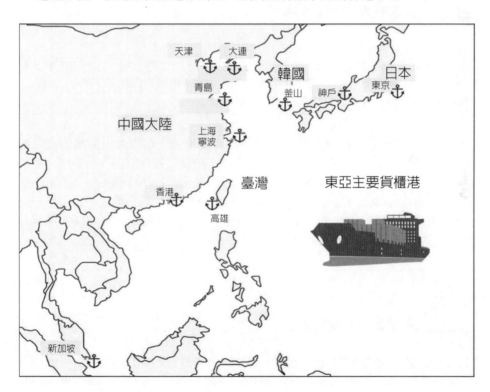

# Unit 3-4 國際規範影響

　　海運業是國際性產業，因此有義務遵行國際規範及慣例，例如 1982 年聯合國海洋法公約（United Nations Convention on the Law of the Sea, UNCLS），第九十一條（船舶的國籍）、第九十四條（船旗國的義務），規定船舶須登記取得國籍（Flag），船籍國有船舶行政監理之權責，船舶營運涉及人命財產安全、海洋環境維護、船貨安全及保險、利害關係人利益等，通常船籍國的航政主管機關會委託驗船機構或船級社（Society）負責督導船舶安全標準、船員勞動環境條件，以符合各項國際公約規範並簽發各項認證文書。

### 船舶檢查規則第 3 條

船舶應分別施行特別檢查、定期檢查、臨時檢查。
航行國際航線適用國際公約規定之船舶應依海上人命安全國際公約、防止船舶污染國際公約、船舶有害防污系統管制國際公約、海上避碰規則國際公約、海事勞工公約、特種用途船舶安全章程及其議定書、修正案規定施行檢查。

　　船員是海運實際的操作人員，船舶所有人或運送人從事海上運輸的商業活動，必須雇用合格船員來執行操作船舶工作，船員須接受航海人員訓練、發證及航行當值標準國際公約（International Convention on Standards of Training, Certification and Watchkeeping for Seafarers, STCW）訓練合格，以及提供符合國際運輸工人聯盟（International Transport Workers' Federation, ITF）規定之勞動環境，船員依規定從事船上工作需加入海員工會、船長加入船工會。

### 船員法第 6 條第 1 項

船員資格應符合航海人員訓練、發證及當值標準國際公約與其他各項國際公約規定，並經航海人員考試及格或船員訓練檢覈合格。外國人申請在中華民國籍船舶擔任船員之資格，亦同。

　　爲防止次級（不合格）船對港口造成污染損害，除原船籍國及驗船機構負責督導船舶設備條件符合國際公約外，港口國設立港口管制機構（Port State Control, PSC）負責檢查靠泊船舶，以防止不合安全條件之船舶發生意外而污染海洋環境，以及檢查船上作業設施是否保障船員符合國際規定，若船舶檢查不合格未達標準，則拒絕靠港或列入黑名單。

### 商港法第 58 條

航港局依國際海事組織或其相關機構頒布之港口國管制程序及其內容規定，對入、出商港之外國商船得實施船舶證書、安全、設備、船員配額及其他事項之檢查。

### 東京備忘錄（Tokyo Mou）

東京備忘錄是世界上最活躍的區域港口國管制（PSC）組織之一，東京備忘錄的建立是為使其成員加強合作並協調消除不合格運輸，在亞太地區提供有效的港口國監管制度，同時促進海上安全，確保亞太地區的海洋環境，由亞太地區廿一個政府成員組成。港口國管制在確保船舶遵守關於船員福利《海事勞工公約》及確保按國際勞工組織（ILO）所要求，在船上對船員進行援助部分發揮重要作用，還可確保船員按時領取工資，降低船員權益遭受侵害。另一個常被忽略的關鍵因素，可識別存在安全問題的船舶，檢查確保在亞太地區航行的船舶符合國際海事組織（IMO）的排放要求，並確保其他安全。

資料來源：Tokyo MOU
http://www.tokyo-mou.org/

## 船舶空污排放管制趨勢

　　船舶於海上航行時，船用燃料在燃燒過程中會向海洋周遭環境及大氣排放硫氧化物（SOX）、氮氧化物（NOX）和顆粒物（PM），這些排放物將對海洋及環境生態系統造成嚴重影響，並對人體健康產生不利的影響。

　　國際海事組織（International Maritime Organization, IMO）意識到航運業所產生的污染物排放有可能超過陸地來源成爲主要污染排放源頭，因而有必要在全球對航運污染物排放進行控制。「防止船舶污染國際公約」附則六於 2011

年通過，規定了全球範圍內污染物最大排放量標準，同時對指定海域實行更爲嚴格的標準，同時允許通過改變燃料規格、類型或使用廢氣清洗系統來降低污染物排放量。

2016 年 10 月底，國際海事組織下屬海上環境保護委員會（MEPC）第 70 次會議通過決議，全球船用燃料 0.5% 硫含量上限於 2020 年 1 月 1 日強制生效。【註8】

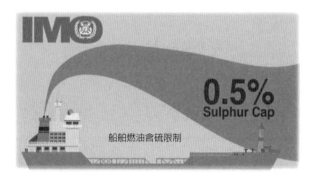

國際海事組織污染排放管制區域
IMO Emission Control Areas, ECAs

## 船舶貨物運送保安措施【註9】

911 恐怖攻擊事件（September 11 Attacks）是 2001 年 9 月 11 日發生在美國本土的一系列空中飛機自殺式恐怖襲擊事件，美國與聯合國國際海事組織爲預防海上也發生類似的利用海運船舶或搭載貨物，對港口設施進行恐怖攻擊事

【註8】 IMO 2020 – cutting sulphur oxide emissions
https://www.imo.org/en/MediaCentre/HotTopics/Pages/Sulphur-2020.aspx
【註9】 美國貨櫃安全計畫背景資料，美國在台協會
https://www.ait.org.tw/zhtw/container-security-initiative-csi-fact-sheet-zh/

件,通過對船舶及港埠設施安全維護的要求與準則。

## 國際船舶及港口設施保安章程（ISPS Code）

國際船舶與港口設施章程（International Ship and Port Facility Security Code, ISPS）是 1978 年海上人命安全國際公約針對船舶、港口及港口國政府對於保全的一項修正案,於 2004 年開始生效。其規定港口國政府、船東、船上人員以及港口／設施人員察覺保全威脅及採取相對的預防措施,以防止保全事件影響從事國際貿易的船舶或港口設施。

為了因應 2001 年 9 月 11 日美國 911 恐怖攻擊事件後,國際海事組織根據聯合國安全理事會於 2001 年 9 月 28 日通過第 1373(2001) 號決議所產生的。國際海事組織針對船港介面活動、港口設施、船對船活動以及締約國政府確保實施前項活動之保全,新增及修訂公約內容。其中修訂了第 V 章及第 XI-1 章和新增第 XI-2 章及國際船舶與港口設施保全章程（ISPS Code）。

## 貨櫃保安倡議計畫（CSI）

貨櫃安全計畫（Container Security Initiative,簡稱 CSI）是 911 恐怖攻擊之後,由現在稱為美國海關暨邊境保護局（U.S. Customs and Border Protection, CBP）的美國海關擬訂的。CSI 的主要目的是保護全球貿易體系,以及 CSI 港口和美國之間的貿易航道。在 CSI 計畫下,有一組官員會派駐在各港口,與當地的對口官員合作,找出所有可能具威脅性的貨櫃。2002 年 1 月宣布的 CSI,最早是在輸美貨櫃數量最大的港口實施（高雄港也在名單）。CBP 已經與所有這些輸美貨櫃數量最大港口所在地的當局進行討論,目前正擴大到其他位於戰略地點的港口。

## 美國海關反恐貿易夥伴計畫（C-TPAT）

美國海關反恐貿易夥伴計畫（Customs-Trade Partnership Against Terrorism, C-TPAT）,是指 2002 年 4 月美國開始實施與美國貿易的國家,共同採取統一海關貨櫃安檢標準,參與這項計畫合作的貿易夥伴,貨櫃抵達美國,將可享有通關便捷服務,速度可比其他未參與計畫的國家加快六倍。在「貨櫃安全計畫」下,美國將派遣海關檢查員到海外貿易夥伴的港口,技術協助出口國的海關,對高風險貨櫃進行安檢。

## 大港倡議計畫（Megaport Initiative）

美國能源部在國際夥伴自願合作的狀況下,以大港倡議計畫提升國際夥伴篩檢辨識貨櫃貨物中的核能及其他輻射物質的能力,以防止恐怖份子用於製造大規模毀滅性武器（WMD）或其他輻射擴散裝置。大港倡議計畫提供國際夥伴針對重要港口提供門式輻射偵測器、相關手持檢測儀器、光學辨識技術（OCR）、通訊設備、人員培訓及技術支援。

2006 年,美國在台協會與台北經濟文化辦事處簽訂臺灣大港倡議計畫備忘

錄。由於高雄港位處重要戰略位置，是重要的貨物轉運站，再加上貨物吞吐量大，因此成為第一個實施大港計畫的港口。自 2007 年起，美國能源部國家核子安全總署在美國在台協會居間協調下，在高雄港建置輻射偵測設備，培訓臺灣官員操作並維護輻射偵測系統，並且提升航商警覺性，以了解相關物品的潛在危險。本計畫經由高雄港相關單位密切合作，目標為在港口裝設輻射偵測設備，預期可篩檢百分之九十五貨櫃流量。

航運發展趨勢

船舶拆解　　船舶設計

船舶管理

智慧船舶　　環保船舶

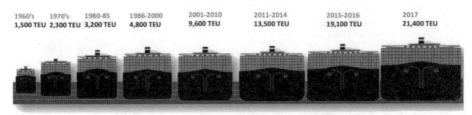

圖 3.2　貨櫃船舶建造規格大型化

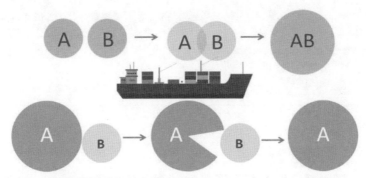

圖 3.3　貨櫃船公司的併購（Mergers and Acquisitions）

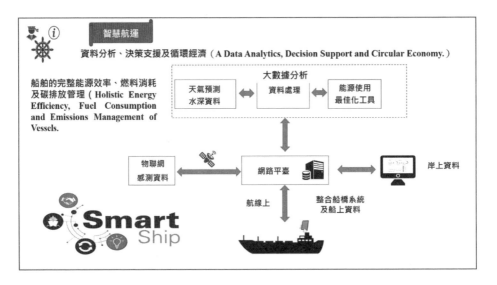

# 第4章
# 海運船舶

# Unit 4-1 商船定義

我國的「船舶法」第 3 條第 1 項規定船舶：指裝載人員或貨物在水面或水中且可移動之水上載具，包含客船、貨船、漁船、特種用途船、遊艇及小船。

另我國「海商法」第 1 條：本法稱船舶者，謂在海上航行，或在與海相通之水面或水中航行之船舶。但在第 3 條規定：下列船舶除因碰撞外，不適用本法之規定：「一、船舶法所稱之小船。二、軍事建制之艦艇。三、專用於公務之船舶。四、第一條規定以外之其他船舶。」

因為「海商法」是規範船舶所有人、船長、船員、客貨運送，以及海運運送之權利義務，都是以從事客貨運輸之商用船舶為對象。故商船（Merchant Ship）之定義，似可為航行於海上及與海相通之水面或水中航行，從事客貨商業行為之運輸工具。

## 商船的性質

1. 船舶是整體的組合，船舶是由船體、各種附件及屬具所組成，在進行抵押、轉讓、繼承、保險委付等，都是把船舶各部分視為整體組合。

---

### 船舶所有權範圍

就船舶之性質而言，依海商法第 7 條規定，「除給養品外，凡於航行上或營業上必須之一切設備及屬具，皆視為船舶之一部。」由此可知，海商法之船舶為一合成物，即船舶除給養品外，其他各個構成部分非單獨之物，而是視為船舶一部分，其權利存在於物之全部。其中，所謂給養品，如糧食、燃料等是；而所謂船舶之設備及屬具，係指非船舶本體，而於經濟上常協助船舶發生效用者。船舶之設備如救生設備、貨物裝卸設備等（參照船舶設備規則第 6 條）；屬具則如繫纜裝置及絞纜機、舵及舵機等。

資料來源：玉鼎法律事務所
https://www.we-defend.com.tw/qa/view?category_id=6_88&qa_id=34

---

2. 兼有動產及不動產性質，船舶本身性質是移動的財產，在法律處理上又以不動產方式來處理。

**可以移動的都是動產嗎？**

在海上航行的船舶都可以移動，這些船舶都是不動產嗎？ 解析：(1) 依民法規定土地及其定著物以外之物都是動產。(2) 船舶會在海上移動，按照前述民法的定義劃分時，就會被認為是動產；但船舶的造價較高，依海商法規定，以船舶作為擔保品向金融機構借款或貸款建造時，須以書面設定抵押權，所以，將船舶視為不動產。

資料來源：臺灣桃園地方檢察署
https://www.tyc.moj.gov.tw/294079/294155/294161/378915/post

3. 人格化性質，船舶視同自然人，具有生日（下水日）、戶籍（登記註冊）、船名、國籍（船籍及國旗）、船齡、重量（噸位）等。

 **船舶法規定**

第 5 條規定：本法所稱中華民國船舶，指依中華民國法律，經航政機關核准註冊登記之船舶。
第 10 條規定：船舶應具備下列各款標誌：一、船名。二、船籍港名或小船註冊地名。四、載重線標誌及吃水尺度。
第 12 條規定：船名，由船舶所有人自定，不得與他船船名相同。

4. 浮動的領土，依照國際法規，船舶是船籍國的浮動領土，受船籍國法律管轄合保護，因此船舶具有領土特徵。如「船舶法」第 6 條規定：非中華民國船舶，不得懸掛中華民國國旗。但法令另有規定或有下列各款情形之一者，得懸掛中華民國國旗：
一、中華民國國慶日或紀念日。
二、其他應表示慶祝或敬意時。

**中華民國船舶**

依我國「船舶法」第 5 條規定，本法所稱中華民國船舶，指依中華民國法律，經航政機關核准註冊登記之船舶。

船舶合於下列規定之一者，得申請登記為中華民國船舶：
1. 中華民國政府所有。

2. 中華民國國民所有。
3. 依中華民國法律設立，在中華民國有本公司之下列公司所有：
   (1)無限公司，其股東全體爲中華民國國民。
   (2)有限公司，資本二分之一以上爲中華民國國民所有，其代表公司之董事爲中華民國國民。
   (3)兩合公司，其無限責任股東全體爲中華民國國民。
   (4)股份有限公司，其董事長及董事二分之一以上爲中華民國國民，且其資本二分之一以上爲中華民國國民所有。
4. 依中華民國法律設立，在中華民國有主事務所之法人團體所有，其社員三分之二以上及負責人爲中華民國國民。

## 船舶登記權利

依我國「船舶登記法」規定：
第1條
　　船舶登記，以船籍港航政機關爲主管機關。但建造中船舶之抵押權登記，以建造地航政機關爲主管機關。
第3條
　　船舶關於左列權利之保存、設定、移轉、變更、限制、處分或消滅，均應登記：
　　1. 所有權。
　　2. 抵押權。
　　3. 租賃權。
第4條
　　船舶應行登記之事項，非經登記，不得對抗第三人。

## 海商法

第 1 條 本法稱船舶者，謂在海上航行，或在與海相通之水面或水中航行之船舶。

第 3 條 下列船舶除因碰撞外，不適用本法之規定：
一、船舶法所稱之小船。
二、軍事建制之艦艇。
三、專用於公務之船舶。
四、第一條規定以外之其他船舶。

## 船舶法

第 3 條 本法用詞，定義如下：
一、船舶：指裝載人員或貨物在水面或水中且可移動之水上載具，包含客船、貨船、漁船、特種用途船、遊艇及小船。
二、客船：指非小船且乘客定額超過十二人，主要以運送乘客為目的之船舶。
三、貨船：指非客船或小船，以載運貨物為目的之船舶。
四、特種用途船：指從事特定任務之船舶。
五、遊艇：指專供娛樂，不以從事客、貨運送或漁業為目的，以機械為主動力或輔助動力之船舶。
六、自用遊艇：指專供船舶所有人自用或無償借予他人從事娛樂活動之遊艇。
七、非自用遊艇：指整船出租或以其他有償方式提供可得特定之人，從事娛樂活動之遊艇。
八、小船：指總噸位未滿五十之非動力船舶，或總噸位未滿二十之動力船舶。
九、載客小船：指主要以運送乘客為目的之小船。

## 船舶噸位（Ship Tonnage）

熱帶淡水載重線 TF
夏季淡水載重線 F
熱帶載重線 T
夏季載重線 S
冬季載重線 W
勞氏船級社

### 重量噸位（Weight Tonnage）

1. 排水量噸位（Displacement Tonnage）：船舶在水中排開水的重量，就是船舶自身的重量。
   (1)輕排水量（Light Displacement）：空船排水量，船舶重量＋船員＋必要給養品的重量之和。
   (2)重排水量（Full Load Displacement）：船舶載客貨後，吃水達到最高載重線時的重量。
   (3)實際排水量（Actual Displacement）：船舶每一航次載貨後，實際的排水量噸位。

2. 載重噸位（Dead Weight Tonnage, DWT）：船舶承載外來重量的能力，包括承運貨物、燃料、淡水及不明重量（Constant）。

### 容積噸位（Capacity Tonnage）

1. 總噸（Gross Registered Tonnage, GRT）：註冊總噸，船艙內及甲板上所有封閉場所的內部體積之和。用於船隊大小統計、船舶登記，計算保險、造船費用及船舶賠償。
2. 淨噸（Net Registered Tonnage, NRT）：從容積總噸扣除不供營業使用空間的噸位，用於報關、結關，向港口繳交費用及噸位稅推定利潤、通過一般運河費的依據。

# Unit 4-2 商船種類

　　商船以客貨運送對象可分為客船（Passenger Ship）及貨船（Cargo Ship），或兼營客貨的兩用船，其再依運送對象的特性有不同的裝載空間設計及裝卸設備。

　　我國「船舶法」第 3 條規定，「客船：指非小船且乘客定額超過十二人，主要以運送乘客為目的之船舶。貨船：指非客船或小船，以載運貨物為目的之船舶。」

　　客船從事國際定期航線常見為郵輪（Cruise），擁有高級的船上接待設施，運送國內外遊客進行各個航點的海上旅行，另一種是航行國內與離島之間的大型海上客輪，如航行高雄與澎湖、基隆至馬祖的國內客運航線。另一種是短距離的跨境運送旅客渡輪（Ferry），如金馬與福建的小三通航線、歐洲英吉利海峽的渡輪運輸等。

郵輪　　　　　　　　客輪　　　　　　　　渡輪

　　貨船是從事國內外貨物運輸的船舶，特別是進行國際貿易運輸的貨船，因貨物的運送距離、種類、數量及特性，船舶規格、設備標準、營運方式受國際公約、國內法規及商業慣例的規範。

　　貨船依載運貨物種類不同，逐漸分工出各式專業用途之貨船【註1】：

1. 散裝船（Bulk Vessels）：運送煤、鐵、礦石、穀物及一般雜貨為主的貨船。
2. 冷藏船（Reefer Vessels）：艙內附有溫度調節設備，運送生鮮蔬果、肉製品等。
3. 貨櫃船（Container Vessels）：載運以標準貨櫃為貨物容器的船舶。
4. 駛上駛下船（RO-RO Vessels）：貨物及卡車可直接駕駛進與駕駛離船艙內作業。
5. 多用途船（Multi-Purpose Vessels）：如起重搬運船、救助拖船、工作船等。
6. 駁船（Barge Vessels）：在內陸與江河與海港之間水域進行貨物接駁運送，有時在港口不同碼頭之間水面進行貨物駁運。

---

【註1】　8 Types of Cargo Ships
　　　　https://wheelsinquirer.com/types-of-cargo-ships/

7. **油輪**（Tanker Vessel）：以運送原油及其煉製品爲主，往來石油生產國及消費地。
8. **動物運送船**（Livestock Carriers）：又稱爲牲畜船，是運送活體的牛羊豬之類動物。

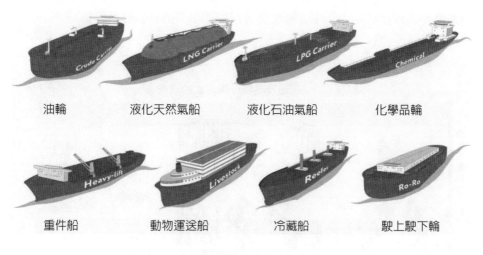

| 油輪 | 液化天然氣船 | 液化石油氣船 | 化學品輪 |

| 重件船 | 動物運送船 | 冷藏船 | 駛上駛下輪 |

貨櫃船

雜貨船

散裝船

　　現今航運市場上是以貨櫃與散裝雜貨爲兩大類，貨櫃船爲載運貨櫃的船舶，即以貨櫃爲裝載容器之運輸船，貨主將貨物裝入貨櫃之中，再以貨櫃託運給運送人。現在已經發展出各種用途的貨櫃如標準櫃、冷凍貨櫃、開頂櫃、平板櫃、牲畜櫃、穀物櫃、液體貨櫃⋯⋯等。貨櫃船通常以其所能裝載的20呎標準貨櫃（Twenty-foot Equivalent Unit, TEU）數量，來表示其船舶的大小。

　雜貨船載運雜項貨物或無法以標準包裝方式的固定貨物之運輸船。雜貨船應用廣泛，在全球商船隊中噸位總數居首位。設有吊貨桿，為裝卸重大件貨，通常還裝有重型吊桿。為提高雜貨船對各種貨物運輸的良好適應性，能載運大件貨、貨櫃、雜貨及散貨，現代新建雜貨船常會設計成多用途。散裝船主要作為黃豆、玉米、礦砂、鐵礦及煤炭等單一大宗貨物以散裝型態運送之運輸船。因為散裝船的貨種單一化，不需要包裝成捆、成包、成箱的裝載運輸。

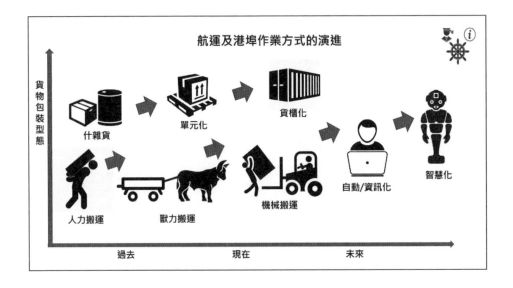

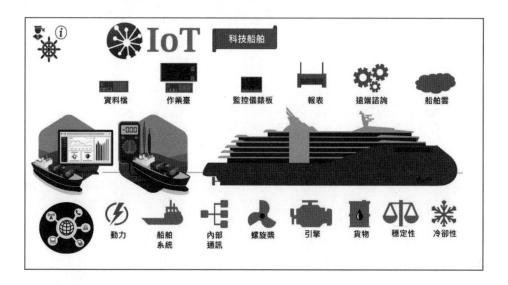

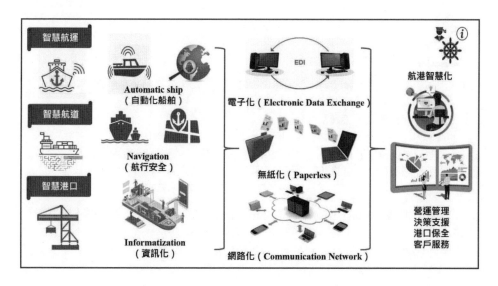

# Unit 4-3 商船設施

商船在開航前及開航時，船東或運送人對保持船舶之海値（Seaworthiness）或稱適航能力，應採取必要注意及措施。所謂海値即商船須具備安全之航行能力，適合航行於預定航行的航線，以保障旅客及貨物運送的安全。

船舶的海値具有以下的功能：
1. 各國政府訂有基本法律，規定檢查商船後具有基本適航條件才能進行客貨營運。
2. 船舶在發生海難後，運送人須舉證船舶在開航前及開航時已具有海値，海難是因突然喪失航行能力或潛在瑕疵造成，運送人始可免除賠償責任。
3. 爲產物保險之船舶、貨物、旅客及損害賠償之理賠依據。
4. 航政機關及司法單位審理海事責任與賠償責任之參考資料。
5. 商船買賣、租賃、抵押或貨物託運時，雙方協商之條件。

---

 **海商法第 62 條**

運送人或船舶所有人於發航前及發航時，對於下列事項，應為必要之注意及措置：
1. 使船舶有安全航行之能力。
2. 配置船舶相當船員、設備及供應。
3. 使貨艙、冷藏室及其他供載運貨物部分適合於受載、運送與保存。
船舶於發航後因突失航行能力所致之毀損或滅失，運送人不負賠償責任。
運送人或船舶所有人為免除前項責任之主張，應負舉證之責。

---

而商船的船級（Classification of Ship）指驗船機構對所訂造船舶及機器設備之等級標準，爲船舶具備海値之最重要條件，船東新造船或修理後須委託驗船機構予以監造或監修，經檢驗合格後發給船級證書，稱爲「入級」。所謂船級即船舶之構造與設備應保持一定標準，航政法規多規定新船檢查外，每隔幾年應特別檢查，如發生海難或修改、適航性有疑義時，應舉行臨時檢查；每年尚須舉行定期檢驗，使船舶確保符合標準。

船舶法關於檢查規定

第 23 條第 1 項
船舶檢查分特別檢查、定期檢查及臨時檢查。
第 24 條
船舶因分類、順位、載運貨物型態、適航水域不同，其船舶設備之項目、規範、豁免及等效、證書及其他應遵行事項之規則，由主管機關定之。
第 25 條
船舶有下列情形之一者，所有人應向船舶所在地航政機關申請施行特別檢查：
1. 新船建造。
2. 自國外輸入。
3. 船身經修改或換裝推進機器。
4. 變更使用目的或型式。
5. 特別檢查有效期間屆滿。
船舶經特別檢查合格後，航政機關應核發或換發船舶檢查證書，其有效期間以五年為限。但客船、貨船船齡超過二十年者，核發、換發船舶檢查證書之有效期間不得超過二年。
第 27 條
船舶有下列情形之一者，所有人應向所在地航政機關申請施行船舶臨時檢查：
1. 遭遇海難。
2. 船身、機器或設備有影響船舶航行、人命安全或環境污染之虞。
3. 適航性發生疑義。
船舶經臨時檢查合格後，航政機關應於船舶檢查證書上註明。

## 商船導航設施

　　現代科技藉由人造衛星發射的信號，可以快速正確的解讀出經緯度，以標定船隻現在的位置。在大洋中航行，需先以天文定位或其他方法確定船位，並將船位標示在海圖上，再由這已經知道的過去船位，推算出現在的船位。方法是藉測定船的速度、航程、方向等，來做推算航行定位，需要利用海圖、羅經、船速計等工具[註2]。

　　電子海圖（Electronic Navigation Chart, ENC）是將紙海圖的資訊諸如海岸線、水深、助航設施等數位 化，經由特定系統平臺，在電腦螢幕上顯示。利

[註2]《航行定位》，國立海洋科技博物館
　　　http://ship.nmmst.gov.tw/ship/content/148

用全球定位系統所提供的經緯度資訊，可以將船位精確的顯示在電子海圖中。電子海圖顯示與資訊系統（Electronic Chart Display and Information System, ECDIS）已發展成為一種新型的船舶導航系統和輔助決策系統，不僅能提供船舶導航極大的便利性，同時也有助於提高海運安全，還能提供和綜合與航海有關的各種資訊，有效地防範各種風險。

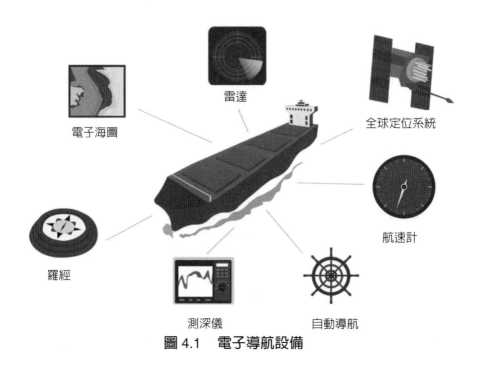

電子海圖　　雷達　　全球定位系統

羅經　　測深儀　　自動導航　　航速計

**圖 4.1　電子導航設備**

## 商船基本規範

### 1.船舶尺度

　　船舶的最前端至最尾端之間的長度是為全長（Length of Overall, LOA），這涉及船舶繫靠碼頭的長度（碼頭設計還要考慮船舶前後繫纜的長度），船寬（Beam）是指左右舷側外板間距離，關係碼頭裝卸機具的伸展臂（Outreach Arm）距離，能否觸及貨艙內側安全裝卸貨物。

　　船舶高度（High）指船舶龍骨（Keel）至主甲板（Main Deck）間距離，水線以下為吃水（Draft），水線至主甲板間距離為乾舷（Freeboard），兩者之間的距離加總為船高。

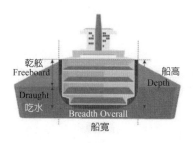

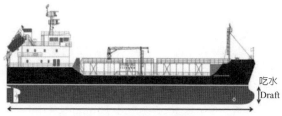

乾舷 Freeboard
船高 Depth
Draught 吃水
Breadth Overall 船寬

吃水 Draft

Length Overall (LOA) 船長

2. **船舶重量噸位**

(1) 排水量噸位（Displacement Tonnage），是船舶在水中所排開水的噸量，也是船舶自身重量的噸數，可以用來計算船舶的載重噸。輕排水量（Light Displacement）又稱為空船排水量，是船舶加船員及必要給養品重量的總和；重排水量（Full Load Displacement）又稱為滿載排水量，是船舶載客、載貨達到最大載重線時的重量，即船舶最大載重的限度。實際排水量（Actual Displacement）則是船舶每一個航次載貨後實際的排水量。

(2) 載重噸位（Dead Weight Tonnage, DWT），為船舶能承載外來重量的能力，包括承運貨物、燃油、淡水及不明外來重量（Constant），考量船舶在不同季節與不同海域的危險程度差異，聯合國國際海事組織通過1966 年國際船舶載重線公約（International Convention on Load Lines）規範，驗船機構依船舶建造結果，在船舷中間兩側勘劃船舶載重線的標誌，作為量測船舶載運貨物重量的基準。

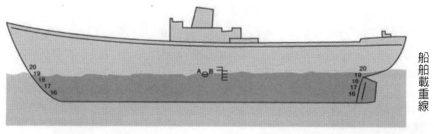

船舶載重線

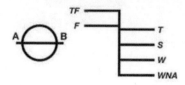

| | | |
|---|---|---|
| **AB** | American Bureau of Shipping | 美國海運局勘劃 |
| **TF** | tropical freshwater load line | 熱帶淡水載重線 |
| **F** | freshwater load line | 夏季淡水載重線 |
| **T** | tropical zones load line | 熱帶載重線 |
| **S** | summer load line | 夏季載重線 |
| **W** | winter load line | 冬季載重線 |
| **WNA** | winter North Atlantic load line | 冬季北大西洋載重線 |

### 3. 船舶容積噸位

　　為配合船舶在營運路線上港口或航路的吃水限制，船舶的貨艙容積可供裝貨配載使用，容積噸位是表示船舶容積噸位的單位，又稱為註冊噸。是以 100 立方英尺或 2.38 立方公尺為一註冊噸，是各國海運機關為船舶註冊而規定的一種以噸為丈量的單位。

(1) **總噸**（Gross Registered Tonnage, GRT），又稱為註冊總噸，是指船艙內及甲板上所有封閉內部空間的總和，可用來政府對船隊規模統計、船舶登記、政府對航運業補貼、計算保險費用、造船費用及船舶賠償等。

(2) **淨噸**（Net Registered Tonnage, NRT），又稱為註冊淨噸，是從容積總噸扣除不供裝貨用空間後的貨艙噸位。主要用於船舶的報關、向港口繳納費用及通過運河時繳納運河費、噸位稅推算利潤大小的依據。

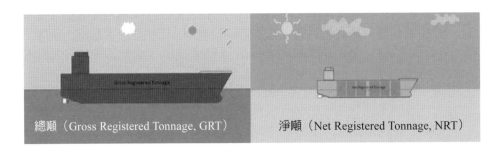

總噸（Gross Registered Tonnage, GRT）　　淨噸（Net Registered Tonnage, NRT）

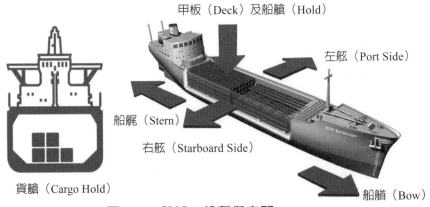

甲板（Deck）及船艙（Hold）

左舷（Port Side）

船艉（Stern）

右舷（Starboard Side）

貨艙（Cargo Hold）

船艏（Bow）

**圖 4.2　貨船一般載貨空間**

## 船舶設備規則第 6 條

本規則所稱船舶設備，指下列各款而言：
1. 救生設備。
2. 消防設備。
3. 燈光、音號及旗號設備。
4. 航行儀器設備。
5. 無線電信設備。
6. 居住及康樂設備。
7. 衛生及醫藥設備。
8. 通風設備。
9. 冷藏及冷凍設備。
10. 貨物裝卸設備。
11. 防止污染設備。
12. 操舵、起錨及繫船設備。
13. 帆裝、纜索設備。
14. 危險品及大量散裝貨物之裝載儲存設備。
15. 海上運送之貨櫃及其固定設備。
16. 其他經主管機關公告應配備之設備。

自備吊程重件貨船（Heavy Lin Ship）

自備吊桿貨櫃駁船（Barge）

# Unit 4-4 商船發展

　　船舶的造船及應用技術一直在持續發展，但在營運上也受現實法規的約束（如船舶污染防治），特別是石化燃料的地球存量終有開採用竭之時，船舶動力來源需進行其他動力的應用發展，造船業及船東、港口業也因應此種趨勢進行設施更新。

## 船用液化天然氣（LNG）燃料的加注[註3],[註4]

　　大型船舶的低速柴油機排氣的主要成分中，氮氧化物、硫氧化物與二氧化碳是破壞環境的元凶。二氧化碳是海運排放溫室氣體中的主要成分，約占整個海運排放量的 96%，而大部分的二氧化碳是由船舶柴油主機、發電機和鍋爐所排放。國際海事組織對於新船的設計，已有限制排放的規範。自 2020 年起，航行於國際海域的船舶其燃料油含硫量必須低於 0.5%，而行駛於排放管制區（Emission Control Area）的商船，自 2015 年起更必須低於 0.1%。

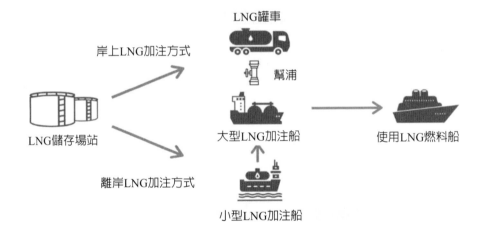

　　與傳統的燃料油相比，LNG 的清潔優勢還是相對明顯的。LNG 可減少 99% 的二氧化硫，91% 的顆粒物排放和 92% 的氮氧化物排放，遠遠超過了現行法規的要求。LNG 還為因應氣候變化的挑戰提供了初步的應對措施。與燃料動力系統相比，使用 LNG 動力的船舶可減少多達 20% 的二氧化碳排放。船公司在新造船傾向直接使用節能燃料，而目前節能燃料就是低硫油或是更節能的液

---

[註3] Transition to the future with Stabilis
https://stabilis-solutions.com/marine-bunkering/
[註4] 葉榮華，《綠色船舶新思維》，科學發展月刊，544 期，2018 年 4 月。

化天然氣（LNG）。

## 自主船舶航行發展【註5】,【註6】

　　自主航行船舶（Autonomous Ship）（俗稱無人船或無人駕駛船）是不需要船上人員介入操控，能由岸上人員遠距控制，或自動依據任務需求及行駛環境狀態，進行航行控制的水面船舶。發展無人船的因素包括減少人員操作失誤造成的事故，無人駕駛貨船能增加抵抗海盜能力，以及減少船舶整體運作成本。根據用途的不同，從氣象學、海洋學、貨運、監測到國防所需，自駕船的形狀和大小各有不同。

　　實現無人船運作的關鍵技術包括遠距通訊（例如透過衛星通訊）、多重環境感知（光學及紅外線影像、雷達等）、自主路徑規劃、自動避撞、自主式艦橋及引擎室等技術）。爲提高能源使用效率、降低溫室氣體排放，以及提高動力系統數位控制能力，採用純電力或燃油─電力複合動力推進系統，也是無人船技術發展重要項目。

　　「看到並避撞」也是某些自動駕駛船的優勢，當船體龐大以及自主航行船舶的航行速度增加時，更凸顯出安全導航的必要性。這些防撞系統它的設計遵照國際海上避碰規則（Convention on the International Regulations for Preventing Collisions at Sea, 1972, COLREG）。

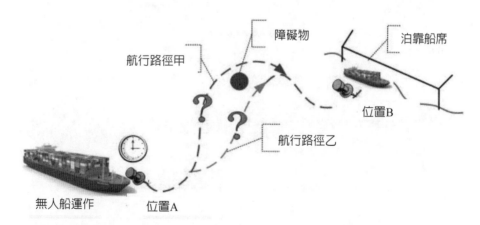

【註5】　熊治民（工研院），《自主航行船舶（無人船）發展趨勢》，經濟部技術處
　　　　https://www.moea.gov.tw/MNS/doit/industrytech/IndustryTech.aspx?menu_id=13545&it_id=202
【註6】　State-of-the-Art Research on Motion Control of Maritime Autonomous Surface Ships
　　　　https://www.mdpi.com/2077-1312/7/12/438

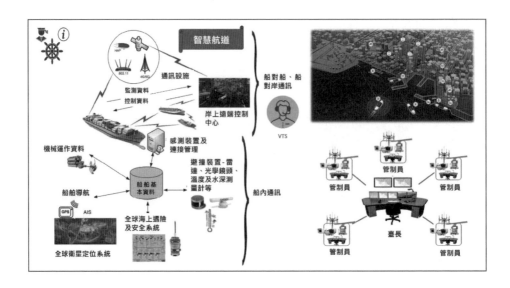

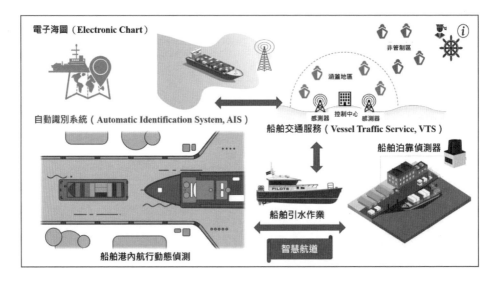

# 第5章
# 海運貨物

# Unit 5-1 貨物分類

　　海運貨物種類眾多，由於各種貨物的特性不一，對船舶的裝載安全及容量大小有影響；對運送人而言，運送貨物的收費高低也依貨物的負擔能力而定；裝卸方式及運輸工具的選擇也依貨物的性質有所區別。貨物分類主要的作用：
1. 便於計算各類貨物重量或容積，使船舶裝載能量能符合安全及最大量。
2. 依貨物價值及負擔能力分類，訂定不同運價使運輸成本至最低程度。
3. 方便貨物快速裝卸，節省船貨方負擔貨物作業費用及避免延誤船期。
4. 為求船舶航行及貨物堆積安全，必須進行分類以進行裝載作業規劃。

海運貨物依承運數量分 { 大宗貨物（Lot Cargo）
什貨（General Cargo）

海運貨物依包裝方式分 { 散裝貨（Bulk Cargo）
包裝貨（Package Cargo）
非包裝貨（Unpackage Cargo）

海運貨物依貨物狀態分 { 乾貨（Dry Cargo）
液體貨（Liquid Cargo）

海運貨物依貨物性質分 { 一般貨物（General Cargo）
危險貨物（Dangerous Cargo）

海運貨物依運送船舶分 { 散裝貨（Bulk Cargo）
貨櫃貨（Container Cargo）
液體貨（Liquid Cargo）

## 一般常用貨物分類說明

1. **散裝貨**（Bulk Cargo），通常以散裝方式交不定期船大量運送之貨物，此類貨物多不須包裝且價格較低，具有一定貨物流向，如煤鐵、礦砂、穀物等。
2. **什貨**（General Cargo），無特殊性質及使用特別裝卸方法的貨物，可以按件、單位包裝計數之貨物，如鐵材、罐頭、工業機件、車輛等。
3. **貨櫃貨**（Container Cargo），將各式貨物裝入貨櫃，以定期船固定公告運價運送，貨櫃依貨物種類會有不同規格，是現在主要的海運貨物運送方式。
4. **液體貨**（Liquid Cargo），貨物主要是原油、石化品及化學物、食用油為主，在陸地上會搭配管道（Pipeline）或罐車（Tank Car）進行運送。

## 特種貨物分類說明

凡是貨物因尺寸、規格、重量、價值等需使用特殊工具或設備運送,並給予特殊照料之貨物稱為特種貨物(Special Cargo)。

1. **危險品**(Dangerous Cargo):凡貨物具有易燃、易爆、有毒、腐蝕、放射性等,需具有專用包裝用具,有些船公司因船上設備因素會拒絕載運。

2. **冷藏及冷凍貨**(Refrigerated and Frozen Cargo):有些貨物因保管溫度易腐敗、變質,須維持在低溫下保存運送,如水果、肉類、水產品等。

3. **貴重貨**:包括展覽品、貨幣及有價證券、珠寶等,須以特別貨艙隔離以防盜竊。

4. **動植物**:在運送途中需予以飼餵及照料服務,如牲畜及樹苗等。

5. **超重貨物**(Heavy Cargo):需使用特殊起重機進行裝卸的超重貨物,如笨重機械、特種車輛等,有時需使用海上起重船及陸上起重機。

6. **超大及超長貨物**(Bulky Cargo and Lengthy Cargo):此類貨物裝卸不方便,如火車、遊艇、鍋爐、鋼軌等,增加費用及船期,船公司會訂有特別收費辦法。

---

### 商港法第 24 及 25 條第 1 項(危險品)

裝有核子動力之船舶或裝載核子物料之船舶,非經原子能主管機關核准,不得入港。
入港船舶裝載爆炸性、壓縮性、易燃性、氧化性、有毒性、傳染性、放射性、腐蝕性之危險物品者,應先申請商港經營事業機構、航港局或指定機關指定停泊地點後,方得入港。

---

**圖 5.1　特種貨物**

# Unit 5-2 貨物計量

　　貨物運送計量單位（Unit）為船公司接洽業務、計收運費、規劃裝卸及安排積載之主要依據，雖因貨物種類而異，但船公司主要依下兩因素決定計量單位：

1. 以何種特徵決定貨物的計量單位，如體積、重量與容積等為依據。
2. 以何種計量單位為計算標準，如選擇重量是採用長噸、短噸或公噸等[註1]。
   - (1)長噸（Long Ton）：1 噸 = 2240 磅 = 1.12 短噸 = 1016.05 公斤 = 0.05080 公噸
     - 長噸：在英國較為常用，為狹義的「英噸」。
   - (2)短噸（Short Ton）：1 噸 = 2000 磅 = 0.89285 長噸 = 0.90718 公噸 = 907.1847 公斤
     - 在美國較為常用，又稱「美噸」。
   - (3)公噸（Metric Ton）：1 噸 = 2204.6341 磅 = 0.98421 長噸 = 1.10231 短噸 = 1000 公斤

## 海運貨物計量單位可分為下列數種：

1. **重量單位**（Weight Unit），多用於散裝貨、液體貨、重量貨，凡重量大於體積之貨物均採用重量單位。
2. **體積單位**（Measurement Unit），多用於什貨及輕量貨物，凡體積大於重量之貨物均採用體積單位。
3. **長度單位**（Length Unit），用於計量貨物之長度，公尺、英呎、碼。
4. **容積單位**（Capacity Unit），用於計算穀類及液體貨物，如蒲式耳

---

[註1] An Introduction to Tonnage Calculation and How It Affects Your Product Design
https://stampingsimulation.com/introduction-tonnage-calculation-affects-product-design/

（Bushel）、加侖（Gallons），亦有以重量單位計算。

5. 計件單位（Package or Piece Unit），用於須特別照料之貨物，如活體動物、車舟。

6. 從價單位（Value Unit），凡昂貴之報價貨物，毀損時貨方要求照價賠償之貨物。

7. 船舶吃水噸位（Scale Ton），裝運散裝大宗貨物時，無法精確衡量噸量時，多採用船舶吃水（Draft）計算貨物噸量，即以船舶載重噸減去船上水、油及設備等所餘之噸量為貨物實裝噸量，但會有一些誤差。

## 海運貨物計量動作可分為下列數種：

1. 檢查（To Check），檢查貨物之外表或包裝情形。
2. 計數（To Count），計算貨物裝卸之實際件數。
3. 秤重（To Weight），以工具秤重貨物之實際重量。
4. 丈量（To Measure），以工具丈量貨物之實際體積。

## 海運貨物須經計量的作用：

1. 作為船貨雙方計算運費之依據。
2. 規劃船舶安全裝卸作業及使用工具。
3. 劃分運送貨物的船貨方之授受責任。
4. 查明貨物短少或破損原因為理賠依據。
5. 船方進行貨物配艙規劃（Making Cargo Plan）之參考依據。

圖 5.2　貨物計數（理貨及公證）

**船舶貨物裝卸承攬業及船舶理貨業管理規則**

第 12 條
船舶理貨業務範圍如下：
1. 散雜貨及貨櫃之計數、點交、點收。
2. 船舶裝卸貨物時之看艙。
3. 雜貨包裝狀況之檢視。
4. 散雜貨標識分類、貨櫃櫃號識別及配合海關關務作業等相關理貨業務。
散雜貨及貨櫃之數量、標識、櫃號及雜貨包裝狀況，應由委託人或倉儲業者與理貨業者共同簽證。
國內航線、以管道方式裝卸運輸貨物或同一貨主同一貨物以包船租約採船邊提貨者之船舶理貨業務，得由船方或貨主視實際需要委託理貨業者辦理。

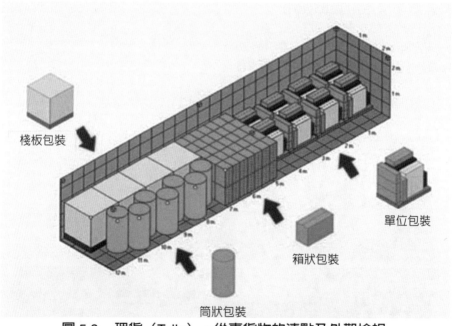

圖 5.3　理貨（Tally）：從事貨物的清點及外觀檢視

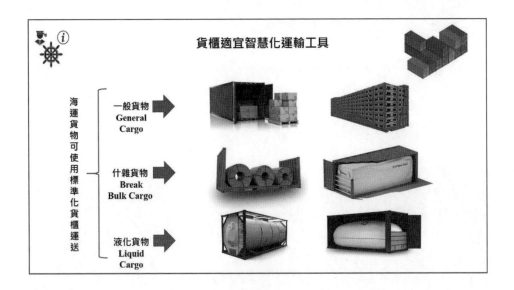

貨櫃適宜智慧化運輸工具

海運貨物可使用標準化貨櫃運送

一般貨物
General
Cargo

什雜貨物
Break
Bulk Cargo

液化貨物
Liquid
Cargo

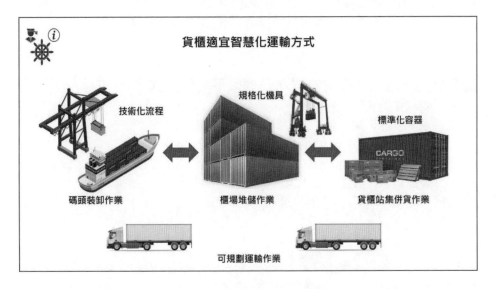

貨櫃適宜智慧化運輸方式

技術化流程

規格化機具

標準化容器

碼頭裝卸作業

櫃場堆儲作業

貨櫃站集併貨作業

可規劃運輸作業

# Unit 5-3 貨物裝卸作業

　　船舶貨物裝卸是在港口運用人機配合進行貨物裝卸的生產過程，裝卸作業的原則是安全、效率、節能及降低勞動力，並不斷改進作業技術，也就是在裝卸過程達到人、機、貨的安全，達到貨物在車船裝卸、倉儲保管及收發貨的品質要求，以獲得較好的經濟效益和營運收益。

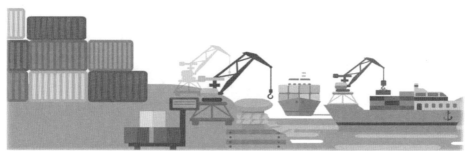

圖 5.4　船舶貨物裝卸作業（陸上、駁運）

## 海運貨物在港口的作業方式可歸類以下幾種方式[註2]：

1. **船一船**：卸船裝另一艘船。
2. **船一車、駁運**：卸船裝車或駁運、卸車或卸駁裝船。
3. **船一倉庫場地**：卸船入倉庫場地，出倉庫場地裝船。
4. **車、駁運一倉庫場地**：卸車或卸駁入倉庫場地、出倉庫場地裝車或裝駁運。
5. **車、駁運一車、駁運**：卸車或卸駁裝另一輛車或另一艘駁船。
6. **倉庫場地一倉庫場地**：兩地之間的貨物搬運作業。

圖 5.5　船邊裝卸及出入倉庫場地作業

圖 5.6　駁船作業

---

[註2]　劉善平，《港口裝卸工藝》，人民交通出版社，北京，2012 年。

## 什雜貨作業（Break bulk Cargo）[註3]

　　什雜貨作業是海運最早的作業之一，隨著貨櫃運輸的興起，一部分貨物改以貨櫃為容器單位進行併貨裝卸，什雜貨的貨物種類眾多，外型及包裝方式型式多樣，常見有袋裝、捆裝、桶裝、箱裝等。由於什雜貨種類、規格多及批量小，進出口的貨物要在港口進行併貨及積載，到一定貨量才進行裝船裝車，為了防止貨損、貨差，堆存的位置需要每票貨物進行分票儲存保管，需要較大的倉庫及場地。

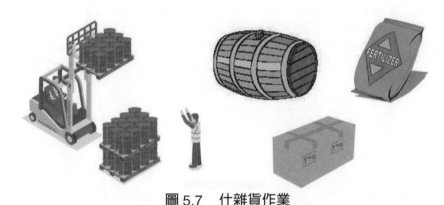

圖 5.7　什雜貨作業

## 大宗散貨作業（Bulk Cargo）[註4]

　　大宗散貨是世界主要的海運貨物，運輸量僅次於原油運輸量，在散貨的運輸量又以煤炭和礦石的運量占絕大多數。

什雜貨船（艙間可隔艙儲放貨物）

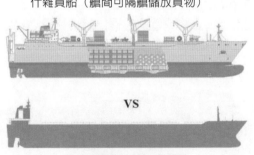

VS

大宗散貨船（艙口開闊）

---

[註3]　Break Bulk
　　　　https://blog.vamaship.com/break-bulk-875328886b24
[註4]　Bulk Cargo
　　　　https://www.saloodo.com/logistics-dictionary/bulk-cargo/

　　大宗散貨的貨物性質為鬆散，裝卸時需以抓斗、輸送帶、挖掘機等機具扶助，作業時會使用船上吊桿或陸上的移動式起重機。由於貨物是鬆散形狀，隨貨物的裝卸程度，艙內貨物要進行平整作業以防止船舶不平衡發生危險。

## 液體貨作業（Liquid Cargo）[註5]

　　石油是世界最重要的能源之一，原油及其各種煉製品的海運量位居首位，超大型油輪及碼頭收受設施具有高度的專業性，由於石化品具有易燃燒、易爆炸及易產生靜電等特性，對石化品的裝卸運輸及儲存，必須熟悉貨物的特性採取相對應的措施，才能確保貨物作業的安全。

　　油船裝卸方式時可分為：靠碼頭直接裝卸，另一是通過海上的泊地裝卸，在離岸較遠的水面區域設置輸油管進行運送。另一種小量是使用油罐車裝卸，船靠泊碼頭對陸上車輛以泵浦將油品卸入油罐車。

圖 5.8　　液體貨作業

## 貨櫃貨作業（Container Cargo）

　　貨櫃，指供裝運進出口貨物或轉運、轉口貨物特備之容器，其構造與規格及應有之標誌與號碼，悉依國際貨櫃報關公約之規定。（海關管理貨櫃集散站辦法第 2 條第 1 項）。

圖 5.9　　貨櫃是一標準化規格的裝貨容器

[註5] Liquid Bulk Cargo
　　　https://www.maritimeinfo.org/en/Maritime-Directory/liquid-bulk-cargo

1. **海運貨櫃依所有權可分為以下兩種：**
   (1) 運送人所有貨櫃（Carrier Owned Container, COC）：航商所提供貨主裝貨使用貨櫃。
   (2) 託運人自備貨櫃（Shipper Owned Container, SOC）：貨主自備裝載託運貨物之貨櫃。

2. **海運貨櫃依尺寸可分為兩種基本標準櫃：**
   20 呎貨櫃（Twenty-foot Equivalent Unit, TEU），40 呎貨櫃（Forty-foot Equivalent Unit, FEU），一般尚有其他尺寸及特殊用途貨櫃，為利統計會將貨櫃折算為 20 呎標準櫃，如一個 40 呎櫃折算為二個 20 呎櫃（2TEU）。

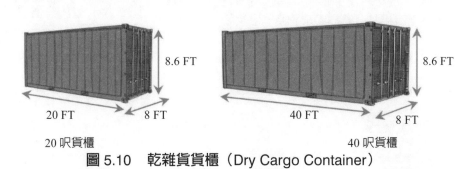

8.6 FT    8.6 FT

20 FT    8 FT    40 FT    8 FT

20 呎貨櫃    40 呎貨櫃

**圖 5.10　乾雜貨貨櫃（Dry Cargo Container）**

罐式貨櫃（Tank）　　冷藏貨櫃（Reefer）　　平台式貨櫃（Platform）

3. **海運貨櫃依貨主託運裝貨情形可分為：**
   (1) 實貨櫃（Full Container）：貨櫃內裝有貨物者。
   (2) 空貨櫃（Empty Container）：未裝有貨物者。
   (3) 整裝貨櫃（Full Container Load, FCL）：實貨櫃內所裝運之進口、轉運、轉口貨物如屬同一收貨人，或出口、轉口貨物如屬同一發貨人者。
   (4) 合裝貨櫃（Less than Container Load, LCL）：其進口、轉運、轉口貨物如屬不同一收貨人或出口、轉口貨物不屬同一發貨人者。（海關管理貨櫃集散站辦法第 2 條第 2 項）。

## 一般常見貨櫃種類及用途

1. **乾貨櫃**（Dry Container）：為一般最常見的貨櫃，主要材質為鋼材，一般運送有包裝貨物。
2. **冷凍貨櫃**（Reefer Container）：冷凍櫃外表為不繡鋼材，中間再灌入隔熱泡棉，以運送生鮮物品為主。
3. **平板貨櫃**（Flat Rack Container）：用在運送大型不易分解的機器，外型特殊不易裝入貨櫃，能承受較大載重。
4. **開頂櫃**（Open Top Container）：用途同上，差別在承載的貨物較容易怕水，櫃頂側有覆蓋帆布遮蔽，但貨物也不能超寬。
5. **罐式櫃**（Tank container）：或稱油槽櫃、筒狀櫃，是用不繡鋼製成，用以承載液體物質，例如油品，化學原料等。

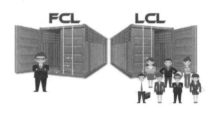

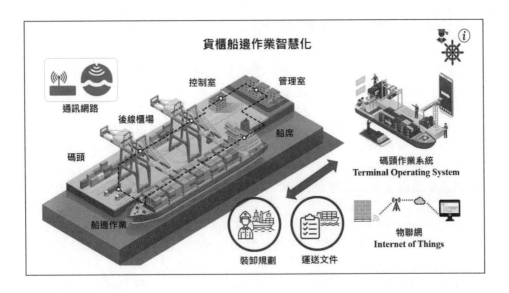

貨櫃船邊作業智慧化

通訊網路

控制室　管理室

後線櫃場

碼頭

船席

船邊作業

裝卸規劃　運送文件

碼頭作業系統
Terminal Operating System

物聯網
Internet of Things

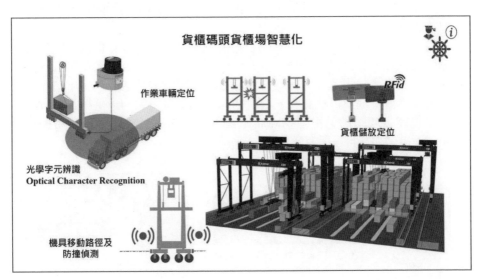

貨櫃碼頭貨櫃場智慧化

作業車輛定位

RFid

貨櫃儲放定位

光學字元辨識
Optical Character Recognition

機具移動路徑及
防撞偵測

# Unit 5-4 貨物倉儲作業

　　船舶在港口作業，貨物除了船邊交提貨外，有時配合船期、報關檢疫、運輸車船及集併貨等因素，需在倉棧進行短暫的停留，衍生貨物進出倉的作業，依海關管理規定，主要分爲以下幾種：

1. 貨櫃集散站（Container Freight Station, CFS）：指經海關完成登記專供貨櫃及櫃裝貨物集散倉儲之場地。（海關管理貨櫃集散站辦法第 2 條第 4 項）。貨棧（Warehouse）：係指經海關核准登記專供存儲未完成海關放行手續之進口、出口或轉運、轉口貨物之場所。（海關管理進出口貨棧辦法第 2 條）。

2. 物流中心（Logistics Center）：本辦法所稱物流中心，指經海關核准登記以主要經營保稅貨物倉儲、轉運及配送業務之保稅場所。（物流中心貨物通關辦法第 3 條）物流中心得經海關核准，於不同地址另設分支物流中心。各分支物流中心除資本額外，應依本辦法有關規定辦理登記、管理及通關，並分別獨立設帳控管貨物之進出。物流中心內得進行因物流必需之重整及簡單加工。

3. 保稅倉庫（Bonded Warehouse）：經海關核准登記供儲存保稅貨物之倉庫爲保稅倉庫，其設立及管理，依本辦法規定辦理。本辦法未規定者，適用其他相關法令之規定。（保稅倉庫設立及管理辦法第 2 條）。申請登記爲完全存儲自行進口保稅貨物、自行向國內採購保稅貨物、供重整用貨物、供免稅商店或離島免稅購物商店銷售用貨物之保稅倉庫，爲自用保稅倉庫，不得儲存非自己所有貨物。

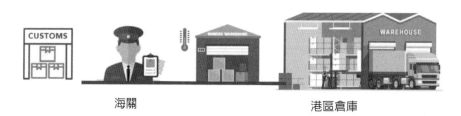

海關　　　　　　　　　　　　　　　港區倉庫

　　海運倉儲作業（Warehousing）是通過倉庫對暫時辦理通關作業的進出口及轉運轉口貨物進行儲存和保管，港口的倉儲作業設施依貨物的種類及屬性可分爲什雜貨倉庫場地、貨櫃集散站、石油及水泥儲庫、穀倉等，倉儲作業也是海運運輸的一環，近日海運倉儲不僅是進行靜態的貨物儲轉保管，也發展出國際物流的貨物簡易加工及重整等加值作業。

## 倉儲管理的內容和任務[註6]

倉儲管理涉及倉庫地點的選址、倉儲設備的選擇、倉儲規模、營運管理、特殊物品管理、倉儲規劃及作業、治安、防火及職安衛管理、海關保稅規定及資訊技術的應用等。

1. **產品儲存**：對貨物在特定場地進行暫時保管，在國際貿易上須收貨人或託運人交清運費及港口費用後，運送人才會准予提領貨物。
2. **流通調控**：倉儲貨物可以短期儲放或長期存放，在港口的自貿區或物流倉庫，貨物視交易對象（境內或境外）、交易時機進行調控，節省稅費的繳交及退稅。
3. **數量管理**：倉儲貨物除整進整出外，也可依貨主要求進行分批進出貨，亦可接受貨主委託進行存貨管理。
4. **品質管理**：倉儲作業除數量管理外，同時對儲存環境依貨物特性，運用技術、合理措施進行管理，避免貨物發生交互污染、環境變化的貨物損失。
5. **交易仲介**：港區的自貿倉庫可進行展覽推廣活動，國外業者在港區設置的跨境發貨中心，亦可促進貨物的交易機會。
6. **流通加工**：港區的物流中心除原有保管功能外，已發展可進行貨物的簡易加工及重整業務，便利跨國貨物的重整加工及流通。
7. **配送**：進出口商在港區設置的物流中心，依交易對象位置及數量，將發貨倉庫貼近銷售市場，節省運送時間。
8. **配載**：運輸是與倉儲作業相配合，貨物運輸至倉庫收貨後進行分類搬運，出倉時依貨物地點、種類及數量進行配載規劃作業，使貨物能及時安全運送，運輸工具也能充分利用。

貨物裝卸、進出倉　　　港口倉庫或物流中心　　　貨物配載、配送
　　　　　　　　　　（收貨、分類、儲存、檢貨、配送）

---

[註6] 周興建、蔡麗華，《現代倉儲管理與實務》，北京大學出版社，北京，2020 年。

筒倉（水泥、穀類）　　　　　石化油槽（石油、化學品）
**圖 5.11　港口特殊貨物儲存倉庫**

　　另海運貨物種類繁多，由於海上保管環境條件較陸上惡劣，船舶裝載設備要求較一般貨物嚴格，船公司對於在碼頭當貨主進行託運時，會依法規（如聯合國國際海事組織所定國際海運危險品準則，IMDG Code）要求申報後決定是否承載。

**圖 5.12　危險品貨物**

---

**船舶危險品裝載規則**

第 8 條
危險品包裝，應符合左列規定：
一、包裝之製作適當，情況良好。
二、包裝物與內裝物接觸之任何內面，應不受所載物質危險特性之影響。
三、包裝之強度，應足以防護其被包裝之物質不使受污染。
四、能抗拒搬運或海上運送之通常危險。
第 11 條
不同品名之危險品、或危險品與危險品以外之貨物互相作用，而有發熱、發生氣體、腐蝕、或發生物理作用或化學作用等危險品之虞時，不得為混合包裝。

# 第6章
# 商港與貨物場站

# Unit 6-1 商港功能

　港口（Port）是位於沿海、沿江、內湖或港口之水陸運輸交匯之處所，港口一方面爲船舶服務，另一側爲陸運工具服務，旅客及貨物均是由港口轉換交通方式及運輸工具，故港口爲國內外貿易之貨物集散地，是海陸運輸的轉運地或是水運的終點站（Water Terminal）。

 **港口及港灣（Port and Harbor）**

中華民國教育部《重編國語辭典修訂本》
【港口】：在河、海岸邊設置碼頭，便於船隻停泊、乘客上下和貨物裝卸的地方。
【港灣】：港口的通稱。由自然條件或人工設施形成，便於船隻停泊，大多有防風、
　　　　　防浪的設備。
國家教育研究院《雙語詞彙、學術名詞暨辭書資訊網》
【Harbor】：港口、港灣
【Port】：港埠、左舷

　港埠必須有安全停泊的水域即爲港灣（Harbor），再具備一切具有可供船舶泊靠，旅客上下、貨物裝卸儲轉、船舶修理、油水供應、航路標識等設備，即成商港。依我國「商港法」第 3 條定義：「商港指通商船舶出入之港。」

## 港口分類方式【註1】

1. **依港口建造工程**
　(1) 天然港：利用天然地理形勢稍加改善而成，如高雄港、基隆港。
　(2) 人工港：缺乏天然屏障或天然障礙過多，需經人工重新改造，如臺中港。

2. **依使用目的**
　(1) 商港：供商船出入貿易，具有客貨運輸服務設施的港埠，如基隆港。
　(2) 工業港：供工廠進口專用原物料、出口成品之港口，如麥寮港、和平港。
　(3) 軍港：專供海軍的軍事武裝艦艇使用，如左營軍港。
　(4) 漁港：供漁業用途之各式船舶進行裝卸魚貨及補給之港口，如八斗子漁
　　　　港。

---

【註1】　陳敏生，《海運經營》，文笙書局，臺北，1997 年。

(5) **避風港**：海灣型式具有天然屏障，可供航路上船舶進入避風浪之所，如琉球之奄美大島。

(6) **多用途港**：港埠兼有多種功用，如高雄港兼有漁港、商港及軍港等功能。

(7) **轉運港**：位置為各大航路交會地點，便於貨物進行轉運至第三地，如新加坡港、香港。

(8) **燃料港**：位在航路上為往來船舶必經之地，提供燃料、淡水及食物補給等，如新加坡港。

 **商港法第 3 條之分類**

1. **商港**（Commercial Port）：指通商船舶出入之港。
2. **國際商港**（International Commercial Port）：指准許中華民國船舶及非中華民國通商船舶出入之港。
3. **國內商港**（Domestic Commercial Port）：指非中華民國船舶，除經主管機關特許或為避難得准其出入外，僅許中華民國船舶出入之港。

3. **依經營管理方式**
　(1) **公營港埠**：港口屬政府所有，並由政府機關與以管理經營。
　(2) **公有民營**：港埠設備產權屬政府，但管理則委託當地海運業及政府代表，共同組成管理機構進行管理。
　(3) **半公營**：港埠內之設備、倉庫、碼頭，可以公有或民營，但均納入一個公營機構管理。
　(4) **民營港埠**：港埠設備為私有產業，其經營亦為民營公司處理。
　依我國的「商港法」第 2 條規定，商港之經營及管理組織如下：
1. **國際商港**：由主管機關設國營事業機構經營及管理；管理事項涉及公權力部分，由交通及建設部航港局辦理。
2. **國內商港**：由航港局或行政院指定之機關經營及管理。

## 表 6.1　世界銀行的分類方式[註2]

| 港口型態 | 基礎建設 | 上層營運建設 | 裝卸勞工 | 其他功能 |
|---|---|---|---|---|
| 服務港<br>（Service Port） | 公部門提供 | 公部門提供 | 公部門提供 | 主要公部門<br>提供 |
| 工具港<br>（Tool Port） | 公部門提供 | 公部門提供 | 民間提供 | 主要公部門<br>提供 |
| 地主港<br>（Landlord Port） | 公部門提供 | 民間提供 | 民間提供 | 主要民間<br>提供 |
| 民營港<br>（Private Port） | 民間提供 | 民間提供 | 民間提供 | 主要民間<br>提供 |

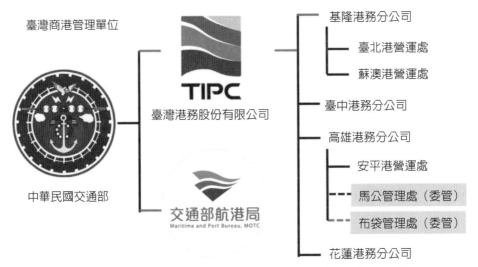

### 圖 6.1　臺灣國際商港經營管理與公權力執行分工單位
### （金馬地區國內商港由行政院指定當地政府經營管理）

---

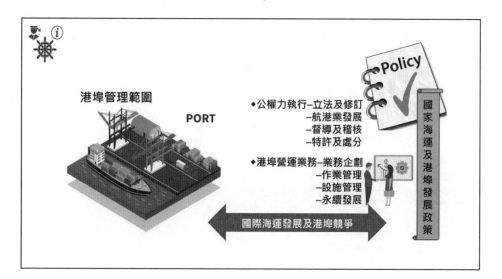

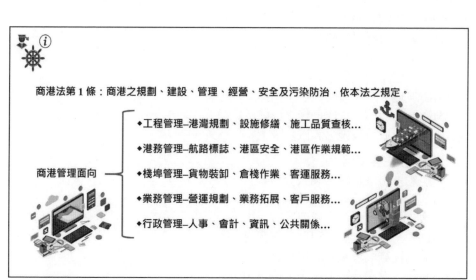

# Unit 6-2 商港經營管理

　　商港經營管理主要可分為港埠工程及港埠業務，港埠工程主要工作是港埠規劃與建設，港埠業務工作為港埠營運，從事港灣及棧埠作業服務，並依商港法進行商港的安全及污染防治工作。

 **商港法第 1 條及第 2 條第 1 項**

商港之規劃、建設、管理、經營、安全及污染防治，依本法之規定。
本法之主管機關為交通及建設部。

1. **港埠工程主要項目**
   (1)商港整體發展及建設計畫
   (2)港區航道測量及疏濬
   (3)航路標誌設置與維護
   (4)防坡堤、港區道路、橋梁興建及養護
   (5)碼頭、船塢、倉庫通棧之興建及維護
   (6)機電及通訊設施之設置

2. **港埠業務主要項目**
   (1)船舶進出港及船席調派管理
   (2)拖船及作業船舶、機械、人力安排
   (3)客貨裝卸及倉儲作業與計費
   (4)碼頭、倉儲設施出租與合作興建
   (5)商港區域與專業區之申請劃設
   (6)資訊、環保及職安衛等管理事項
   　　各國之商港管理組織（Port Administration），是以港務局為負責發展及營運之機關，惟因各國政府港埠政策及發展過有所不同，大約有分為：
1. 中央或地方政府管理：依商港性質及規模，依法分由各級政府分別營運及管理。
2. 獨立機構管理：納入政府及民間海運產業代表，設置商港管理委員會進行管理。
3. 港埠公司管理：由政府設立國營公司或由民營公司進行商港營運及管理。
   　　商港之營運及作業運作，涉及船舶客貨通關、入境、檢疫及邊境安全等公權

力業務，各依主管機關之權責協力在商港進行分工。

**商港法第 5 條**

商港區域內治安秩序維護及協助處理違反港務法令事項，由港務警察機關執行之。

商港區域內消防事項，由港務消防機關或委辦之地方政府執行之。

前二項港務警察機關及港務消防機關協助處理違反港務法令事項時，兼受航港局之指揮及監督。

　　在商港常駐的公權力單位，CIQS 代表的即是海關檢查（Customs）、證照查驗（Immigration）、人員檢疫及動植物檢疫（Quarantine）、安全檢查及船舶保安（Security），是港口國境守護最重要的四道安全關卡。

1. **移民署**：隸屬於內政部移民署的國境事務大隊，代表政府於國境線上行使公權力，對客輪出入境旅客進行人別辨識及證照查驗等嚴格審查，防止不法人士非法闖關偷渡，守護國境安全並兼顧服務。

2. **海關**：它隸屬於財政部關務署，「稽徵關稅」與「查緝走私」是海關兩項最主要的工作，工作內容包括行李檢查、貨物查緝、協助旅客申報、辦理退稅等，為了配合海空運進出口貨物 24 小時通關，部分工作必須三班 24 小時輪班工作。

3. **疾病管制署**：船舶及每位船員、旅客入境商港時，都必須通過衛生福利部疾病管制署所設置的「檢疫站」檢疫，「檢疫站」是政府對境外防疫工作的第一道關卡。另外農委會動植物防疫檢疫局，專門辦理旅客出入境動植物及其產品檢疫業務及相關處理措施。

4. **港警及海巡署**：內政部警政署港務警察總隊及海洋委員會海巡署，負責港區治安及船舶保全，船員及人員、車輛入出港區查驗管理。

　　我國的國際商港自民國 101 年 3 月 1 日起進行管理體制改革，原各商港之港務局改制為國營港務公司進行營運管理，原港務局之公權力，改由新設置之航港局依航政及港務相關法令監督管理，兩者皆依法隸屬交通部。

# Unit 6-3 港埠設施

商港除具有地理條件及經濟腹地外，尚須配有合適的商港設施，供船舶安全停靠作業。港口界線是由商港區域的水陸區域與外界的分野，由商港經營管理機關（構）進行有效規劃及管理，商港由港口水域、碼頭和港口陸域組成[註3]。

**商港法第 3 條之用詞定義**

1. **商港區域**（Commercial Port Area）：指劃定商港界限以內之水域與為商港建設、開發及營運所必需之陸上地區。
2. **商港設施**（Commercial Port Facilities）：指在商港區域內，為便利船舶出入、停泊、貨物裝卸、倉儲、駁運作業、服務旅客、港埠觀光、從事自由貿易港區業務之水面、陸上、海底及其他之一切有關設施。
3. **專業區**（Specialized Zones）：指在商港區域內劃定範圍，供漁業、工業及其他特定用途之區域。
4. **商港管制區**（Commercial Port Controlled Areas）：指商港區域內由航港局劃定，人員及車輛進出須接受管制之區域。
5. **船席**（Berth）：指碼頭、浮筒或其他繫船設施，供船舶停靠之水域。
6. **錨地**（Anchorage）：指供船舶拋錨之水域。

1. 港口水域：包括錨地、航道、迴轉水域和碼頭前沿水域（Waterfront）。
2. 碼頭：停靠船舶供客貨上下或裝卸的場所，城市港口水域與陸域的交接處，依貨物裝卸特性，有各式的專業作業碼頭。
3. 港口陸域：包括裝卸作業地區、輔助作業地區及預留發展地區：
   (1)裝卸作業地區：堆置場、倉庫、通道、鐵公路作業等。
   (2)輔助作業地區：信號臺、工具房、修理廠、作業區辦公室等。
   (3)預留發展地區：長期發展規劃的區域，水陸填築地區或新設專業區使用。
   船舶在進港前首先接觸到是引水人（Pilot）與船舶交通服務系統（Vessel Traffic Service, VTS），一般外來船舶對本國港口區域的水文氣象不甚熟悉，需雇用引水人協助帶領船舶進入航道及靠離碼頭，船舶航行過程要向船舶交通服務（管理）中心辦理報到、服從交通指引，以確保船舶及港埠設施的安全。

---

[註3] 郭子堅，《港口規劃與布置》，人民交通出版社，北京，2011 年。

### 引水法之用詞定義

**引水**（Pilotage）：本法所稱引水，係指在港埠、沿海、內河或湖泊之水道引領船舶航行而言。

**引水人**（Pilot）：本法所稱引水人，係指在中華民國港埠、沿海、內河或湖泊執行領航業務之人。

VTS 是依據雷達、特高頻無線電（Very high frequency, VHF）、自動識別系統（Automatic Identification System, AIS）、監視系統（Closed-circuit Television, CCTV）及其他感測設備監視船舶交通，並與船舶相互聯繫，能夠對海上交通的變化作出及時的反應，改變過去主要靠語音、燈號旗幟等與船舶聯繫的視覺不足現象。VTS 能及提醒危及助航設施的船舶避讓，對於發生碰撞事故而肇事逃逸船舶，VTS 能根據雷達和 AIS 紀錄進行有效的追查，並作為海事責任判定的參考證據[註4]。

### 航路標識條例之用詞定義

**航路標識**（Aid to Navigation）：指供船舶航行於水域時，定位導航之助航設施，包括燈塔、燈浮標、浮標、浮樁、燈杆、標杆、雷達訊標及其他經航政機關公告之標識。

## 物流中心貨物通關辦法

第 3 條

本辦法所稱物流中心，指經海關核准登記以主要經營保稅貨物倉儲、轉運及配送業務之保稅場所。

物流中心得經海關核准，於不同地址另設分支物流中心。各分支物流中心除資本額外，應依本辦法有關規定辦理登記、管理及通關，並分別獨立設帳控

[註4] 李紅喜，《船舶交通管理系統》，大連海事大學出版社，大連，2012 年。

管貨物之進出。

物流中心內得進行因物流必需之重整及簡單加工。

## 貨櫃集散站經營業管理規則

第 2 條

貨櫃集散站經營業經營業務爲貨櫃、櫃裝貨物之儲存、裝櫃、拆櫃、裝車、卸車及貨櫃貨物之集中、分散。

貨櫃集散站經營業得兼營下列業務：

1. 進口、出口、轉口與保稅倉庫。

2. 其他經主管機關核准與貨櫃集散站有關之業務。

第 3 條

貨櫃集散站經營業，依其場站所在位置分類如下：

1. **港口貨櫃集散站**：係設於港區範圍內之貨櫃集散站。

2. **內陸貨櫃集散站**：係設於港區以外內陸地區之貨櫃集散站。

## 保稅倉庫設立及管理辦法

第 2 條

經海關核准登記供存儲保稅貨物之倉庫爲保稅倉庫，其設立及管理，依本辦法規定辦理。本辦法未規定者，適用其他相關法令之規定。

申請登記爲完全存儲自行進口保稅貨物、自行向國內採購保稅貨物、供重整用貨物、供免稅商店或離島免稅購物商店銷售用貨物之保稅倉庫，爲自用保稅倉庫，不得存儲非自己所有之貨物。

第 6 條

保稅倉庫應在港區、機場、加工出口區、科學園區、農業科技園區、鄰近港口地區或經海關核准之區域內設立。

## 海關管理進出口貨棧辦法

第 2 條

本辦法所稱之貨棧，係指經海關核准登記專供存儲未完成海關放行手續之進口、出口或轉運、轉口貨物之場所。

第 4 條

依本辦法設置之貨棧，除因特殊情形，經海關核准者外，應分兩種：

1. **進口貨棧**：限存儲未完成海關放行手續之進口貨物或轉運、轉口貨物。

2. **出口貨棧**：限存儲未完成海關放行手續之出口貨物。

航空貨物集散站內設置之進出口貨棧，依本辦法規定辦理。

**自由貿易港區貨物通關管理辦法**

第 2 條

　本辦法所稱港區貨棧,指自由貿易港區管理機關核准設立,具有與港區門哨單位電腦連線之設備,及可供自由港區事業貨物存儲、進出區貨物查驗、拆裝盤(櫃)之場所。

物流中心

貨櫃集散站

保稅倉庫

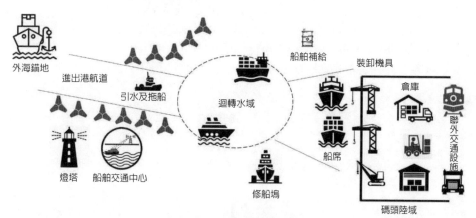

圖 6.2　商港主要設施

# Unit 6-4 港埠費用

　　港埠費用包括一部分港口機關為修建、維護港埠各項設施，以進行各項作業而向船東或貨主收取之稅捐；另一部分為船東或貨主對船舶進出港、貨物裝卸等有關服務所繳納的費用。就輪船公司而言，各國港口收取費用因地而異，港埠費用成為變動成本項目之一，與運輸契約簽訂條款有密切關係。主要費用有以下幾項：

1. 港口稅捐（Port Dues）：政府機關為擴建及維護港埠設施，對船舶或貨物所徵收之稅捐。

商港客輪碼頭　　　　　　　　　　商港駛上駛下碼頭

商港聯外運輸　　　　　　　　　　商港散貨碼頭

　(1)商港服務費（Commercial Port Dues）：商港服務費之收費項目，分為船舶、旅客、貨物三項，其繳納義務人分別為船舶運送業、離境旅客、貨物託運人，按航次逐次繳納或按期向航港局繳納。

**商港服務費收取保管及運用辦法**

第 1 條
本辦法依商港法第十二條第二項規定訂定之。
第 4 條
國際航線之船舶，按下列規定擇一繳納船舶商港服務費：
1. 按航次逐次繳納：依該船舶每次入港時之總噸位，以每噸新臺幣零點五元計收。
2. 按期繳納：依該船舶總噸位，於船舶入港前，以每噸新臺幣一點五元計收，每期有效期間為自船舶入港之日起算四個月；或以每噸新臺幣二點五元計收，每期有效期間為自船舶入港之日起算八個月。入港前未繳納者，依前款規定按航次逐次繳納。
國內航線之船舶商港服務費，按前項費率之四成計收。

(2)航路標識服務費（Aids to Navigation Service Fee）：用以維持港灣與航道之助航設施，按進出港口船舶註冊之淨噸位（Net Tonnage），可按航次逐次徵收或按定期徵收向航政機關繳納。

 **航路標識服務費收取辦法**

第 1 條
本辦法依航路標識條例第六條第三項及規費法第十條第一項規定訂定之。
第 2 條
航路標識服務費按下列規定擇一徵收：
1. 按航次逐次徵收者，船舶淨噸位每噸位徵收新臺幣二元。但客船每噸位徵收新臺幣一元。
2. 按定期徵收者：
   (1) 船舶淨噸位在一百五十以上者，每噸位徵收新臺幣六元。
   (2) 船舶淨噸位未達一百五十者，每噸位徵收新臺幣三元。
   (3) 客船各按前二目規定金額之半數計徵。

2. **港口費用**（Port Charges）：港方管理單位提供船舶使用各項港埠設備及勞動服務所收取之費用。
   (1)碼頭碇泊費（Dockage）：為維護碼頭水深提供船舶泊靠作業，所徵收之費用，多以船舶噸數及泊靠日數為計費單位。

(2) 浮筒費（Buoy Charge）：船舶泊靠水面之船席，通常位置在航道或港區水域，供修船補給、船員更換等之使用，多以船舶噸數及泊靠日數爲計費單位。

(3) 拖船費（Towage）：由拖船拖帶輪船進出港、靠、離碼頭、浮筒時之費用，按使用拖船噸位及時數收費。

(4) 帶解纜費（Mooring & Unmooring Charges）：船舶離、靠碼頭、浮筒時給付工人之帶解纜費用。

(5) 引水費（Pilotage）：引水人帶領船舶進出港所收取費用，按船舶噸位及引水次數計費，此費用在臺灣是由各港的引水人公會收取。

3. **裝卸費用（Stevedorage）**：是以各種機具、勞動方式將貨物自船舶貨艙卸下至碼頭、浮筒、水面駁船，或自陸上碼頭、浮筒、水面駁船裝上船舶貨艙的費用。尚有其他收取費用如貨物進出倉、夜工設備費（作業照明）、起重機費、駁船費（車機船租金）、其他雜項費用等。

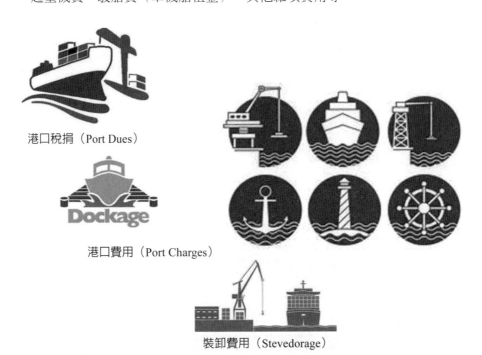

港口稅捐（Port Dues）

港口費用（Port Charges）

裝卸費用（Stevedorage）

臺灣商港的國際及兩岸客船港埠業務費費率項目：

1. 港灣業務費費率
   (1) 碼頭碰泊費
   (2) 垃圾清理費

2. 埠業務費費率
   (1) 旅客橋使用費
   (2) 接駁車服務費
   (3) 保安儀器使用費
3. 旅客服務費

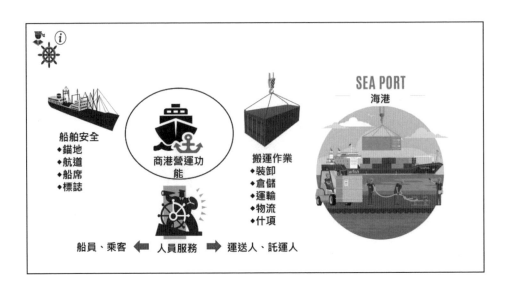

# 第7章
# 船長與海員

# Unit 7-1 船員管理

　　船舶是一國延伸之浮動領土，海上船舶是國家發展對外貿易的重要運輸工具，有專業技術及充足的各級船員，對外可以輸出船員勞務賺取外匯，以及確保海上客貨運輸安全。為保障船員權益，維護船員身心健康，加強船員培訓及調和雇用關係，促進航業發展，政府會立法就船員資格、訓練、薪資及勞動環境等，予以規範保障我國本國船員之權益，同樣也包括受雇於外籍船舶上服務的本國籍船員。

 **船員法及海商法對船員（Seafarer）用詞定義**

船員法第 2 條
船員（Seafarer）：指船長及海員。
船長（Master）：指受雇用人僱用，主管船舶一切事務之人員。
海員（Seaman）：指受雇用人僱用，由船長指揮服務於船舶上之人員。
甲級船員（Officer）：指持有主管機關核發適任證書之航行員、輪機員、船舶電信人員及其他經主管機關認可之船員。
乙級船員（Rating）：指甲級船員以外經主管機關認可之船員。
實習生（Cadet）：指上船實習甲級船員職務之人員。
見習生（Trainee）：指上船見習乙級船員職務之人員。
海商法第 2 條
本法稱船長者，謂受船舶所有人僱用主管船舶一切事務之人員；稱海員者，謂受船舶所有人僱用由船長指揮服務於船舶上所有人員。

　　船員業務之主管機關為交通部，其業務由航政機關辦理。交通部航港局設置船員組，其業務職掌範圍分三科辦事[註1]：

**訓練管理科**
1. 配合公約規定持續更新訓練教材設備。
2. 船員培訓計畫研議。
3. 推動國人上郵輪工作。
4. 船員職能訓練。

---

[註1]　交通部航港局，重要業務 > 船員業務 > 簡介
　　　　https://www.motcmpb.gov.tw/Article?siteId=1&nodeId=348

5. 遊艇活動。
6. 遊艇與動力小船駕駛訓練及船員訓練機構管理。

### 測驗規劃科
1. 航海人員測驗業務。
2. 船員岸上晉升訓練及適任性評估。
3. 遊艇與動力小船駕駛執照測驗業務。

### 就業發展科
1. 船員法及子法修訂。
2. 船員智慧服務平臺。
3. 船員就業及宣導活動。
4. 船員外僱及僱外業務。

---

## 船員資格

＊船員應年滿十六歲。
＊船長應為中華民國國民。
＊船員資格應符合航海人員訓練、發證及當值標準國際公約與其他各項國際公約規定，並經航海人員考試及格或船員訓練檢覈合格。外國人申請在中華民國籍船舶擔任船員之資格，亦同。
＊船員應持有航政機關核發之船員服務手冊。
＊船員應經體格檢查合格，並依規定領有船員服務手冊，始得在船上服務。
＊違反槍砲彈藥刀械管制條例、懲治走私條例或毒品危害防制條例之罪，經判決有期徒刑六個月以上確定者，不得擔任船員。

---

　我國「船員法」第 3 條：
　下列船舶之船員，除有關航行安全及海難處理外，不適用本法之規定：
1. 軍事建制之艦艇。
2. 海岸巡防機關之艦艇。
3. 漁船。
　前項各款外專用於公務用船舶之船員，除有關船員之資格、執業與培訓、航行安全及海難處理外，不適用本法之規定。

## 船員法對船員僱用規定
第 12 條
　雇用人僱用船員，應簽訂書面僱傭契約，送請航政機關備查後，受僱船員始得在船上服務。僱傭契約終止時，亦同。

第 13 條

　　雇用人僱用船員僱傭契約範本,由航政機關定之。

第 17 條第 1 項

　　雇用人應訂定船員工作守則,報請航政機關備查。

第 25 條

　　外國雇用人僱用中華民國船員,應向航政機關申請,經審核許可,始得僱
用;其申請資格與程序、許可條件、廢止、職責、僱用、僱傭管理及其他相
關事項之辦法,由主管機關定之。

 船員法的相關子法

1. 船員訓練檢覈及申請核發證書辦法(依船員法第 6 條第 2 項規定訂定)
2. 船員體格健康檢查及醫療機構指定辦法(依船員法第 8 條第 5 項規定訂定)
3. 船員訓練專業機構管理規則(依船員法第 10 條之 1 第 1 項規定訂定)
4. 外國雇用人僱用中華民國船員許可辦法(依船員法第 25 條規定訂定)
5. 外國籍船員僱用許可及管理規則(依船員法第 25 條之 1 規定訂定)
6. 船員服務規則(依船員法第 25 條之 2 規定訂定)
7. 船員薪資岸薪及加班費最低標準(依船員法第 27 條第 1 項規定訂定)
8. 未滿十八歲及女性船員從事危險性或有害性工作認定標準(依船員法第 31 條第 2 項
   之規定訂定)
9. 航行船舶船員最低安全配置標準(依船員法第 70 條之 1 第 2 項規定訂定)
10. 遊艇與動力小船駕駛管理規則(依船員法第 75 條之 6 規定訂定)
11. 船員申請許可核發證照收費標準(依船員法第 91 條規定訂定)
12. 船員法施行細則(依船員法第 92 條規定訂定)

## 海商法

第 2 條 本法稱船長者,謂受船舶所有人僱用主管船舶一切事務之人員;稱海員者,謂受船舶所有人僱用由船長指揮服務於船舶上所有人員。

## 船員法

第 2 條 本法用詞,定義如下:

四、僱用人:指船舶所有權人及其他有權僱用船員之人。

五、船員:指船長及海員。

六、船長:指受僱用人僱用,主管船舶一切事務之人員。

七、海員:指受僱用人僱用,由船長指揮服務於船舶上之人員。

第 5 條 船員應年滿十六歲。

　　　　船長應為中華民國國民。

第 58 條 船舶之指揮,由船長負責;船長為執行職務,有命令與管理在船海員及在船上其他人員之權。

　　　　船長為維護船舶安全,保障他人生命或身體,對於船上可能發生之危害,得為必要處置。

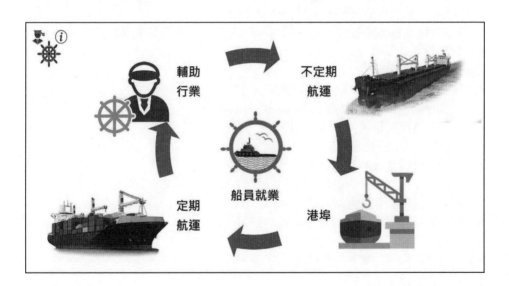

# Unit 7-2 船員訓練

歷來發生的海上事故分析，由於船舶本身的
原因並非多數，大多數由人為的過失造成。聯合
國的國際海事組織有鑑於各國對船員訓練及發證
標準不一，船舶設備、航海技術、航運業迅速發
展，船員素質與海上航行安全與海洋環境保護的
關係愈是密切，國際海事組織基於長期研究下，
1978 年 7 月 7 日會員國代表制定一個以提高船員
素質來保障航行安全的國際公約——「航海人員
訓練、發證及當值標準國際公約」（International
Convention on Standards of Training, Certification
and Watchkeeping for Seafarers, STCW），並於
1984 年 4 月 28 日生效[註2]。

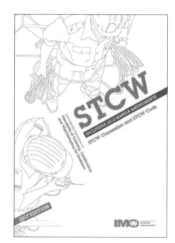

交通部為積極推動在職船員的專業訓練工作，
以提高船員素質，特設置交通部船員訓練委員會（依據交通部船員訓練委員會
組織規程）。

該會辦理下列事項：
1. 各項船員專業訓練場地設施之擬定。
2. 各項船員專業訓練課程內容之編審。
3. 各項船員專業訓練方式之研議。
4. 各項船員專業訓練師資水準之研議。
5. 各項船員專業訓練費用及收費標準之研擬。
6. 各項船員專業訓練訓練期間之研擬。
7. 各項船員專業訓練之現場會勘。
8. 各項船員專業訓練結訓證書格式之研擬。
9. 交通部與國際公約有關之法令規章之修訂。
10.各船員訓練單位實施訓練情形之監督。
11.其他交通部交辦事項。

---

[註2] International Convention on Standards of Training, Certification and Watchkeeping for
Seafarers, 1978
https://www.imo.org/en/OurWork/HumanElement/Pages/STCW-Convention.aspx

## 船員訓練專業機構管理規則

第 2 條

本規則所稱專業機構，指經航政機關委託辦理船員各項訓練之國內船員訓練機構。

前項專業機構應具備以下資格：

1. 符合航海人員訓練發證及當值標準國際公約之認證資格。

2. 通過國際標準組織品質管理標準系統 ISO9001 品質標準之認證資格。

第 6 條第 2 項

養成訓練、岸上晉升訓練及適任性評估、補強訓練之合格證明文件，由專業機構核發。但專業訓練合格證書由航政機關核發。

圖 7.1　國外的勞氏海事訓練機構（Lloyd's Maritime Institute）[註3]

---

[註3]　Lloyd's Maritime Institute
https://www.lloydmaritime.com/en/modules

## 表 7.1 國內的船員訓練機構

| | |
|---|---|
| 國立臺灣海洋大學為協助交通部因應「1978 年船員訓練、發證及當值標準國際公約（STCW）」之生效，乃於 1981 年在航海學系（後更名商船學系）之下，成立航海人員訓練中心，承辦交通部委託之各項船員專業訓練，包括：求生、滅火、救生艇筏操縱、急救及雷達觀測等 STCW 所要求之強制性訓練。 | 國立臺灣海洋大學海事訓練發展中心（Maritime Development and Training Center）http://www.stc.ntou.edu.tw/ |
| 因應 1974 年國際海事組織（IMO）簽訂海上人命安全國際公約（SOLAS）及 1978 年國際海事組織（IMO）簽訂航海人員訓練發證及當值標準國際公約（STCW78）辦理船員訓練；為配合國家海事政策及船員培訓之規劃，於 1980 年 9 月成立商船船員訓練中心，並於 2019 年 2 月 1 日正式更名為海事人員訓練處。 | 國立高雄科技大學海事人員訓練處（NKUST Maritime Training Center）https://mtc.nkust.edu.tw/ |
| 中華航業人員訓練中心應航業界的需求，在交通部輔導下，於民國 61 年 11 月 24 日正式成立，通過國際認證公司（Class NK）之「ISO 9001：2015」及「海事訓練機構 28 項船員專業訓練」認證，每年接受定期稽核。 | 中華航業人員訓練中心http://www.cmstc.com.tw/index.html |
| 為我國唯一擁有內河動力小船教學碼頭的海事院校，亦是交通部認可的「動力小船自用與營業用駕照」考照碼頭。<br>中心承接計畫之重心：<br>1. 一般船員訓練計畫案<br>2. 船員岸上晉升訓練及適任性評估計畫案<br>3. 三等管輪訓練計畫案<br>4. 自用及營業用小艇考照 | 台北海洋科技大學海事訓練中心https://dce.tumt.edu.tw/files/11-1027-3177.php |
| 長榮海運公司於 1999 年成立了「長榮船員訓練中心」。除提供長榮集團所屬船隊之中外籍船員專業訓練外，亦承辦交通部委託之各項專業訓練，包括「醫療急救」、「船上醫護」、「保全職責」、「電子海圖與資料顯示系統」、「領導統御與駕駛臺資源管理」、「領導統御與機艙資源管理」、「船舶保全人員」等課程，以達成「人安」、「船安」、「貨安」三大海洋運輸使命。 | 長榮船員訓練中心https://www.evergreen-marine.com/tw/tbi1/jsp/TBI1_TrainingCenter.jsp |

## 船員訓練檢覈及申請核發證書辦法

第 2 條第 1 項
本辦法適用於受僱在船舶上服務之航行員、輪機員、電技員、甲板助理員、輪機助理員、擔任助理級航行與輪機當值之乙級船員暨全球海上遇險及安全系統無線電操作員之船員。

第 13 條
船員訓練分為養成訓練、補強訓練、專業訓練及岸上晉升訓練。

第 18 條
船員訓練由航政機關委託或核准國內船員訓練機構辦理，其訓練計畫、課程由船員訓練機構依航海人員訓練國際公約要求擬訂並報航政機關核可後實施。

第 35 條
船員檢覈指航政機關委託國內船員訓練機構辦理適任性評估之成績審查。
前項審查之項目包含實作成績及筆試測驗成績。
航政機關委託國內船員訓練機構辦理之適任性評估，航政機關得派員監督。

圖 7.2　船員消防及逃生訓練

# Unit 7-3 船員保障

國際勞工組織（International Labour Organization, ILO）是聯合國負責勞工行政的專門機構，成立於一次大戰後的 1919 年，以第三方形式協助政府、雇主、雇員共同進行國際勞工立法，針對海運業的船員就業、地位和待遇福利制定相關公約及協定，其

中「1976 年商船（最低標準）公約（Merchant Shipping (Minimum Standards) Convention）」[註4] 及附錄所列公約是船籍國和港口國管制（Port State Control, PSC）對船員安全、生活安排、就業條件檢查的重要依據。除另有規定外，本公約適用於從事貨物或旅客運輸或其他任何商業目的的、不論公有或私有的一切海船。批准本公約的各會員國承諾制定法律或條例，為在其領土上登記的船舶主要規定：

1. 安全標準，其中包括資格、工作時間和船員配額標準，以確保船上人命安全；
2. 適當的社會保障措施；
3. 船上工作條件和船上居住安排；
4. 確保在其領土上登記的船舶上受雇的海員受過嚴格訓練，能勝任其工作。

2013 年 8 月生效的「2006 年海事勞工公約（Maritime Labour Convention, MLC）」[註5]，除了合併和更新國際勞工組織就海員就業的現有要求外，更全面地就海員的工作條件制定最低標準，以保障海員體面就業的權利。最低標準涉及的範疇包括就業條件、工作和休息時數、船上住宿、娛樂設備、食品和膳食服務、醫療護理等。

該公約要求除指定的船隻外，總噸在 500 噸以上之航行於國際航線的船舶，船員在船上的工作和生活條件應符合公約，就 14 個範疇所訂的要求：最低年齡、體檢證書、船員資格、船員就業協議、民間招募和安置服務機構、工作和休息時間、船員配額水準、起居艙間、船上娛樂設施、食品和膳食服務、健康和安全及防止事故、船上醫療、船上投訴程序、工資支付等。

---

[註4] Merchant Shipping (Minimum Standards) Convention, 1976 (No. 147)
https://www.ilo.org/dyn/normlex/en/f?p＝NORMLEXPUB:12100:0::NO::P12100_ILO_CODE:C147

[註5] Maritime Labour Convention, 2006
https://www.ilo.org/global/standards/maritime-labour-convention/lang--en/index.htm

## 表 7.2　ILO 國際公約與我國船員法規定對照

| 2006 年海事勞工公約 | 我國船員法 |
|---|---|
| 最低年齡 | 第 5 條第 1 項：船員應年滿十六歲。 |
| 體檢證書 | 第 8 條第 1 項：船員應經體格檢查合格，並依規定領有船員服務手冊，始得在船上服務。 |
| 船員資格 | 第 6 條第 1 項：船員資格應符合航海人員訓練、發證及當值標準國際公約與其他各項國際公約規定，並經航海人員考試及格或船員訓練檢覈合格。外國人申請在中華民國籍船舶擔任船員之資格，亦同。 |
| 船員就業協議 | 第 12 條：雇用人僱用船員，應簽訂書面僱傭契約，送請航政機關備查後，受僱船員始得在船上服務。僱傭契約終止時，亦同。 |
| 民間招募和安置服務機構 | 第 25 條之 2：甲級船員、乙級船員、實習生、見習生及外國籍實習生上船服務，應向航政機關申請許可；其申請資格與程序、許可之廢止、僱用、職責、外國籍實習生之實習人數比率、航行應遵守事項管理及其他相關事項規則，由主管機關定之。 |
| 工作和休息時間 | 第 32 條第 1 項：船員正常工作時間，以每週工作總時數四十四小時為準。但因航行需要參加航行當值輪班者，不在此限。<br>第 33 條第 1 項：船員每七日中至少應有一日之休息，作為例假。但因航行需要仍應參加航行當值輪班者，不在此限。 |
| 船員配額水準 | 第 70 條之 1：為維護船舶及航行安全，雇用人應依規定配置足夠之合格船員，始得開航。<br>前項各航線、種類、大小之航行船舶船員最低安全配置標準，由主管機關定之。 |
| 起居艙間 | 第 16 條：雇用人應提供質量適當之食物、臥室、寢具、餐具及工作護具與適應天候之工作服、工作帽與工作鞋等。 |
| 船上娛樂設施 | 第 57 條：航政機關得在適當港口輔導設置包括船員福利、文化、娛 |
| 食品和膳食服務 | 樂和資訊設備之船員福利設施。 |
| 健康和安全及防止事故 | 第 28 條：船員在午後八時至翌晨六時之時間內工作，雇用人應提供必要之夜間安全防護措施。<br>第 31 條：雇用人不得使未滿十八歲之船員從事有危險性或有害性之工作。<br>第 52 條：為保障船員生活之安定與安全，雇用人應為所雇用之船員及儲備船員投保勞工保險及全民健康保險。 |
| 船上醫療 | 第 15 條：雇用人應於船上備置有關法令規章、必要之藥品及醫療設備。 |
| 工資支付 | 第 27 條：船員之薪資、岸薪及加班費之最低標準，由主管機關定之。<br>前項最低薪資不得低於勞動基準法所定之基本工資。 |

## 船員法對女性船員的特別規定

第 29 條

雇用人僱用懷孕中或分娩後未滿八週之女性船員在船工作,應參採醫師綜合評估其體格檢查結果之建議,並提供必要之母性健康保護措施。

女性船員在船舶航行中判明懷孕,應由雇用人提供必要之母性健康保護措施後,從事較輕便及對航行安全有必要之工作;雇用人不得減少其原本得領受之各項報酬。

第 31 條第 2 項

雇用人使有下列情形之一之女性船員,從事有危險性或有害性之工作,應經醫師適性評估建議,並提供必要之健康及安全防護措施:

1. 懷孕中。
2. 分娩後一年以內。

 **中華海員總工會**

本會,概略民初即略具雛型,其後因局勢板蕩、民生維艱,及至第二次世界大戰結束,才正式在上海成立並召開第一屆全國會員代表大會。不及三年,復遷移至臺灣,且於 38 年 12 月 5 日宣告復會,撤銷原臺灣分會之名稱,另改設基隆、高雄兩個分會,重建服務架構,進而清查會籍、改選全國會員代表大會,在百廢待舉中致力經營,於 40 年 8 月,正式召開第二屆全國會員代表大會,釐定會務重點與努力方向;健全組織與籌措財源,為服務海員重新出發。如今已承傳至第 27 屆,雖人事上屢有新生更迭,但會務上仍能與日俱進。衡量現況,本會所推動的服務項目與福利措施,是目前臺灣最完善的自主工會之一。目前會員人數,約為 16,855 多人,外國籍船員服務於國輪或簽訂本會集體協約之外輪,亦是本會臨時會員。

 **中華海員總工會** National Chinese Seamen's Union

資料來源:http://www.ncsu.org.tw/aboutus1.php

## 職業安全衛生法

第 31 條

中央主管機關指定之事業，雇主應對有母性健康危害之虞之工作，採取危害評估、控制及分級管理措施；對於妊娠中或分娩後未滿一年之女性勞工，應依醫師適性評估建議，採取工作調整或更換等健康保護措施，並留存紀錄。

前項勞工於保護期間，因工作條件、作業程序變更、當事人健康異常或有不適反應，經醫師評估確認不適原有工作者，雇主應依前項規定重新辦理之。

第一項事業之指定、有母性健康危害之虞之工作項目、危害評估程序與控制、分級管理方法、適性評估原則、工作調整或更換、醫師資格與評估報告之文件格式、紀錄保存及其他應遵行事項之辦法，由中央主管機關定之。

雇主未經當事人告知妊娠或分娩事實而違反第一項或第二項規定者，得免予處罰。但雇主明知或可得而知者，不在此限。

## 女性勞工母性健康保護實施辦法

第 2 條

本辦法用詞，定義如下：

一、母性健康保護：指對於女性勞工從事有母性健康危害之虞之工作所採取之措施，包括危害評估與控制、醫師面談指導、風險分級管理、工作適性安排及其他相關措施。

二、母性健康保護期間（以下簡稱保護期間）：指雇主於得知女性勞工妊娠之日起至分娩後一年之期間。

# Unit 7-4 海難救助

　　人們很早認識到海上事故時營救人員的重要性和道義責任，只有透過國際相互合作，營救工作才能更有成效。「1979 年國際海上搜尋及救助公約」（International Convention on Maritime Search and Rescue, SAR），是 1979 年國際海事組織（時稱政府間海事諮詢組織）制訂的公約，公約在德國漢堡通過，於 1985 年 6 月 22 日生效【註6】。使各國救援中心與遇險船舶在從事搜救工作時有一個統一的行動標準，以及一整套指導性的具體方法。

**圖 7.3　海上搜尋及救助**

　　及時有效的救助工作可以帶來的益處：
1. **避免或減少人命傷亡**：運用各種搜尋技術和救助設備，使遇險人員脫離險境。
2. **保護海上生態環境**：事故船舶上的油品、貨物和有毒物質洩漏到水中，會造成海洋污染，通過堵漏、拖離擱淺、拖帶、過駁貨物等方式救助船舶，除了保障人命也維護海洋生態環境。
3. **避免或減少財產損失**：財產救助是人命救助的延伸，避免船舶及貨物的損失。
4. **提供水上交通安全環境**：參與海上作業、運輸及娛樂等的人們，缺乏自救的技術與設施，良好的外部救助機制支持，才能使各項活動進行。
5. **促進公眾形象及社會效益**：海上救助是國家應變機制的一環，是政府公共服務能力的展現，成功的救助表現有助於提升國家形象。
6. **有利推動各領域合作**：海上救助是跨國的合作，在國內是各個機關團體、不同層次的協調及交流合作，有助於救助工作的開展。

---

[註6]　International Convention on Maritime Search and Rescue (SAR)
　　　https://www.imo.org/en/About/Conventions/Pages/International-Convention-on-Maritime-Search-and-Rescue-(SAR).aspx

　　海上人命救助義務是指在法律上、道義上的應盡義務，使遇險人員不論在何位置、國籍或周圍環境，都能得到及時的救助。雖然今日船舶技術和管理水準有逐步的提升，但氣候、航路條件、船東對船舶的維護、船員的適任資格等因素，船舶遇險及海難事故仍難以避免，如何提高船員及船舶的脫險能力，以及有效提高搜尋及救助行動，避免及減少人命傷亡、環境污染和財產損失，是國際海事組織和各國海事安全單位的主要工作之一。

　　在我國「海商法」第 102 條規定：船長於不甚危害其船舶、海員、旅客之範圍內，對於淹沒或其他危難之人應盡力救助。第 109 條規定：船舶碰撞後，各碰撞船舶之船長於不甚危害其船舶、海員或旅客之範圍內，對於他船舶船長、海員及旅客、應盡力救助。各該船長，除有不可抗力之情形外，在未確知繼續救助為無益前，應停留於發生災難之處所。各該船長，應於可能範圍內，將其船舶名稱及船籍港並開來及開往之處所，通知於他船舶。

　　另我國「船員法」第 73 條第 1 項規定：船舶有急迫危險時，船長應盡力採取必要之措施，救助人命、船舶及貨載。第 74 條第 1 項規定：船舶碰撞後，各碰撞船舶之船長於不甚危害其船舶、海員或旅客之範圍內，對於其他船舶、船員及旅客應盡力救助。第 75 條規定：船長於不甚危害船舶、海員、旅客之範圍內，對於淹沒或其他危難之人，應盡力救助。

　　除了國內法的規定外，聯合國「海洋法公約[註7]」第 98 條（救助的義務）：

1. 每個國家應責成懸掛該國旗幟航行的船舶的船長，在不嚴重危及其船舶、船員或乘客的情況下：
   (1) 救助在海上遇到的任何有生命危險的人；
   (2) 如果得悉有遇難者需要救助的情形，在可以合理地期待其採取救助行動時，盡速前往拯救；
   (3) 在碰撞後，對另一船舶，其船員和乘客給予救助，並在可能情況下，將自己船舶的名稱、船籍港和將停泊的最近港口通知另一船舶。
2. 每個沿海國應促進有關海上和空中安全的足敷應用和有效的搜尋和救助服務建立、經營和維持，應在情況需要為此目的，通過相互區域性安排與鄰國合作。

　　聯合國國際海事組織的「國際海上人命安全公約」（International Convention for the Safety of Life at Sea, SOLAS）第 5 章第 15 條規定：「各締約國政府應承擔義務，安排必要沿岸值班守護並救助其沿岸的海上遇難者。這些安排包括海上安全設施的建立、管理和維護，這些設施在考慮到海上交通的密度和航海危險後，將是實際且盡可能採取必要措施，以找到及救助那些遇難者。另各締約國應提供現有救助設施及計畫的訊息以供相互交換。」

---

[註7] 聯合國海洋法公約，植根法律網
https://www.rootlaw.com.tw/LawArticle.aspx?LawID=A040050070011500-0711210

國際海上搜尋及救助公約（International Convention on Maritime Search and Rescue, SAR），是1979年國際海事組織（時稱政府間海事諮詢組織）制訂的公約。公約在德國漢堡通過，於1985年6月22日生效。

各締約國希望通過制定適應海運中救助海上遇險人員需要的國際海上搜救規劃，來發展促進相關活動；希望增進全世界搜救組織間和參加海上搜救活動者之間的合作，制訂本公約各條款。

公約附件：
第一章 名詞定義
第二章 組織
第三章 合作
第四章 準備措施
第五章 工作程序
第六章 船舶報告制度

# 第8章
# 航運公司之組織

# Unit 8-1 組織架構介紹

　　組織結構通常表現在一個組織的人力資源、職權、職責、工作內容、整體目標、工作協力關係等要素的組合形式，是組織行動的基本形態，其本質是實現某一組織各種目標的一種手段。不同的組織架構其實各有其優缺點，就部門分工的角度來看幾種常見的組織架構，分別是功能型、專案型與混合型組織[註1]。

## 1. 功能型組織

　　典型的專業分工型組織，相同職能的人都在同一部門內，而不同部門之間則透過作業流程串聯起來，例如行銷負責推廣、業務部門負責銷售、服務部門則承接對客戶提供後續服務，而這三個面對市場與客戶的部門，則將從前線取得的資訊與回饋提供給產品與研發部門，讓它們據此改善或研發新的產品或服務。

　　功能型組織最大的好處是可以專注於本身的事務與工作流程，效率可以達到最高。但功能型組織的缺點是因為各部門各自有自己的任務與目標，但為了確保自己部門的工作能順進行且具有高效率，往往會設定許多的內外部規範，盡可能的讓變動性降低，但運作到後來往往效率愈來愈低，最終形成了最討厭的官僚體制。

## 2. 專案型組織

　　這種組織架構下，Business Unit Head 的權力一般最大，可以主導所有的事情，一個事業單位（BU）就像一間獨立的公司，BU Head 更像是這家公司的老闆，專案型組織在它所負責的範圍內一般推進的速度會很快，因為共用性資源的使用不需與其他部門競爭，優先級的各種工作事項可在部門內部搞定。

　　專案型組織的問題是事業單位各自發展自己的制度與流程，一家公司內可能有不同的流程，不同的財務管理系統，除了資訊整合困難外，也造成資源重複投入在相同的事情上，而各事業單位之間相較於合作效能，它們可能更傾向於競爭。

## 3. 混合型組織

　　這類型的組織一般考量了功能型部門專業分工的優點與專案型組織高效運作方式，根據混合後的結果是比較接近功能型或專案型。

　　航運公司以經營海上客貨運運輸業務，獲取報酬為目的。自然需要一有效的組織以管理船舶、船員、海上及陸上的業務，同時與一般公司進行財務、人

---

[註1] 游舒帆，《四種常見的組織架構與優缺點》，商業思維學院
　　　https://bizthinking.com.tw/2021/07/01/organization-architecture/

力、資訊等的企業管理項目。而我國「公司法」第1條規定：「本法所稱公司，謂以營利為目的，依照本法組織、登記、成立之社團法人。公司經營業務，應遵守法令及商業倫理規範，得採行增進公共利益之行為，以善盡其社會責任。」

公司法第2條將公司組織分為下列四種：

1. **無限公司**（Unlimited Company）：指二人以上股東所組織，對公司債務負連帶無限清償責任之公司。
2. **有限公司**（Limited Company）：由一人以上股東所組織，就其出資額為限，對公司負其責任之公司。
3. **兩合公司**（Unlimited Company with Limited Liability Shareholders）：指一人以上無限責任股東，與一人以上有限責任股東所組織，其無限責任股東對公司債務負連帶無限清償責任；有限責任股東就其出資額為限，對公司負其責任之公司。
4. **股份有限公司**（Company Limited by Shares）：指二人以上股東或政府、法人股東一人所組織，全部資本分為股份；股東就其所認股份，個別對公司負其責任之公司。

現代航運公司頗多採取股份有限公司之型態，在組織上可分為決策與執行部門，決策部門即是董事會，執行部門即是經理部門，其職能與權責各有不同。

1. **董事會**（Board of Directors）：航運公司的董事會為審核性、決策性單位，由股東、勞工代表等組成，為大多數股東監督股東權益、審核重要公司決策（如新航線開闢、船舶之租購、新業務拓展等）、召開股東會，董事會選舉產生董事長主持公司決策並聘任總經理。在「公司法」第193條規定：「董事會執行業務，應依照法令章程及股東會之決議。董事會之決議，違反前項規定，致公司受損害時，參與決議之董事，對於公司負賠償之責；但經表示異議之董事，有紀錄或書面聲明可證者，免其責任。」
2. **經理部門**（總經理）：經理人由董事會選任執行管理工作，係在董事會所確立基本政策與授權職權範圍內，從事航運的計畫、推動及管理公司全部業務活動，經理人行使積極性職權，包括年度營業計畫、財務收支規劃、業務之執行等。

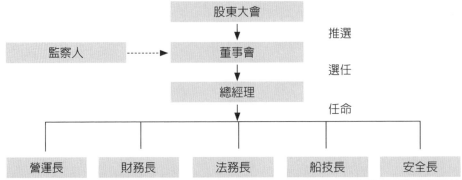

圖 8.1　經理部門組織視公司企業政策而定，有功能別、區域別、業務類別等

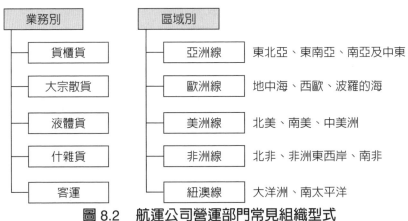

圖 8.2　航運公司營運部門常見組織型式

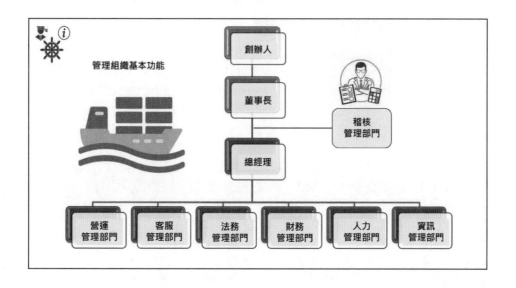

管理組織基本功能

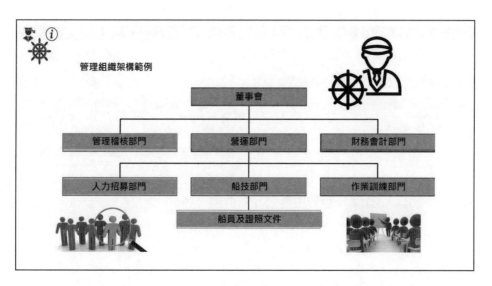

管理組織架構範例

# Unit 8-2 航運公司類型

　　航運企業的規模、組織型態、財務結構與其經營方式有很大關係，如從事定期航運與不定期航運的航業差異就很大，按照航運業從事的主要業務內容，可分為定期船公司、不定期船公司、船舶管理公司、無船公共運送人等。

　　今日定期船公司與不定期船公司兩者的業務並非不相關，例如當船舶租賃市場的費率較低時，定期船公司就有可能租傭船舶，來取代自有不具經濟性的船舶，或者用來投入新的航線。近年來大型船公司不斷有併購（Mergers & Acquisitions）的事件發生，將旗下的業務進行重整，併購的原因有：
1. 節省管理的費用成本（如船舶油料、維護等）；
2. 改善投資新船資金需求（如運能供給、大型船等）；
3. 組織的精簡（如港口代理、海外機構、輔助職能等）；
4. 提高船舶調度能力和船隊部署（如航線覆蓋度、航班數等）；
5. 較高的業務量、避免過度競爭（如長期運送契約、穩定運價協議等）。

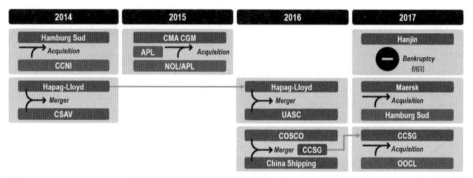

**圖 8.3　2014～2017 年世界主要航商的併購（Mergers & Acquisitions）事件**

資料來源：Mergers and Acquisitions in the Container Shipping Industry since 2014
https://porteconomicsmanagement.org/pemp/contents/part1/ports-and-container-shipping/mergers-acquisitions-container-shipping-industry/

　　船舶管理公司（Ship Management Company, SMC）[註2] 20 世紀 70 年代出現在歐洲，指接受個別企業或船東委託代其管理船舶及船員等業務的公司，它向船東提供合理競爭價格下能達到適航標準的船舶，以及將船舶安全、合乎經濟的從事運輸營運，以獲得合理的管理報酬。船舶管理公司可以是一個航運公司的子公司（例如裕民廈門國際船舶管理有限公司是臺灣裕民航運股份有限公司轉投資的全資子公司）或無自有船舶的管理公司。

---

[註2]　謝新連，《船舶運輸管理與經營》，大連海事大學出版社，大連，2020 年。

「無船公共運送人」（Non-vessel Operating Common Carrier, NVOCC），原文源於 1984 年美國的「航運法」（The Shipping Act of 1984），指國際上承攬運送人的地位。承攬運送人自貨櫃運輸發展以來，早已具備運輸航程設計、運具安排、簽發提單的能力，除了沒有自有船舶，不是「經營船舶之公共運送人」之外，其實際運作已有了「公共運送人」的身分。

在美國 1984 年「航運法」的名詞定義第 17 款規定：「無船公共運送人是指不經營用以提供遠洋運輸服務船舶的公共運送人，其與遠洋公共運送人之間的關係屬於託運人。」（"non-vessel-operating common carrier" means a common carrier that does not operate the vessels by which the ocean transportation is provided, and is a shipper in its relationship with an ocean common carrier.）

美國 1998 年「遠洋航運改革法」在第三節運用遠洋運輸中介人（Ocean Transportation Intermediaries）的概念，它嚴格區分遠洋貨物代理人和無船運送人這兩個概念，並將無船公共運送人更名為無船運送人。

根據該法的規定，遠洋運輸中介人包括遠洋貨運代理人和無船運送人，前者是指透過公共運送人發送貨物，代表託運人訂艙或其他方式安排所需艙位，以及製作單據或處理該貨物有關運輸事宜的人。而後者是不從事遠洋運輸服務的公共運送人，與遠洋公共運送人的關係為託運人，與貨物託運人的關係則是運送人。

從事無船承攬運送業務的公司，在中國大陸的「國際海運條例」第 7 條規定：「指無船承運業務經營者以承運人身份接受託運人的貨載，簽發自己的提單或者其他運輸單證，向託運人收取運費，通過國際船舶運輸經營者完成國際海上貨物運輸，承擔承運人責任的國際海上運輸經營活動。」

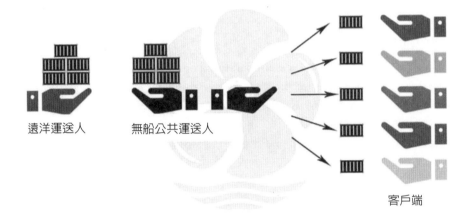

遠洋運送人　　　無船公共運送人

客戶端

　　無船公共運送人之營運態樣,有類似我國海運承攬運送業不擁有船舶,不經營船舶,但以公開發行運價表、提單,以公共運送人之身分從事攬運貨物;以及國外不擁有船舶但租船營運,公開發行運價表、載貨證券(提單),以公共運送人之身分從事攬運貨物之二種型態。

　　我國「航業法」第 3 條規範之海運承攬運送業:「指以自己之名義,為他人之計算,使船舶運送業運送貨物而受報酬為營業之事業」,目前海運承攬運送業租船營運之型態在臺灣不被允許。

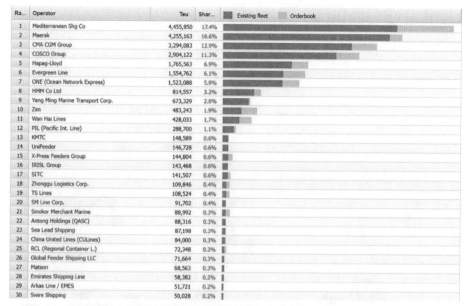

**圖 8.4 全球前 30 大貨櫃定期航運公司（統計至 2022 年 7 月 1 日）**

資料來源：Alphaliner TOP 100 / 01 Jul 2022
https://alphaliner.axsmarine.com/PublicTop100/

## 臺灣貨櫃航運公司世界排名

| 排名 | 公司名稱 | 中文名稱 |
|---|---|---|
| 6 | Evergreen Line | 長榮海運 |
| 9 | Yang Ming Marine Transport Corporation | 陽明海運 |
| 11 | Wan Hai Lines | 萬海航運 |
| 19 | TS Line | 德翔海運 |

# Unit 8-3 航運經營部門

　　各航運公司內部組織雖然大體相同，但其架構隨營運規模與經營業務規模及地域範圍而不同，較難有一致性。

　　航運公司的營運相關組織架構依其主要功能有下列【註3】：

1. **技術部門**（The Technical Team）：對營運船舶狀態進行監控，以維持合乎法規之適航狀態，並對船舶設施維護提出建議，有時會委託給專業之船舶管理公司。
2. **採購部門**（The Purchase and Procurement Team）：船舶租購、船用品及燃料採購等，搜尋合格供應商以及市場最適合價格。
3. **營運部門**（The Operations Team）：船長、港口代理、客貨業務承攬等，為公司爭取客戶及營運收入。
4. **財務部門**（The Finance Team）：建購船舶需要高額資金、船舶維護及燃料亦需要流動資金，發行公司債、保險及股票處理等需要專業財會人員處理。
5. **船員管理部門**（The Fleet Personnel Department）：船員是操作船舶營運的

---

【註3】　What is a typical organization structure for a shipping agency?
　　　　https://www.quora.com/What-is-a-typical-organization-structure-for-a-shipping-agency

核心，船長的選任、海員的招募及訓練、勞
動條件協商等。

6. **職安衛、環保及訓練部門**（The HSSE and Training Department）：船舶通常是高價的公司資產，萬一發生事故對公司營運收入及人船安全、海洋環境可能造成重大損失及賠償，因此對相關船舶設施國際規定、操作工作環境及海難救助作業等，進行必要的人員訓練。

7. **行銷部門**（The Marketing Team）：船隊需要業務推廣以獲取收益，對公司的企業形象（社會責任）及業務內容，針對目標客戶及利害關係人進行傳送訊息。

現代航運公司大多屬有限責任制或股份有限公司，其主要內部行政管理部門職能有以下幾個部門（視公司規模而定）：

1. **企劃部門**：僅在大型航運公司設置，主要從事公司中長期發展規劃，與本國及國際相關組織交流聯繫，提供總經理重要決策資訊之協助。

2. **秘書部門**：綜理公司庶務、辦公設施及文件管理，有時兼辦法務對外委託事項。

3. **資訊部門**：資訊系統規劃及管理、應用訓練及提供管理資訊分析。

4. **人事部門**：因應公司發展進行人力規劃、辦理勞動法規事項及與工會協商。

5. **公關部門**：與業務行銷不同，較偏重新聞媒體採訪、社區公益活動參與、當地民意機關意見之回應、一般訪客參訪接待等。

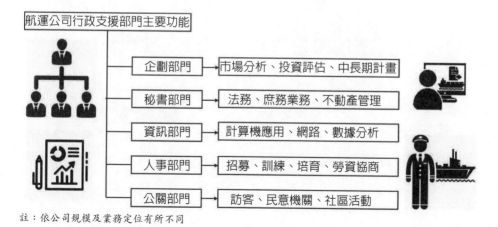

註：依公司規模及業務定位有所不同

　　航運經營主要在獲取貨物承載運輸機會以獲取合理報酬，依運輸的型式不同，其營運特性亦不同[註4]：

1. **定期船運輸**：根據貨源分布情況設定船舶營運航線，確定彎靠港口及其順序，購置新船前的選擇方案討論和營運船期表的編制。
2. **不定期船運輸**：在航運市場上尋找貨源，根據貨主需求確定航行路線、彎靠港口及靠港作業方式，根據貨載的種類與數量再進行航次推估，以作爲經濟性的判斷。
3. **大宗工業物質運輸**：是對工業生產中大量消耗能源與原材料的長期承包運送，其特點是航線和港口基本固定、貨流量大及流向穩定，承擔運送的船舶也較穩定，當有多個裝貨港或卸貨港時，同一艘船可能在不同航線上臨時調動。

航運經營主要工作
- 航線設置：市場調查（貨源潛力及流向、同業情形、營運限制……）、收益分析、選擇方案
- 船隊規劃：到港頻率、船舶種類及數量、組成方式（自營、聯營）
- 航線配船：載運量、船員配置、航行距離及速度、船舶補給及耗油量
- 船舶調度：現有船舶、共同派船、新傭租船、購造船

---

[註4] 謝新連、楊秋平，《船舶調度與船隊規劃方法》，大連海事大學出版社，大連，2012 年。

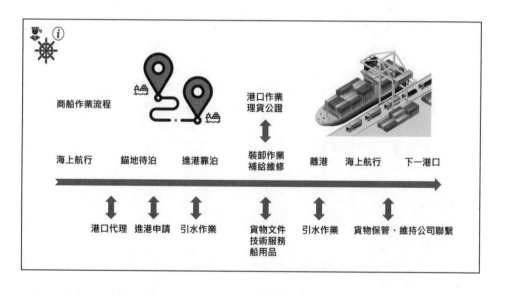

# Unit 8-4 商船船員編組

現代商船分工精細，因船舶噸位大小、船舶設備及自動化等關係，為維護船舶航行安全及合理調配船員，在國內法規上如「船員法」、「航行船舶船員最低安全配置標準」會對商船的船員資格、類別及最低配置服務人數予以規定。國際海事組織在2011年亦公布「最低安全配置原則」[註5]（Principles of Minimum Safe Manning），對船員的配置進行規劃提出十二項安全指引：

1. 船型大小及船舶種類（Size and Type of Ship）
2. 對船舶推進動力的數量、型式及種類（Number, Size and Type of Main Propulsion Units and Auxiliaries）
3. 船舶自動化程度（Level of Ship Automation）
4. 船舶設備的構造（Construction and Equipment of the Ship）
5. 使用保養的方法（Method of Maintenance Used）
6. 運載的貨物種類（Cargo to be Carried）
7. 到港的頻率、航行時間及經過的水域性質（Frequency of Port Calls, Length and Nature of Voyages to be Undertaken）
8. 涉及船舶的貿易區域、用水及作業（Trading Area(s), Waters and Operations in Which the Ship is Involved）
9. 岸上需要額外增加的訓練（Extent to Which Training Activities are Conducted on Board）
10. 公司在岸上對船舶的支援能力（Degree of Shoreside Support Provided to the Ship by the Company）
11. 合適的工作及休息時間（Applicable Work Hour Limits and/or Rest Requirements）
12. 已獲許可的船舶安全計畫的防護措施（The Provisions of the Approved Ship's Security Plan）

如我國「航行船舶船員最低安全配置標準」第3條規定[註6]，本標準依船舶航行之航線、種類、大小分為下列四種：

---

[註5] Principles of minimum Safe Manning, IMO
https://www.imo.org/en/OurWork/HumanElement/Pages/PriciplesOnSafeManning.aspx
[註6] 航行船舶船員最低安全配置標準，全國法規資料庫
https://law.moj.gov.tw/

1. 國際航線船舶船員最低安全配額,應依附表一規定配置。
2. 國內航線船舶船員最低安全配額,應依附表二規定配置。
3. 臺灣地區與大陸地區通航船舶船員最低安全配額,應依附表三規定配置。
4. 特種用途船舶船員最低安全配額,應依附表四規定配置。

另「航行船舶船員最低安全配置標準」第 6 條規定:

航行船舶船員依其職責分屬艙面、輪機、電信及事務部門,除電信部門外,各部門應分別配置適當之甲級船員及乙級船員,但電信人員得由持有證書之艙面部門船員兼任之。

特種用途船舶船員依其職責分為艙面及輪機部門,各部門應分別配置適當之甲級、乙級船員。

**船員法第 70 條之 1**

為維護船舶及航行安全,雇用人應依規定配置足夠之合格船員,始得開航。
前項各航線、種類、大小之航行船舶船員最低安全配置標準,由主管機關定之。

## 我國國際航線船舶船員最低安全配額表

| 船員配置 | 艙面部門 | | | | 輪機部門 | | | |
|---|---|---|---|---|---|---|---|---|
| 船舶總順位 | 船長 | 大副 | 船副 | 乙級船員 | 輪機長 | 大管輪 | 管輪 | 乙級船員 |
| 未滿 3000 | 1 | 1 | 2 | 4 | 1 | 1 | 2 | 3 |
| 3000 以上未滿 5000 | 1 | 1 | 2 | 5 | 1 | 1 | 2 | 4 |
| 5000 以上 | 1 | 1 | 2 | 6 | 1 | 1 | 2 | 4 |

附註
1. 航行東經九十度以東，東經一百五十度以西，南緯十度以北及北緯四十五度以南近海區域之非自動控制船舶，得減免艙面部門及輪機部門乙級船員各一人。若航程不超過十六小時，其艙面部門船副及輪機部管輪配置得各減一人。
2. 航行船舶艙面、輪機部門船員之當值應採三班輪流制，其在海上航行期間與開航抵港之日，每人每日當值以不超過八小時為原則。航行當值及輪機當值乙級船員各不得少於三人，且具備甲板助理員及輪機助理員證書者，至少各一人。
3. 自動控制船舶依機器設備分為 A、B 二類，其配額規定如下：
   (1) A 類：船舶裝有自動或遙控控制及監測系統之機艙，本國驗船機構之符號為 CMS（CAS）者。輪機部門乙級船員至少二人，均需具備輪機當值資格，至少一人需具備輪機助理員證書。
   (2) B 類：船舶設有定時不須人員執勤之機艙，本國驗船機構之符號為 CMS（CAU）者。輪機部門管輪至少一人及乙級船員至少一人，且具備輪機助理員證書。
4. 自動控制船舶其輪機部門乙級船員之當值不受附註 1 之航行區域限制及附註 2 輪機當值乙級船員不得少於三人之限制。但仍應具備當值資格。
5. 依據國際海事勞工公約 (MLC) 規定，船舶船員人數超過十名者，應至少配置合格廚師一名。客船事務部門人員配額依該船之船舶手冊及各項部署表核定，原則上按船舶乘客定額每一百名乘客配事務部門人員一名，未滿一百名者亦同；航程不超過八十浬者，得以乙級船員兼替事務部門人員。

# 第9章
# 定期航運與貨櫃運輸

# Unit 9-1 定期航運概述

定期航運（Liner Shipping or Liner Service）[註1]是指依公布的船期表及運價費率，依固定航線上的既定港口順序進行各港口間往返載貨的營運船舶。

定期航運根據貨物運送的型態可分為什雜貨與貨櫃航運兩類：

1. **什雜貨**：定期航運是從什雜貨運送開始，還可以運送一些散貨或重件等特殊貨。

2. **貨櫃**：是以貨櫃為運輸單元的定期航運方式，20世紀50年代從美國開始在海運中出現貨櫃運輸，由於貨櫃運輸具備裝卸速度快、不同運輸方式聯運和方便機械化作業，貨櫃運輸大量被應用，目前的定期航運大多是指貨櫃航運。

1. 預定的船期表

2. 固定的行駛航線

3. 既定的彎靠港口

4. 穩定的運價費率

**圖 9.1　定期航運的特性**

定期航運業在實務上也被稱為定期船公司，指以自有經營船舶或以共同派船、艙位互換、聯合經營等方式，在固定港口之間提供定期海上貨物運送服務的企業。今日定期貨櫃航運業在國際貿易及競爭的格局下也有以下的發展[註2]：

1. **從自有船舶到控制運能**：船公司從自行建購船舶轉變成部分租賃，以平衡市場運能供需的短期不平衡、船舶設施規範更新，以減少財務借貸利息的壓力。

2. **購併和聯盟重組的興起**：由於貨源競爭和流向的不平衡，支撐本身航線及航班密集度需要大量各式大小船舶，與同業進行各式合作以控制運能，避免運費削價競爭，也能提高對客戶的服務範圍。

3. **船舶持續大型化的發展**：由於造船技術與環保規範不斷更新，船舶單位造

---

[註1]　Liner shipping and it's advantages
　　　　https://tassgroup.com/shipping/liner-shipping-and-its-advantages/
[註2]　殷明、王學鋒，《班輪運輸理論與實務》，上海交通大學出版社，上海，2011 年。

船成本降低，提高船公司更新大船的意願，由於規模經濟因素也使大型船舶具有較低成本的競爭優勢。

4. **單一服務到全球化物流**：國際貿易從港對港的交易方式轉變成戶對戶的直達運送服務，遠洋運送服務需提供更多附加服務，船公司進行運輸的垂直整合。

## 定期航運的貨運程序<sup>[註3]</sup>

1. **攬貨與訂艙**：船公司為了能充分利用艙位爭取運費收益，會透過港口代理及廣告等，向貨主爭取貨物辦理預訂艙位的作業。

2. **接受託運申請**：貨主向船公司辦理託運申請，船公司依貨物種類（危險物品另有規定）、航線及彎靠港口等，決定是否可以接受預訂艙位要求。

3. **收貨**：因貨物種類繁多、性質不一，船公司通常會在裝貨港指定交貨處，當貨物辦理交接後，進行貨物分類、重新整理、卸貨次序進行裝船，特殊貨物（重件、冷藏品等）則直接運送至船舶邊進行裝船動作。

4. **換取提單**：託運人經貨運站開立的收貨單據，向船公司或代理行換取提單後，向銀行辦理結匯。

5. **裝船**：待船舶到港後，依預先擬定的裝船計畫，將貨物依序由倉庫搬運至船上。

6. **海上運輸**：依照運輸契約將貨物適當的保管及安全運送至目的港。

7. **卸船**：船舶到港前，預先通知收貨人及編製卸貨計畫、交貨單據，在目的港進行卸貨作業。

8. **支付運費交付貨物**：收貨人交清運費及其他約定費用後，憑提單換取提貨單前往倉庫領取貨物並辦理貨物交接手續。

## 定期航運的貨運單據

在定期航運中為了方便貨物的交接，區分貨主與船方之間的貨物保管責任，會使用到一些單據，有些條款受到國際公約與國內法規、貿易慣例的約束，在國際航運中普遍使用。

1. **訂艙單或託運單（Booking Note, B/N）**：是運送人或其代理人在接受託運人的訂艙時，根據其申請委託安排貨物運輸的單據，訂艙單一經運送人確認，便作為雙方訂定艙位的憑證。

2. **裝貨通知單（Shipping Order, S/O）**：裝貨通知單是由託運人按照訂艙單的內容填製，交船公司或其代理人簽章後，據以要求船公司將承運貨物裝船的憑證。

---

[註3] 傅莉萍，《運輸管理》，清華大學出版社，北京，2017 年。

3. **裝貨清單**（Loading List, L/L）：是本航次裝船貨物的匯總表，運送人或其代理人將貨物按目的港及貨物性質分類，依靠港順序編製貨物作業總表。

4. **碼頭收據**（Dock Receipt）：一般由託運人或代理人根據船公司的格式填製，並隨貨物送至碼頭倉庫，由收貨人簽認已收貨（確認貨物包裝及數量），並已開始對貨物有保管責任。

6. **提單或載貨證券**（Bill of Loading, B/L）：是貨物裝船後經船公司或船長開立的裝船憑證，依託運人要求會註明裝船日期及船名。

7. **提貨單或小提單**（Delivery Order, D/O）：是收貨人或其代理人據以向碼頭、倉庫提領貨物的憑證。提貨單與提單性質不同，只是船公司或其代理人指示倉庫或裝卸公司向收貨人交付貨物的憑證，沒有轉讓流通的其他作用。對提領貨櫃貨物，是採用船公司簽發的貨櫃交接單（Equipment Interchange Receipt, EIR）

8. **貨物溢短單**（Over/Short Landed Cargo List）：是貨物在港口卸貨時，理貨人員發現貨物有短損或溢卸時，對每票貨物與載貨清單核對後，標明實際差異情況。

## 定期航運的行業組織

定期航運特別是貨櫃航運業，常透過各種組織聯繫、協商方式，議定某條航線的策略聯盟、運費穩定協議、聯營協議、營運競爭條件，在強調自由貿易及公平競爭的反壟斷（Anti-monopoly）要求下，主要海運大國對定期航運業以往各項作為，特別是歧視、獨占與不公平競爭的協議、約定等，會要求經國內航政機關的審核檢視。

 **船業法用詞定義**

船業法第 3 條
**國際聯營組織**（International Joint Service Organization）：指船舶運送業間，就其國際航線之經營，協商運費、票價、運量、租傭艙位或其他與該航線經營有關事項之國際常設組織或非常設之聯盟。
**國際航運協議**（International Shipping Protocol）：指國際聯營組織為規範營運者間之相互關係、運送作業、收費、聯運及配貨等事項而訂立之約定。

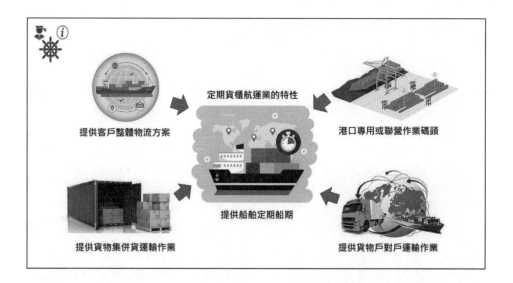

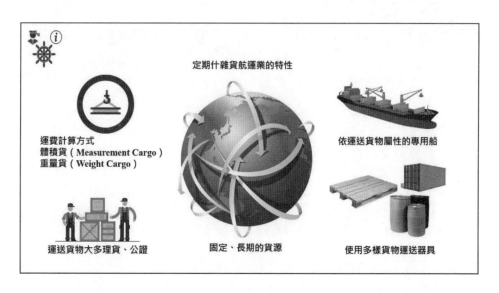

# Unit 9-2 海上貨櫃運輸

貨櫃（Container）是運輸單位包裝貨物（Packed Cargo）、無包裝貨物（Unpacked Cargo）、以及少量散裝貨物（Bulk Cargo），將其成組化（Unitized）裝載的工具與容器的總稱。貨櫃源於 19 世紀初的英國鐵路運輸，20 世紀 50 年開始發展於美國內陸運輸[註4]。依國際標準組織 ISO（International Standardization Organization）認定的海運標準貨櫃尺寸為長度 20 呎或 40 呎，寬度 8 呎，高度 8 呎 6 吋。前者即為 20 呎標準貨櫃 TEU（Twenty-foot Equivalent Unit）為一個標準的貨櫃單位；後者則是 40 呎標準貨櫃 FEU（Forty-foot Equivalent Unit）。

## 貨櫃的標誌

為便於海關及其他相關單位對在國際間流通的貨櫃間行監督管理，每一個貨櫃均會在適當和明顯的位置標示永久性標誌，其組成包括：船公司代號（Owner Code）3 碼、設備類別（Equipment Category）1 碼，如 U 表示一般貨櫃；其他類別 J 表示可拆式設備如發電機組；Z 表示拖車或拖板架。序列號（Serial Number）6 個數字（僅為數字）、檢查碼（Check Digit）1 個數字（僅為數字）

1. 櫃主代碼是表示貨櫃所有人的代號，櫃主代號用四個拉丁字母表示，前三位由櫃主自己規定，第四個字母規定用 U（U 為國際標準中海運公司的貨櫃代號）。如「YMLU」表示此貨櫃為陽明海運公司所有。國際流通中使用貨櫃的櫃主代碼應向國際化標準組織登記，登記時不得與登記在先的櫃主代碼有重複。
2. 序號和核對數字是貨櫃和櫃號，用 6 位元阿拉伯數字表示，如數字不足 6

---

[註4] The History of the Shipping Container
https://www.freightos.com/the-history-of-the-shipping-container/

位元時，在數字前補「0」補足 6 位。

3. 國名代碼：用三個阿拉伯數字表示，用以說明貨櫃的登記國，如「RCX」即表示登記國爲「中華民國（臺灣）」。

4. 規格尺寸和櫃型代碼：規格尺寸用兩位元阿拉伯數字表示，用以說明貨櫃的尺寸情況，如「20」即爲 20FT 長、8FT 高的貨櫃。櫃型代碼用兩位阿拉伯數字表示，用以說明貨櫃的類型，如 30 即爲「冷凍櫃」。

5. 最大總量和櫃重：最大總量用 MAX GROSS：XXXX (KG) 表示是貨櫃的自重與最大載貨量之和，它是一個常數，任何類型的貨櫃裝載貨物後，都不能超過這重量，TARE XXX (KG) 則是指貨櫃的空櫃重。

### 表 9.1　部分國家貨櫃代碼

| 國家地區 | 三字母 | 二字母 | 國家地區 | 三字母 | 二字母 |
|---|---|---|---|---|---|
| 澳大利亞 | AUS | AU | 大韓民國 | ROX | KR |
| 中國大陸 | PRC | CN | 中華民國 | RCX | TW |
| 香港 | HKX | HK | 越南 | VNX | VN |
| 新加坡 | SGP | SG | 英國 | GBX | GB |
| 日本 | JXX | JP | 美國 | USA | US |

　　一般常用貨櫃類別有：乾貨貨櫃（Dry Storage Container）、冷凍貨櫃（Refrigerated Container）、開頂貨櫃（Open Top Container）、平板貨櫃（Flat Rack Container）、開側貨櫃（Open Side Container）、罐狀（筒狀）貨櫃（Tanks Container）、通風貨櫃（Ventilated Containers）。

---

**海關管理貨櫃集散站辦法**

第 2 條第 1 項
本辦法所稱貨櫃，指供裝運進出口貨物或轉運、轉口貨物特備之容器，其構造與規格及應有之標誌與號碼，悉依國際貨櫃報關公約之規定。

## 貨櫃運輸的優點

貨櫃運輸在 20 世紀的 50 年間基本取代雜貨定期船運輸，是由於相較之下具有以下優點：

1. **減少貨物損失提高運送安全**：由於使用高強度、水密性好的鋼質貨櫃容器，可減少貨物在搬運及運輸過程中的混雜、盜竊及貨物損壞情形發生。
2. **提高裝卸效率減少勞動人力**：貨櫃擴大運輸組合單元，方便使用機械進行搬運，甚至進行自動化的作業，可以減少人力作業需求，節省船舶在港口的作業時間。
3. **統一運輸標準方便物流發展**：隨著國際運輸的規定及標準一致性，貨櫃可在不同運輸方式中便利進行運輸及資訊化的電子單據交換，促進國際物流的發展。

## 貨櫃船的大型化發展【註5】

由於貨櫃船舶向大型化的發展，為接納新世代的特大型（VLCS）、超大型（ULCS）貨櫃船，建設國際大型深水樞紐港成為各國新的港灣建設重點項目。大型航商及其貨櫃船航線可以吸引大量轉運貨源，使得港口貨櫃量大幅提升，這需要提高貨櫃港的裝卸技術及內部貨櫃集貨及分流能力，要滿足貨櫃船進出航道及碼頭水深要求，並配合設置高效率及合理的裝卸作業系統，由於船舶大型化，碼頭裝卸機具也向大型化及高速化發展，碼頭也往外海深水區進行興建工程，避免與市區交通的干擾。

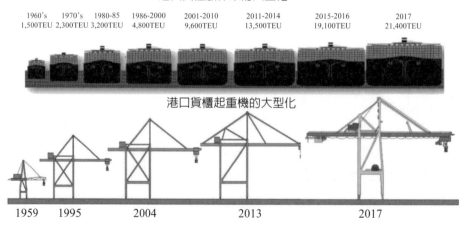

港口貨櫃船作業的大型化

| 1960's | 1970's | 1980-85 | 1986-2000 | 2001-2010 | 2011-2014 | 2015-2016 | 2017 |
|---|---|---|---|---|---|---|---|
| 1,500TEU | 2,300TEU | 3,200TEU | 4,800TEU | 9,600TEU | 13,500TEU | 19,100TEU | 21,400TEU |

港口貨櫃起重機的大型化

1959　1995　2004　2013　2017

---

[註5] Evolution of Containerships, The Geography of Transport Systems
https://transportgeography.org/contents/chapter5/maritime-transportation/evolution-containerships-classes/

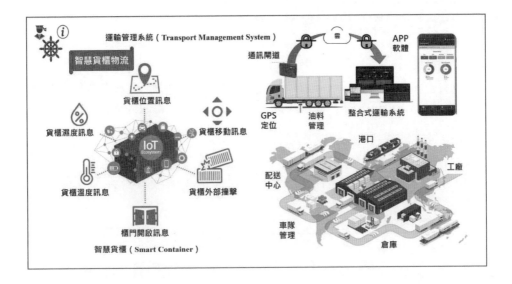

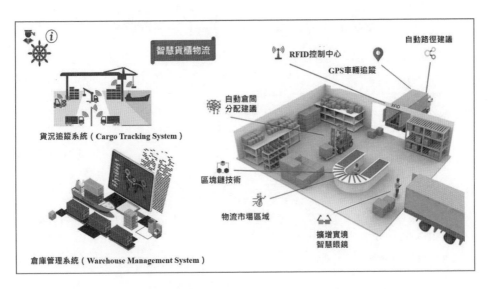

# Unit 9-3 貨櫃作業方式

貨櫃運輸（Containerized/Container Transport）通常指貨物裝載於貨櫃內進行運輸的一種方式，港口是各種運輸方式的匯聚點，設有供貨櫃船泊靠及裝卸作業的場所，貨櫃碼頭的典型設施包括碼頭（Wharf）、貨櫃場（Container Yard）、貨櫃集散站（Container Freight Station）、控制室（Control Towel）、管制站（Gate）、貨櫃作業機械（Container Handling Machinery）、其他必要的專用設施（海關辦公室、維修工場、加油站等）。海運貨櫃的主要方式如下圖所示[註6]：

圖 9.2 貨櫃海運作業方式

圖 9.3 海運貨櫃港口裝卸作業方式

---

[註6] How to improve the shipping progress in international trade?
https://sourcing.docshipper.com/en/logistics/how-improve-shipping-process-international-trade/

## 海陸貨櫃聯運系統【註7】

　　貨櫃具有在不同運具方便快速搬運的特性，在 1972 年開始在美國大陸的城際鐵路上出現將卡車拖車放置於鐵路平車上運送的駝背運輸型態（Trailer on Flat Car, TOFC），可以節省拖車的裝卸作業時間，1950 年後續許多公司開始採用將 40 英呎貨櫃運用鐵路來運送。1980 年開始在美國大陸鐵路使用雙層貨櫃列車（Container on Flat Car, COFC）方式來運送美國東西兩岸及內陸的聯運方式，在北美洲鐵路的標準貨櫃尺寸是 48 及 53 英呎，不過此種聯運方式會受限於鐵道路線上橋梁及隧道的高度限制。

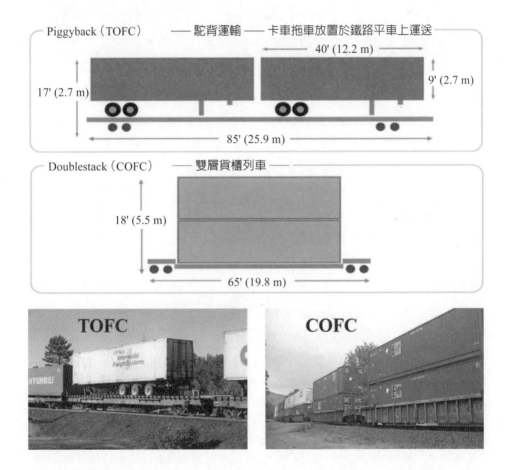

【註7】 Piggyback (TOFC) and Doublestack (COFC) Train Cars
https://transportgeography.org/contents/chapter5/intermodal-transportation-containerization/container-tofc-cofc/

| | | |
|---|---|---|
| 碼頭岸側貨櫃起重機<br>Ship to Shore Container Crane | 跨載機<br>Straddle Carrier | 貨櫃堆高機<br>Container Forklift |

簡易貨櫃吊架<br>Spreader　　　　　　雙櫃吊架<br>Twin Lift Type

軌道式門型機<br>（Rail Mounted Gantry Crane, RMG）　　輪胎式門型機<br>（Rubber Tire Gantry Crane, RTG）　　高櫃堆高機<br>（Empty Container Handler）

**圖 9.4　貨櫃主要裝卸機具**

　　貨櫃的標準化及貨櫃船的專業化，使港口的貨櫃裝卸機械化及自動化更具有使用的優勢基礎。在碼頭水域的岸壁普遍使用所謂的橋式起重機，對貨櫃船的甲板及船艙內貨櫃進行吊掛作業，橋式起重機上的貨櫃吊架已從單一貨櫃發展可同時吊掛兩個或三個貨櫃，加速船邊的裝卸效率。

　　在貨櫃場常見貨櫃跨載機、堆高機進行貨櫃臨時的搬運及堆疊作業；長期的儲轉作業會使用到軌道式門型機（RMG）或輪胎式門型機（RTG），依櫃場的自動化程度及作業量大小而有不同選擇，今日大型碼頭的作業發展模式是依「系統化」將各作業機械進行串聯，使其自動進行作業指令及訊息交換的智慧碼頭，減少人力的指揮及監控負荷。

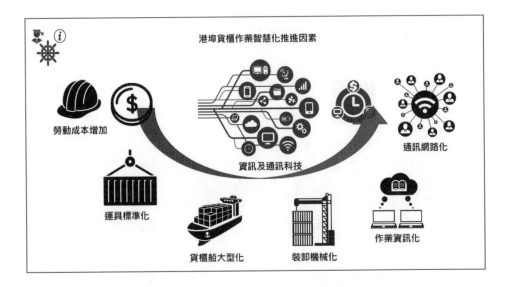

# Unit 9-4 港口貨櫃中心

　　港口貨櫃中心（Container Terminal, CT）是由一個或多個碼頭所組成的作業場所，它外部連接國際遠洋運輸航線，內部連接港埠至國內或第三國的鐵公路及水運的運輸網路，是貨櫃進行各種運輸方式銜接的集散地。

## 貨櫃碼頭與一般貨物碼頭相較的特點

1. **碼頭大型化**：隨著貨櫃運輸的發展，船舶的運送量更為擴大，裝卸機具更多，為了堆放儲存及作業需要，作業場地也愈來愈大。
2. **作業機具專業及自動化**：配合大型貨櫃船縮短滯港時間要求，貨櫃搬運作業須先行做精密的作業規劃，裝卸機具及人員的調配，作業的指揮及監控，會使用自動化設備。
3. **管理科學化**：從船席停泊作業時間帶（Berth Window）規劃、貨櫃裝卸順序、交提領貨櫃文件製作等，運用科學性的規劃方法及資訊化輔助設備。
4. **碼頭投資金額巨大**：由於貨櫃作業大，所需碼頭長度、水深、後線場地及作業機具等的投資大且回收時間長，一般船公司會採取向港方長期租用或與其他船公司聯營共同使用，或由公部門負責基礎建設設施，再自行投資營運機具。

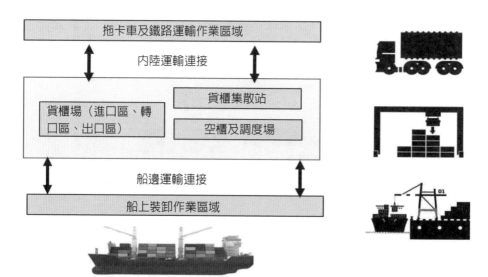

圖 9.5　港口貨櫃中心作業模式

　　採用貨櫃運輸貨物時，一般先會將分散的小批量貨物預先在內陸或港口的貨櫃集散站加以集中，併成整櫃貨物時再通過運輸將其運送至裝貨港指定碼頭，用貨櫃船運送至卸貨港後，再通過內陸運輸運送至目的地。

## 貨櫃集散站（Container Freight Station, CFS）

貨櫃集散站經營業管理規則
第 2 條
貨櫃集散站經營業經營業務為貨櫃、櫃裝貨物之儲存、裝櫃、拆櫃、裝車、卸車及貨櫃貨物之集中、分散。
貨櫃集散站經營業得兼營下列業務：
1. 進口、出口、轉口與保稅倉庫。
2. 其他經主管機關核准與貨櫃集散站有關之業務。
第 3 條
貨櫃集散站經營業，依其場站所在位置分類如下：
1. 港口貨櫃集散站：係設於港區範圍內之貨櫃集散站。
2. 內陸貨櫃集散站：係設於港區以外內陸地區之貨櫃集散站。

　　在貨櫃貨物的集散過程中一般可分為以下兩種：
1. **整櫃貨**（Full Container Cargo Load, FCL）：由託運人負責裝櫃、計數、積載並加鉛封的貨運。整櫃貨的拆櫃，一般由收貨人辦理。但也可以委託運送人在貨櫃集散站拆櫃。運送人不負責櫃內的貨物損失、貨量差異。
2. **併櫃貨**（Less Than Container Cargo Load, LCL）：指貨主運交給海運公司的貨物少於一整個貨櫃的裝運量，由運送人在貨櫃集散站將同樣目的地的併裝在一個貨櫃運送，在目的地的貨櫃集散站進行拆裝及分別配送，運送人負責貨物裝拆櫃的作業，託運人要負擔裝拆櫃的作業費用。
　　傳統的什雜貨作業運輸，是通過多次託運、分段運輸的方式完成，各段的運輸負責人獨力完成自己區段的運輸，貨櫃運輸會使物流及貨物的交接產生極大變化，使全程運輸從港對港（Port to Port）推展到戶對戶（Door to Door）運輸。

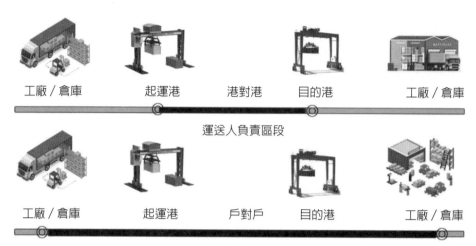

工廠／倉庫　　　　起運港　　　港對港　　　目的港　　　工廠／倉庫

運送人負責區段

工廠／倉庫　　　　起運港　　　戶對戶　　　目的港　　　工廠／倉庫

運送人負責區段

 海關管理貨櫃集散站辦法

第 2 條第 2 項及第 3 項

貨櫃內裝有貨物者，稱實貨櫃；未裝有貨物者，稱空貨櫃；實貨櫃內所裝運之進口、轉運、轉口貨物如屬同一收貨人，或出口、轉口貨物如屬同一發貨人者，為整裝貨櫃；其進口、轉運、轉口貨物如屬不同一收貨人或出口、轉口貨物不屬同一發貨人者，為合裝貨櫃。

前項所稱同一收貨人，應以進口貨物艙單記載者為準；所稱同一發貨人，應以出口貨物艙單記載者為準。

FCL
單一貨主貨櫃

LCL
多個貨主貨櫃

## 自動化或智慧貨櫃碼頭<sup>【註8】</sup>

　　自動化貨櫃碼頭首先出現在勞動力成本昂貴和熟練勞動力匱乏的歐洲。20
世紀 80 年代中後期，自動化技術的發展使得英國泰晤士港、日本川崎港和荷
蘭鹿特丹港率先規劃嘗試建設自動化貨櫃碼頭，運營效果達到了預期目標，但
受經濟波動和財政政策的影響，自動化貨櫃碼頭的發展一度陷入了停滯狀態，
世界上第一個自動化貨櫃碼頭（Europe Container Terminal, ECT）在 1993 年
於荷蘭鹿特丹港投入運行，接著是英國倫敦港、日本川崎港、新加坡港、德國
漢堡港等相繼建成全自動化或貨櫃場自動化即半自動化的貨櫃碼頭。

　　**自動化碼頭的主要優缺點：**
1. 高度的自動化程序，無需或僅需要極少的人工操作，提高港口的生產效率。
2. 整個作業的裝卸流程具穩定一致性，適合大量作業，降低了碼頭作業成本。
3. 可以執行一些人工困難或不可能進行的作業和測試，通過自動化測試模擬
   同時抵達許多用戶端，更好地利用共享資源。
4. 將更多的作業人員和測試技術人員釋放出來，提高了工作效率。
5. 但自動化不能完全取代手工操作和測試，仍有很多需要經驗判斷累積的人
   工操作和測試案例，或者代價太大。
6. 實行自動控制與管理，技術性比較強，對工作人員的技術業務能力要求比
   較高，必須具有一定的專業知識，而且經過專門培訓的人員才能勝任。

### 圖 9.6　高雄港陽明海運的高明貨櫃碼頭公司自動化綠色櫃場

---

【註8】　張德文，《智慧綠色集裝箱碼頭》，清華大學出版社，北京，2020 年。

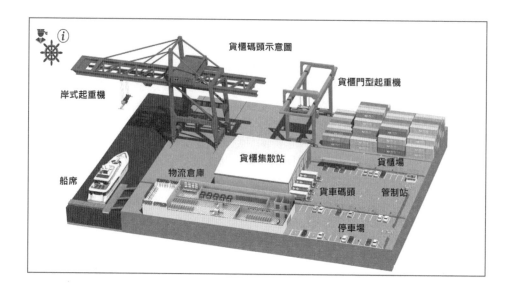

貨櫃碼頭示意圖

岸式起重機

貨櫃門型起重機

船席

物流倉庫

貨櫃集散站

貨櫃場

貨車碼頭

管制站

停車場

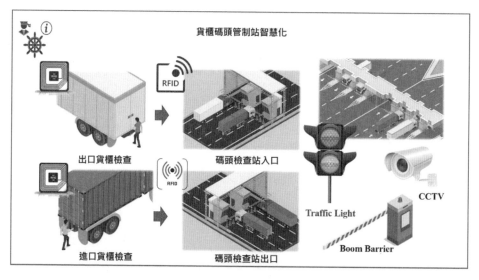

貨櫃碼頭管制站智慧化

RFID

出口貨櫃檢查

碼頭檢查站入口

RFID

進口貨櫃檢查

碼頭檢查站出口

Traffic Light

CCTV

Boom Barrier

# 第10章
# 不定期航運概述

# Unit 10-1 不定期航運概述

　　不定期航運（Tramp Shipping）一般是指航線與船期都不固定（依客戶需要指定），託運人或貨主與船公司簽訂傭租船契約並以書面為憑證。不定期船舶大多以散裝船（Bulk Carriers）、油輪（Tankers）或油氣槽船（Gas Carriers）等船型運送大宗原料物資為主。不定期船運送鐵礦、煤炭、原油、穀類等大宗散裝貨物為主，運費是在洽談簽定租船契約時，雙方參考市場機制來談判決定。

　　不定期航運其特色可分為[註1]：

1. 其載運之貨物大多都是單一大物資。運量大、單位成本低、且多整船運送方式進行，貨物種類包括煤炭、穀物、礦砂、磷礦石、鋁土、肥料、水泥、廢鐵。另外也包括石油、食用油、液態化學品、液化天然氣、液化石油氣等非固體貨物之運送。
2. 散裝運送一般皆不經包裝即進行運送。
3. 以包船或包下若干船艙裝貨運送；即租用整船運送。
4. 經營無固定航線、船期、運價、港口碼頭及倉棧之海運業務。
5. 可為個別租船人的特定貨運及航線服務，即其運輸服務提供屬契約運送人（Contract Carrier）性質，運送之條件、條款及特別事項以當事人雙方同意訂定之契約為依據，稱為租傭船契約（Charter Party, C/P）。

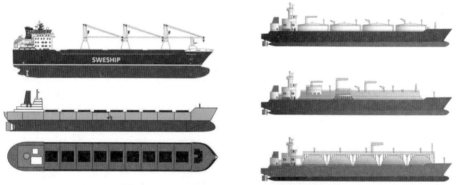

**圖 10.1　不定期航運主要船舶種類**

---

[註1] 謝承宏，〈散裝（不定期）航運的介紹〉，船舶與海運通訊 112 期，中華海運研究協會，2013 年 4 月。

國際海運主要從事國際運輸，航線需要跨越多個區域，運送貨物種類眾多，航行距離長且天然風險大，其經營活動要遵守國家法令、國際公約的約束，也要受國際商務慣例的影響，也使不定期船（散裝船）產業具有以下的特性[註2]：

1. **全球性**：海運事業屬全球性事業，在國際海洋法的規範下，商務船舶及船東可自由航行各區域與及進行貨運承攬運送業務。
2. **標準性**：在聯合國國際海事組織、國際海運商務協會等多年的推動下，各類國際船舶管理規範及商務契約、文件皆已標準化。
3. **公平性**：在遵守國際規範（公約）下，不會受任何國家、組織的不公平待遇。
4. **自由及彈性化**：船舶營運者可自由進出市場及投資方式、選擇船舶國籍及船級。
5. **市場性與競爭性**：市場以價格競爭為導向，價格漲跌以市場供需的變動態勢。
6. **公開透明化**：散裝船產業所處經營環境，市場資訊取得流通完全公開與透明化，租傭船及運費價格透過航運交易所公布資訊，可作為交易的協商參考依據。

## 不定期航運與租傭船業務

傭船契約指船舶所有人或運送人透過其代理人或經紀人與傭船人協議以約定費率及條件，按約定航程將船艙的全部或一部分裝運傭船人託運的貨物；或按約定期限將船舶全部艙位供傭船人裝運貨物；或將船舶置於傭船人的占有下進行營運管理，按約定時間收取傭船費或租金，經協議條件而簽訂的書面協議文件。租傭船契約主要可分三種：論程傭船契約（Voyage Charter）、論時傭船契約（Time Charter）、光船傭船契約（Bareboat Charter）。

傭船運送人之主給付義務，係提供特定船舶之船艙，以此為對價交換託運人之主給付義務支付運費，契約目的係使用特定船舶的船艙以為運送，係中（14）世紀發源於義大利，而蓬勃於英國之海上貨物運送類型，在國際傭船習慣下仍定義為運送契約，船舶所有人為運送人，傭船人為託運人，國際傭船習慣係以運送契約法來解決當事人之間的爭議[註3]。

---

[註2] 陳永順，《散裝船經營學理論與實務》，麗文文化事業，高雄，2016年。
[註3] 饒瑞正，〈傭船契約的本質——運送契約抑或是租賃契約？〉，月旦法學教室第211期，2020年5月。

# Unit 10-2 不定期航運作業

不定期航運業務主要以承運各類散貨、什雜貨、液體貨為主，視貨物數量及流向由貨主或託運人以論程、論時傭船等方式進行貨物運輸，也因貨物的重量、體積等特性，而產生各式專業船舶及裝卸方式。

## 不定期海運船舶分類[註4]

1. **雜貨船**（General Cargo Vessel）又稱普通貨船：以箱裝、袋裝、桶裝和捆裝件雜貨物為主要承運對象。
2. **散裝貨船**（Bulk Carrier）：散裝貨船以大宗糧食、礦砂、煤炭、磷酸鹽、木材、化肥、砂糖、工業鹽、硫磺等為承運對象。
3. **多用途船**（Multi-purpose Vessel）：同時可裝運兩種或兩種以上貨物的多用途船，將船舶結構稍改變即可裝運另一種貨物，增加船舶運載功能。
4. **油輪**（Oil Tanker）：油輪以散裝原油為主要承運對象，還可運輸其他油類。
5. **駛上駛下船**（Roll on/Roll off Vessel, Ro/Ro）：將貨櫃或貨物連同帶輪子的底盤或裝貨的棧板作為一個貨物單元，用拖車或堆高機搬運直接進出貨艙。
6. **冷藏船**（Refrigerated Vessel）：將新鮮食品以維持低溫狀態進行運輸的船。
7. **車輛運輸船**（Truck or Car Carrier）：裝運各種車輛如載重汽車、卡車和小轎車。
8. **重大件貨物運輸船**（Heavy Cargo Carrier）：以裝運火車頭、成套設備、重大件為主要對象。
9. **液化天然氣船**（Liquefied Natural Gas Carrier）：專門設計用來裝運液化天然氣的船舶。
10. **液化石油氣船**（Liquefied Petroleum Gas Carrier）：專門設計用來運輸液化石油氣的船舶。

雜貨船　　　　　　散貨船　　　　駛上駛下船　　　　液化氣船

---

[註4] 陳維強，〈小常識：海運船舶分類〉，台灣新生報，2015 年 1 月 31 日。

今日不定期航運在貨櫃運輸之外仍是全球貿易貨物的主要角色，在一般雜貨、大宗散貨及液體貨等，其貨物運送的特性仍無法由貨櫃運輸來取代。隨著海上運輸的專業化發展，水運方面出現各種專業化的船舶，由於此類貨船在港口裝卸的方式與技術，會影響船舶的使用效率及營運績效。專業化運輸工具的出現，改變傳統的裝卸作業觀念，使不定期航運船舶與港口貨物裝卸技術結合，提升作業效率，促進託運人在運費、運送人在傭船運送時，都能獲取更大營運及節省成本效益。

## 不定期航運其發展有下列基本特徵：

1. 配合船舶的專業化，裝卸機具在往大型化、高效率發展，為加強貨物的儲轉，倉庫的類型及結構也相應的改變，出現自動化的倉庫。
2. 貨物吊裝工具的多樣化，特別是自動化工具，以提高貨物的裝卸效率。
3. 從單一作業程序的機械化發展到整個作業的自動化，包括某些貨物作業時的自動化或資訊化管理。
4. 港口基礎建設與作業流程相結合，減少物流的不當作業干擾。
5. 重視消除貨物作業過程對社會環境的不良影響，例如空氣、水質及噪音污染。

自動散裝貨物／貨櫃裝卸車
**Automatic Container/Bulk Cargo Discharge/Unload Vehicle**

貨物自動裝載貨櫃系統
**Automatic Container Loading System**

乾散貨物自動裝載系統
**Automatic Dry Cargo Loading System**

　　現代化的港口在船舶裝卸方式是以先進的裝卸技術及機械化系統為基礎，所選的機械貨自動化系統，要能符合適合作業、技術先進、經濟合理的基本原則。裝卸機具的選擇以滿足現場作業為前提，裝卸機具的主要性能參數的選擇，應以現場作業量、貨物特性為依據並和貨物流量相配合，在完成同樣作業效能的前提下，應盡可能選擇節能環保、便於維修的裝卸機具。

什雜貨吊掛
General Cargo Lifting

散裝貨物輸送機
Bulk Cargo Conveyor

自動化倉儲
Automatic Warehouse

液體貨作業
Liquid Cargo Handling

　　不定航運所運送貨物在港口作業時，尚需考慮貨物特性（裝卸機具也不同）、運輸工具（接續運送的駁運、鐵公路）、自然條件（水位、地形、氣象條件）、港口建築物（碼頭結構、倉庫型式）和運送作業（搬運方式與機具配置方式）等幾方面。另在作業時應注意作業安全（防止人員傷亡、貨物損壞）、專業化（符合貨物特性、大批量作業）及標準化原則（貨物包裝、搬運單元）。

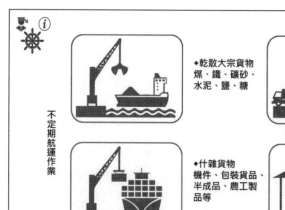

不定期航運作業

◆乾散大宗貨物
煤、鐵、礦砂、
水泥、鹽、糖

◆駛上駛下
汽車、貨車、單
位包裝貨品

◆什雜貨物
機件、包裝貨品、
半成品、農工製
品等

◆倉儲
貨物集併、儲存、
轉運、簡易重整

圖片來源：New Break Bulk Optimizer Solution
https://mfame.guru/new-break-bulk-optimiser-solution/

# Unit 10-3 租傭船業務

不定期航運業務與定期航運業務不同，不定期航運船舶所有人或運送人，除提供具適航性船舶為基本營運條件，營運重心並不是提供顧客滿意的公共運輸服務以爭取營運收益，而是重視航運市場的供需波動時機，適時投資船舶賺取租金差價或簽訂貨物運送契約以收取高運費。市場價格高低取決於各型船噸供需差距，船舶的租金或契約運費亦隨時間而變動，此為不定期航運與定期航運的主要差異。

因應不定期航運的市場價格變動趨勢，船舶所有人、船舶營運、租傭船人將船舶、貨物運送契約作為選擇交易標的，其交易方主要為下列方式[註5]：

1. **論時傭船**（Time Chart）：船舶所有人向承租人提供配備船員的特定船舶，承租人在契約期限內約定用途使用船舶，並支付租金的租船方式。論時傭船不以完成的航次為依據，而以約定使用一段時間，即契約租期為限。在租期內，承租人可以利用船舶的運能來安排運輸貨物，也可用租進的船舶從事定期航運業務，以補充運能的不足。

2. **論程傭船**（Voyage Chart）：承租人租賃整艘船舶或部分船艙，在指定港口之間進行一個或數個航次運送約定的貨物，並由承租人支付約定運費的租船方式。論程傭船具有明顯的承攬運輸貨物性質，船舶所有人負責配置船員及船舶的營運管理及營運費用。

3. **光船租賃**（Bareboat Charter）：船舶所有人在租期內只提供一艘未配備船員的船舶給承租人，由承租人在一定期限內占有、使用船舶並負責船舶的營運管理，承租人需向船舶所有人支付租金的租船方式。國際上辦理光船租賃業務時，有時會附有選擇權條件，即承租人在租期到期時，有購買該船的選擇權。

4. **包運租船**（Contract of Affreightment, C.O.A）：船舶所有人按照統一的運費和條款，以一定的運能在確定的港口間，按契約約定的時間、航次週期，每航次以較均等的運量完成全部貨運量的租船運輸方式。包運租船具有連續航次租船業務特點，但不指定具體船舶、不約定具體航次，船舶所有人只需在約定時間內完成契約規定的貨運量即可。

## 船舶承租人的動機：

1. **現金管理**（Cash Management）：造船需要大量資金，常要抵押給銀行，租船可增加公司現金流量增加彈性。

---

[註5] What is Tramp Shipping or chartering?
https://aone-maritime.com/tramp-shipping/

2. 資金多元化（Funding Diversification）：公司財務組合及多元化，避免財務危機。
3. 成本（Cost）：考慮持有船舶營運成本的競爭力及風險問題。
4. 會計作業（Accounting）：國際會計準則的資本及營運租金科目的分類處理。
5. 技術過時的風險管理（Technological Obsolescence Risk Mitigation）：避免船舶因法令及技術更新的淘汰問題。

## 船舶出租人的動機：

1. 報酬及風險分析（Attractive Risk/Return Profile）：在週期性循環及高資本密集行業，其投資報酬高及風險可控下，會吸引投資公司進行租賃業務。
2. 財務槓桿（Capacity for Significant Financial Leverage）：適當資金借貸以擴充營運規模，可增加股東權益報酬率。
3. 船舶殘值考慮（Residual Value Speculation）：避免持有船舶殘值過低對財務產生重大衝擊，加強出租次數以增加收益。
4. 稅務優惠（Tax Benefits）：某些國家對船舶租賃業務採取優惠措施。

船舶出租人在不同租傭船方式的費用負擔[註6]如下圖：

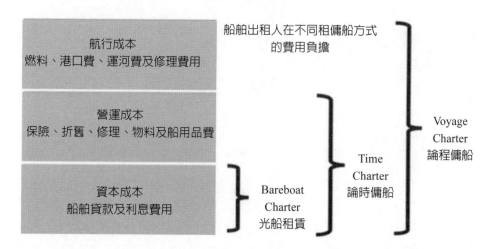

---

[註6]　Ship Leasing, Law Explorer
https://lawexplores.com/ship-leasing/

## 航次期租（Japanese-style Operating Leases）【註7】

　　航次期租又稱為日租租船（Daily Charter），是以完成一個航次為目的，但租金按完成航次所使用的天數和約定租金率計算。航次期租是日本的船舶所有人和貨主在 20 世紀 70 年代開始使用的一種租船方式。它兼具論程傭船和論時傭船的一些特點：

1. 租期的計算以船舶所完成的本航次任務為基礎，類似論程傭船。
2. 收取的是租金不是運費，租金依該航次實際使用時間及日租金率計算。

| 船舶所有人利益 | 在租期內，在錨地等待及在港作業時間、其他風險都由承租人負擔，不涉及論程傭船情況下，可能產生的收取延滯費（Demurrage）及給付快速費（Despatch）方式，限制船舶延誤及鼓勵縮短裝卸期限。 |
|---|---|
| 船舶承租人利益 | 避免租期過程中缺少長期貨源的風險，由於裝、卸港的船務代理由承租人指派，船東較無法接觸貨源的商業機密；在船舶裝載能力許可下，會盡量多裝貨以獲取更大利潤。 |

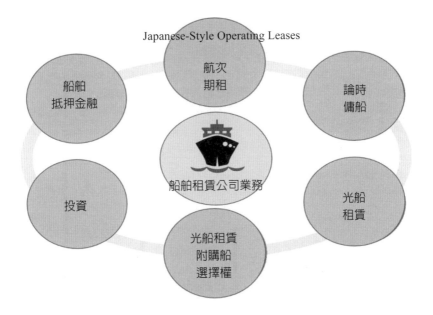

Japanese-Style Operating Leases

船舶抵押金融 / 航次期租 / 論時傭船 / 船舶租賃公司業務 / 光船租賃 / 投資 / 光船租賃附購船選擇權

【註7】　Ship Financing, Tokyo Century's Ship Financing
https://www.tokyocentury.co.jp/en/service/ship.html

近年來因世界貿易之全球化發展，帶動國際間貨物流之運輸量增加，其中約八成以上須由海上船舶載運，更使得全球海運事業之發展與景氣變化愈趨連動變化。

由於海運業具高資本投入及船舶營運回收期長等具風險特性，多數船東在新造船舶或購買二手船時，均須作完整且長期之投資營運評估，其中節稅、資金規劃與融資成本，更為財務規劃首要關鍵，大多透過專業銀行、租賃公司進行。

◆船舶租賃業務
提供企業客戶長期使用符合國際標準之船舶，減少鉅額購船資金投入，並節省管理及折舊成本。

◆船舶融資業務
1.可以現有船舶辦理融資
2.建造中或購買船舶融資
　(1) 購船融資(三方交易)
　(2) 造船融資(按造船進度付款)

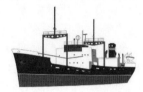

**Seaspan**是**Atlas Corp**全資設立的全世界最大獨立貨櫃船租賃公司，為美國紐約證券交易所的上市公司，在全球的香港、印度、加拿大設有辦公室，並向南韓三星、現代重工公司、中國大陸揚子江造船集團及臺灣國際造船公司訂造專業高標準的船舶，所擁有貨櫃船舶已提供COSCO, Yang Ming, Hapag-Lloyd, Maersk, MSC, CMA CGM, ZIM, and ONE等世界級航運公司租賃營運使用，該公司是以提供長期船舶及穩定的租賃價格契約為目標，使船舶的使用價值能獲取合理的租金收入。

資料來源：Seaspan Corporation
https://www.seaspancorp.com/

# Unit 10-4 租傭船方式

租傭船是透過船舶租賃市場（Chartering Market）進行，由不定期船舶供給與貨運運輸需求相結合，船舶所有人是船舶的供給方，承租人是船舶的需求方。

## 船舶租賃市場的作用

1. 提供船舶所有人及承租人交易媒介的機會，公開地尋找合適的租賃合作對象。
2. 透過船舶租賃市場調節世界各地區的船舶及貨物的供需不平衡情況，使貿易貨物量、流向能與船舶運能相協調。
3. 透過航運交易所、市場報告，爲船東及承租人提供大量的船舶租賃交易訊息。

## 船舶租賃市場的分類

1. 按船舶類型可分爲乾貨船和液體船市場，乾貨船可分爲乾散貨市場、雜貨船市場、貨櫃船市場、駛上駛下船市場、冷藏船市場及特種船市場。液體船市場分爲油品船市場、液化氣船市場及化學品船。
2. 按租期長短分爲短期即期市場和非即期市場，前者主要是論程傭船，後者主要是論時傭船、光船租賃、連續航次租船、包運租船等。

## 船舶租賃市場的特徵

1. 在即期市場上，不定期船市場是一完全自由競爭市場，任何一個個別船舶所有人和承租人都無法影響市場供需、運價水準；同一時間內，相似條件的租船運輸交易會以相同或相近價格成交。

2. 在非即期市場，市場完全競爭性薄弱，特別是長期運輸市場逐漸朝向買方（承租人或貨主）寡頭壟斷的市場結構。

## 租傭船經紀人（Chartering Broker）[註8]

租傭船契約通常根據民法、海商法及各類國際制式契約範本，以及雙方承諾或協議簽訂，其中大多由租傭船經紀人代為辦理並簽約，租傭船經紀人是在租傭船業務中代表船舶所有人或承租人進行協商的人。

租傭船經紀人掌握有關航運市場供需情況的訊息，了解租船市場的行情變動，並具有租船專業知識和經驗，他們可以比較合理的條件促成雙方的交易，同時可以代辦許多法律及商務商的手續，因此普遍在租船市場被運用。

租傭船經紀人是在租船交易中提供專業的服務，如代辦租傭船交易的談判和租傭船契約的簽訂，對於他們在租傭船交易的服務按交易量（租金或運費）的一定比例，以佣金（Commission）或經紀費（Brokerage）的型式，向船舶所有人收取一定的報酬。

## 租傭船程序[註9]

從發出市場詢價到簽訂租船契約的租傭船過程稱為租傭船程序（Chartering Procedure or Chartering Process），在租傭船市場上，由需求船舶承租人與提供船舶出租的船東透過租船經紀人互相聯繫，進行談判協議後成交並簽訂租傭船契約。

1. **詢價**：是指承租人以期望的條件，透過經紀人在船舶租賃市場上要求租傭船的行為，主要內容為需要承運的貨物種類數量、裝卸港口、各項費用負擔條件等。詢價也可以由船舶所有人透過經紀人在船舶租賃市場上為船舶找尋合適的承租人，內容包括船舶情況、船舶供出租位置及時間、出租方式。

2. **報價**：是船舶所有人從租傭船經紀人獲知承租人的詢價後，經過成本估算後，透過租傭船經紀人對承租人提出提供船舶情況和條件的行為。報價內容包括租傭船業務的主要條件，也是構成契約的基礎內容，其中有選定的租金水準、契約範本及對契約範本條款的修訂要求。

3. **還價及反還價**：還價是在有條件的情況下，承租人與船舶所有人之間對報價條件不斷提出修改，或提出自己的條件。還價可視作新的詢價開始，當船舶所有人接到承租人的還價，需在規定的時間對還價條件提出答覆或提

---

[註8]　Brokers Role in Chartering
　　　https://maritimeinfo.wordpress.com/2011/11/09/brokers-role-in-chartering/
[註9]　張良衛，《國際海上運輸》，北京大學出版社，北京，2017 年。

出新的報價。當雙方意見趨於一致時，船舶所有人要列舉契約必要條款，雙方加以明確同意，承租人須在一定期限內答覆是否接受，船舶所有人在有效期內不能撤回或修改報價，也不能同時向第三方提出報價。

4. **接受訂租**：當承租人接受船舶所有人之報價，並在有效期內對所列條件明確表示承諾，除雙方另有約定外，契約即告成立。最後一次的還價內容全部被接受，就是象徵租傭船業務成交，各種租賃條件對雙方都具有法律上的效力。

## 船舶租賃契約主要內容 [註10]

船舶租賃契約一般各類貨船有其制式契約範本，主要規定登載項目如下：

1. **船名及國際海事組織編號**（Name and IMO Number of the Ship）：契約指定的運送船名及國際海事組織編號，作爲裝卸貨物、保險、海事安全等之辨別。

2. **船舶租賃起訖時間**（Date of Commencement and end of Charter）：船舶位置涉及船舶交接時間，契約中約定船舶租賃時間計算方式。

3. **船舶租賃開始港口**（Port (or Range of Ports) where the Charter Begins）：船舶租賃期開始時指定交付船舶的港口或臨近港口

4. **船舶租賃結束港口**（Port (or Range of Ports) Where the Charter will End）：船舶租賃期結束時指定歸還船舶的港口或臨近港口。

---

### 海値（Seaworthiness）

海値（或稱適航性）是指船舶的安全航行能力，如船舶的構造、航行設備、船員素質等條件規範，以保障客貨的安全。是船舶必須具備的航海價值。

---

5. **貨物受載期限及可以裝卸位置**（Laycan Date when the Ship must be at a Particular Place and Ready to Load/Discharge）：貨物裝卸時間涉及船期延誤的風限，雙方約定計算方式及因故產生費用的負擔方式。

6. **運送貨物種類**（針對論程或論時傭船租約）（Cargo to be Carriedfor Voyage or Time Charters）：貨物的種類應與契約的種類或名稱一致。

---

[註10] Chartering Procedure
https://maritimesa.org/grade-11/2016/09/07/chartering-procedures/

7. **限制運送貨物或地區**（Exclusions Regarding Areas of Trade, Cargoes）：為因應船舶載運貨物條件及航行安全，契約中約定禁止載運貨物類別及航行地區。

8. **保險明細**（Insurance Details）：船舶及貨物保險，以及發生事故時的海洋環保及海事拖救、第三方責任賠償等。

9. **租金費率和付款條件**（Rates Applicable to the Charter and Payment Details）：租金計算費率、計費標準和計費幣別，以及運費支付方式及地點。

10. **船舶裝卸日期協議**（Lay Time Agreement）：受載期（Lay Time）是船舶預計做好裝貨準備的日期，在契約中指定船舶到達指定裝貨港的期限。

 **海商法的運送契約規定**

第 39 條
以船舶之全部或一部供運送為目的之運送契約，應以書面為之。
第 40 條
前條運送契約應載明下列事項：
1. 當事人姓名或名稱，及其住所、事務所或營業所。
2. 船名及對船舶之說明。
3. 貨物之種類及數量。
4. 契約期限或航程事項。
5. 運費。

**Ship**
**Chartering Party**

停租（Off Hire）

所謂的停租是指在租期內，因合約的原因而妨礙本船舶使用時，承租人可以在停止使用期間，中斷繼續支付租金的一種行為。或者是說承租人可以扣除停止使用船舶期間應付租金的行為。

如果因出租人的違約行為影響到承租人的使用船舶，承租人有權在索賠尚未成功前，把合理及善意估計的損失在應付的租金內扣除。但承租人不能使用船舶不是因為出租人的違約，如進乾船塢（Dry Docking），或由於出租人可以免責的事項，例如船舶發生碰撞，若沒有停租條款，承租人事後不僅不能索賠而且要照付租金。承租人為保障自己的利益，在論時租船契約內訂入停租條款。

常見的停租事項：

1. 船員不足，不足是實際工作人員不足，但不包括無意願或拒絕工作的情況。
2. 船體、機器或設備故障，但只有造成承租人實際使用時間損失時才停租。
3. 海損事故引起承租人的使用延誤，船體海損事故包括船舶故障、擱淺等。
4. 船舶入乾船塢，船舶要定期進行船底檢查、油漆等，以滿足船級證書要求而必須進行的事項，承租人可以停付租金。
5. 妨礙船舶處於充分有效工作狀態下的任何其他原因，任何其他原因只能類似契約中其他原因，而不能擴充至更廣泛範圍。

資料來源：Off Hire, Knowledge of Sea
https://knowledgeofsea.com/off-hire/

# 第11章
# 海運市場結構

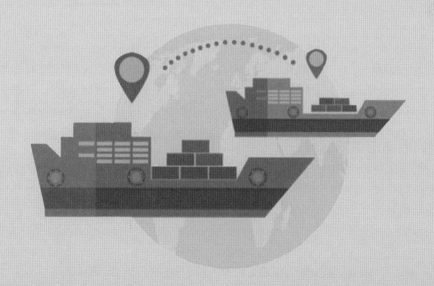

# Unit 11-1 海運市場結構

　　國際海運是伴隨國際貿易發展而衍生的運輸需求，全球各地區的生產原物料供應數量及消費產品需求程度各不相同，因地理環境的區隔，海運系統將各地區連接再一起互通有無的貨物交易，因此海運市場機制是現代經濟的促進因素之一。

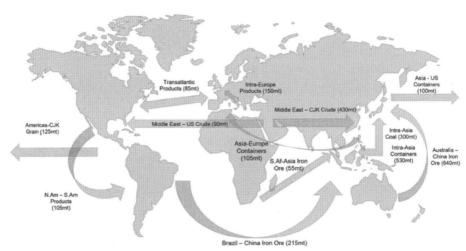

**圖 11.1　世界主要海運路線**

　　國際海運市場的功能主要可分為兩個方面：
1. 對於旅客運輸是將人們依其意願進行空間的移動，滿足其旅行的體驗。
2. 對於貨物運輸是將貨物進行交易地點的轉換，提高其消費及市場價值。
　　國際海運另一特性是具有公共服務性，特別是定期航運業所提供的客貨運服務，旅客及託運人只要付費即可使用全部或一部分艙位，運送人需公告運價及船期表提供公共運輸服務，因此政府會對市場運作及運價進行適當的管理。

## 現代海運市場的發展 [註1]

1. 不定期運輸市場：不定期船運輸開始於 1850 年，第一艘蒸汽船行駛跨大西洋航線運送煤炭，使用蒸汽機動力比風帆船能速度更快、航行時間可靠、運輸量大，船型及載重噸擴大後，煤炭、糖、棉花運送量更多，當燃料油

---

[註1] 楊新，《國際航運經濟學》，人民交通出版社股份有限公司，北京，2014 年。

取代煤炭爲船舶動力時，更大型船舶出現，運送煤炭、礦石、穀物使船東獲得更大收益，今日各式大小的散雜貨船租賃，已形成完整的交易機制和管理方式。

2. **定期運輸市場**：現代海運市場起源於歐洲，其特徵是雜貨船定期航運的產生，在 19 世紀中葉以前，船舶動力是採用風力，不論散貨或雜貨運輸都是不定期運送，船東自行刊登廣告招攬貨主。蒸汽機的出現使輪船不受天氣、風向影響，定期航行成爲可行，航運業的急速發展也造成運費削價競爭，爲防止惡性競爭，也產生定期船公司的公會組織（運費聯盟），限制航線的參與者及進行貨源分配、運費及佣金協議。

3. **貨櫃運輸市場**：海運的貨櫃運輸首創者是美國的海陸運輸公司（Sea-Land Service Inc.），該公司於 1965 年 4 月首先在美國沿海航線發展貨櫃運輸，並於 1966 年開闢大西洋國際航線。隨著國際貿易的不斷擴大，以及航海、裝卸技術的進一步發展，貨櫃運輸成爲最快及方便的運輸方式，是國際貨物海運的主要方式。

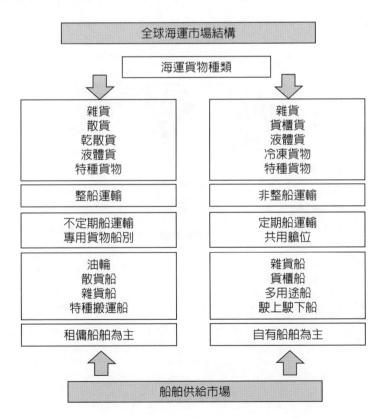

## 表 11.1　定期航運市場控制運價運作方式

| 定期船公會的主要活動 | 貨櫃船航運聯盟方式 |
|---|---|
| 1. 運費協定：規定共同運費率或規定最低運費率，各會員不得以任何形式收取低於該費率的運費，以防止各成員之間的價格競爭。<br>2. 運量分配：共同商定按一定百分比分配航線貨運量，超過一定限額者要補償一定收入給不足者。<br>3. 運費收入分配：各成員公司將部分運費收入置於公費公庫，年終按事先約定的百分比分配。<br>4. 噸位限制：預先商定各成員公司投入航線的船舶艘數及噸位。 | 1. 艙位租用：聯盟成員的一方向另一方以商定的時段租用一定數量之艙位來經營某一航線的貨櫃運輸，而不需實際投入船舶。<br>2. 艙位互租：聯盟成員共同經營某一航線，彼此用自己在該航線的一部分艙位，換租另一方在該航線上的部分艙位。<br>3. 共同派船：兩個或以上的聯盟成員，就同一條或幾條航線共同派船達成協議，規定各方投入船舶的數量、彎靠港口、班次及按投入船舶比例，確定各方在每條船上可使用的艙位數量等。各方共同負責航線的營運，但各自獨立進行業務招攬工作。<br>4. 接運：一個聯盟成員由於班期、成本因素考慮，不直接彎靠某些港口，但該聯盟其他成員的航線能將這些港口與該成員船舶直接彎靠港口相連接，就可以簽定接運協議（Connecting Carrier Agreement）來延伸服務。 |

# Global Liner Shipping

資料來源：2020 World Merchant Fleet
https://logisticselearning.com/2020-world-merchant-fleet/

## 2021 世界前十大造船公司

1) Hyundai Heavy Industries
2) China Shipbuilding Group China Shipbuilding Industry Corporation (CSIC) China State Shipbuilding Corporation (CSSC)
3) Samsung Heavy Industries
4) STX Offshore and Shipbuilding
5) DSME
6) Fincantieri
7) Sumitomo Heavy Industries
8) United Shipbuilding Corporation
9) Mitsubishi Heavy Industries Mitsubishi Shipbuilding Co., Ltd. Mitsubishi Heavy Industries Marine Structure Co., Ltd.
10) Chantiers de l'Atlantique (Formerly STX France)

資料來源：Top Shipbuilding Companies in the World
https://www.maritimemanual.com/shipbuilding-companies/

# Unit 11-2 海運經營策略

　　海運事業是一需要高度資本、航海及造船技術的行業，市場受自然條件、世界政治及經濟因素影響大，企業的經營策略及管理水準，對企業因應環境變化的生存發展有關鍵作用。

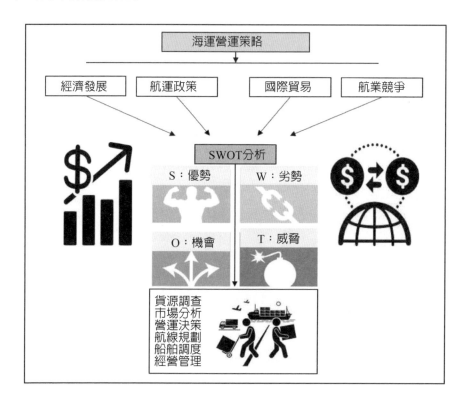

## 制定海運經營策略時要考慮幾個因素：

1. 國家經貿發展與海運政策，政府是否持續各項促進經貿發展的措施及政策。
2. 企業本身的經營管理，特別是業務拓展（新航線、國際物流）及財務管理等。
3. 海運的外部環境是複雜、多變的，新的區域貿易協定、政府的造船補貼及國貨國運、稅務改革（如對船舶收入改以噸位稅計算）、國際貿易成長等，都是營運上的機會。
4. 航運業的規模競爭及兼併、新的造船技術、燃料價格、環保規範、區域衝突等，都會造成船舶持有成本墊高、航路的改變等威脅。

## 航運聯盟

　　海運聯盟（Shipping Alliance）是指兩個或兩個以上的航運企業爲了達到一定的目的，透過一定的協議方式所建立的合作關係，參加的航商交換、組合某些資源以追求共同的最大利益，例如透過艙位互換互租、碼頭共用、航線聯營、共同派船等方式。

圖11.2　航運聯盟合作

## 聯盟的益處

1. **降低營運成本，提升經濟效益**：透過統一調配船舶及航線、艙位合作，大航商可以借助小航商進入偏遠航線，小航商經大航商進入遠洋航線，因爲共享碼頭及船艙可以提高攬貨能力並降低單位成本。
2. **共享開拓市場，擴大服務範圍**：聯盟成員在不增加運能情況下，進入自己未曾經營的航線，也使成員的資源共享，增加航班密度提高客戶的滿意度。
3. **避免過度競爭，降低經營風險**：依協議的計畫，各自投入船舶營運、降低競爭的可能性，因聯盟有協商機制可以避免單獨退出或投入額外運能、造成市場供需的大幅變動，有共同負擔經營風險的特徵。

## 多角化經營

　　海運業爲了使企業在獲利豐厚的時候能穩健的發展，並且能在市場環境不佳的時候能夠承受利潤下降的衝擊，許多國際性航業愈來愈重視從事多角化經營（Business Diversification）的策略。

　　多角化是企業發展多品種或多種經營的長期謀劃，多角化的目的在於降低企業成本、開發組織競爭力，創造新的成長機會、延伸核心競爭力、資源分享、管理競爭，避免潛在競爭者進入。另外，投資人對於成長的要求，常常也

是企業必須不停多角化的原因之一。企業從事多角經營，一般是以本業爲主而開展，逐步擴大服務的種類及範圍，對於要介入的某項經營活動，可以自行籌備、組織獨立的子公司、收購、入股控制現有的公司。

## 多角化方式

1. 集中多角化（Concentric Diversification）：企業以現有相關的業務，進入另一個新的目標市場。例如航運公司運送海運貨櫃，後跨足陸上拖車運輸市場。
2. 水平多角化（Horizontal Diversification）：又稱橫向多角化。企業以業務上不相關的新服務進入原市場，吸引舊有顧客，稱爲水平多角化。例如原本海上運輸的廠商，可以水平多角化提供貨物簡易加工、倉儲報關服務。
3. 垂直多角化（Vertical Diversification）：又稱縱向多角化。企業將服務觸角往作業流程的上游或下游推進。例如海運企業進行船機維修、銷售事業，就是在做垂直多角化。
4. 集合（複合）多角化（Conglomerate Diversification）：企業朝向與原服務、技術、市場完全無關的領域擴展，亦即服務種類，與現有服務產品及市場並無關係。此種多角化策略需要足夠資金與相關資源，往往只有實力雄厚的大企業能夠採用。例如海運業發展觀光旅館、航空業。

圖 11.3　多角化經營

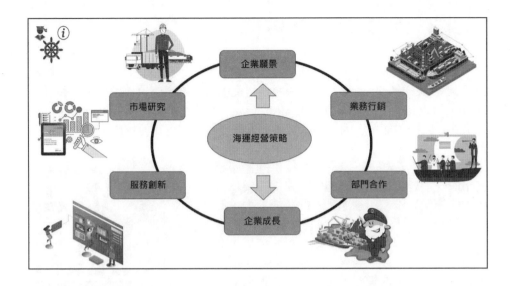

# Unit 11-3 **海運運價概述**

　　一般將海上運送人根據運送契約完成貨物運輸後，從託運人取得的報酬稱為運費（Freight），而為完成運輸服務所提供勞務服務的單位價格，稱為運價（Freight Rate）。就國際海運船舶的不同，國際海運貨物運價可分為定期船運價和不定期船運價，因應國際貨櫃運輸的出現，也有制定國際海運的貨櫃運價。

　　船舶運輸成本是航運企業為提供運輸服務所支出的一切費用的總和，運價制定的主要依據是船舶的運輸成本和所承運貨物的負擔能力，此外還須考慮市場競爭因素。當貨物運輸需求增加時，各貨主會爭逐現有運能以致提高運價；在經濟不景氣時，海運市場會出現運能過剩，這時各船舶所有人為爭取貨載，也會使貨物運價下跌，甚至低於運輸成本。

　　運輸成本包括船舶的折舊費、維修費、保險費、造船貸款利息、船員薪水、燃料費及各項管理費用，以及不因運量多寡而發生的固定成本，另外因彎靠港口、作業貨物數量等之運量變化所產生的變動成本。

| 固定成本 | 變動成本 |
| --- | --- |
| 固定成本（Fixed Costs）是在一定時間內，其發生總額不隨運量增減變動影響而相對固定的費用。只要航運企業一成立，即使運量為零，固定成本一定會發生。 | 變動成本（Variable Cost）是指產生總額隨運量、彎靠港口、組織方式等因素變動而變動的費用。 |

　　另貨物條件為訂定運價重要因素之一，運送人對於因貨物條件不同而履行不同運送責任，自應收取不同運價。

1. 貨物性質：因貨物的性質不同，服務上需提供不同的保管及作業設備。
2. 貨物數量：穩定而大量的貨物可以降低運輸單位成本。
3. 貨運時機：貨運的淡旺季節需有不同的定價差異以確保掌握貨源。
4. 易短損貨物：凡易發生短損或盜竊者，要特別照護並需準備賠償金額者。
5. 貨物價值：依貨物的負擔能力高低，定價上盡可能獲取最大收益。
6. 包裝情況：重量輕、包裝完整，可節省貨艙位置者，宜降低運價。
7. 重量與體積關係：盡量求貨倉之容積噸與重量噸能使船舶滿載，收取最大運費。

8. 特殊貨物：凡過重、過大貨物浪費艙位空間，需使用特殊碼頭或機具才能裝卸，自應考慮提高運價。

　　不定期船市場是一個完全競爭的自由市場，不論是船公司的相互競爭貨源或貨主之間為獲得運能而出高價，都是可以自由競爭，運價是在雙方的協議基礎上，自由競爭的價格決定，運輸與需求的變化使運價非常敏感。

　　而定期船運輸有固定的航線、到離港口及開航行時間等特性，在國際航運上大多組成公會和聯盟等壟斷性組織。由於公會和聯盟明顯抑制航運市場的競爭，所以大部分的定期船公司在自己經營航線上，對大部分運輸商品會制訂以費率表（Tariff）形式的壟斷性價格，也就是不根據運輸契約而是依據船公司或公會所制定的運價。

　　運費的支付方式依支付的時間來劃分，科分為預付運費（Prepaid Freight）和到付運費（Freight to Collect）。預付運費是在簽發提單前即須支付全部運費，到付運費是等待貨物運到目的港時交付貨物前付清運費。

　　計費的幣別是指費率表中用以表示費率的貨幣種類，計費的幣別以使用貨物裝船地的貨幣最方便，但國際航運公司都以國際通用、在國際外匯市場可以自由買賣的外國貨幣作為計費的幣別。在以外國貨幣為計價下，費率的變動直接影響船公司的收入，所以在提單或租船契約中，不單要記明運費支付時間（預付或到付）和支付地點，而且還要規定哪一天的費率來計算運費。通常在運費預付是依提單當日的匯率計算，在運費到付的情況下則按船舶到達卸貨港時當天的匯率計算。

民法及海商法的運費規定

**民法**

第 642 條

運送人未將運送物之達到通知受貨人前,或受貨人於運送物達到後,尚未請求交付運送物前,託運人對於運送人,如已填發提單者,其持有人對於運送人,得請求中止運送,返還運送物,或為其他之處置。

前項情形,運送人得按照比例,就其已為運送之部分,請求運費,及償還因中止、返還或為其他處置所支出之費用,並得請求相當之損害賠償。

第 643 條

運送物於運送中,因不可抗力而喪失者,運送人不得請求運費,其因運送而已受領之數額,應返還之。

**海商法**

第 43 條

以船舶之全部供運送時,託運人於發航前得解除契約。但應支付運費三分之一,其已裝載貨物之全部或一部者,並應負擔因裝卸所增加之費用。

前項如為往返航程之約定者,託運人於返程發航前要求終止契約時,應支付運費三分之二。

前二項之規定,對於當事人之間,關於延滯費之約定不受影響。

第 48 條

以船舶之全部或一部供運送者,託運人所裝載貨物,不及約定之數量時,仍應負擔全部之運費。但應扣除船舶因此所減省費用之全部,及因另裝貨物所取得運費四分之三。

第 49 條

託運人因解除契約,應付全部運費時,得扣除運送人因此減省費用之全部,及另裝貨物所得運費四分之三。

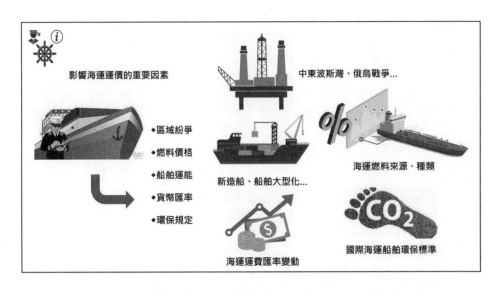

# Unit 11-4 海運運價計算

定期航運的雜貨船運價是根據航線和貨種分別制定，貨物分成若干等級，每種貨物都可歸屬於某一種等級，每票貨物可依此不同等級訂出其基本運價，稱為基本費率，它是計算運費的基礎。船公司在基本運費之外，向貨主收取各種有關的附加費（Surcharge），例如燃油附加費、港口附加費、超長超重附加費、運河附加費等，是為了抵銷運輸因特殊原因而增加的額外開支、損失後，才得到該票貨物的最終運費。

海上貨櫃運輸一般採用公會組織形式，但貨櫃運輸擴大運送人的業務範圍，船公司的貨物管理風險責任從船舷延伸至陸地，打破傳統海上定期船公司的貨物承擔責任界線（即鉤對鉤），運送人提供服務及所需費用增加，即海運運價加上陸上貨櫃運送有關的費用，如櫃場作業、集散站集貨的各項服務費用。

## 鉤對鉤原則（Hook to Hook）

我國海商法第 63 條對貨物之照管義務強制責任期間，係指「自裝船至卸載」及延長至裝載前及卸載後在陸上對所受僱或其代理之契約履行輔助人有行使或實際能行使指揮及監督之權力為限期間。早期以「吊鉤」作為裝卸業之主要工具，故法律上以「自裝載至卸載」強制責任期間，亦稱為「鉤對鉤原則」。

資料來源：天秤座法律網
https://justlaw.com.tw/News01.php?id=4102

## 計費標準（Freight Basis）

計費標準是指計算運費時使用的計費單位，一般都用容積或重量作為最基本的計費單位，採取相對值較大的為計算單位。基本費率有多種型式，例如普通貨物運價、等級運價、協議運價、貨櫃運價。根據貨物特性分類的特別運價有冷藏運價、危險品運價、甲板貨運價、軍公物資運價等。另對於某些貴重物品，則按其貨價的一定百分比計算運費，對一些特殊物品會按其實體的個數或件數計算運費。

## 附加費（Surcharge or Additional）

除了基本運費外，爲了在特定狀況下維持一定的收益水準，應付各種不特定因素所引起的額外成本支出，運送人就透過收取附加費合理分擔有關費用。主要附加費種類有[註2]：

1. **燃油附加費**（Bunker Surcharge or Bunker Adjustment Factor, B.A.F.）：在燃油價格突然上漲時加收。這是燃油價格上漲，使船舶的燃油費用支出超過原先的運輸成本預估，運送人在不調整原定運價下，所增收的費用。

2. **貨幣貶值附加費**（Devaluation Surcharge or Currency Adjustment Factor, C.A.F.）：因爲國際金融變動匯率，在貨幣貶值時，船方爲使實際運費收入不致減少，按基本運價的一定百分比加收的附加費以補償運費的外幣匯兌損失。

3. **轉船附加費**（Transshipment Surcharge）：凡運往非基本港的貨物，需轉船運往目的港，船方收取的附加費，其中包括轉船費用和二段運費（接運船舶）。

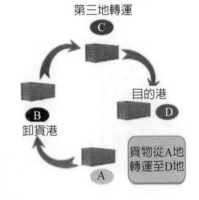

第三地轉運
C
目的港
D
B
卸貨港
A
貨物從A地轉運至D地

4. **直航附加費**（Direct Additional）：當運往非基本港的貨物達到一定的貨量，船公司可安排直航該港而不轉船時所加收的附加費。

5. **超重附加費**（Heavy Lift Additional）、**超長附加費**（Long Length Additional）和**超大附加費**（Surcharge of Bulky Cargo）：當一件貨物的毛重或長度或體積超過或達到運價表規定的數值時，加收的附加費。

6. **港口附加費**（Port Additional or Port Surcharge）：有些港口由於設備條件差或裝卸效率低，以及其他原因，船公司加收的附加費。

7. **港口擁擠附加費**（Port Congestion Surcharge）：有些港口由於擁擠，船舶停泊時間增加而加收的附加費。

8. **選港附加費**（Optional Surcharge）：貨方託運時尚不能確定具體卸貨港，要求在預先提出的兩個或兩個以上港口中選擇一港卸貨，容易造成艙位的浪費，船方加收的附加費。

9. **變更卸貨港附加費**（Alternation of Destination Charge）：貨主要求改變貨物原來規定的卸貨港，在經海關准許，船方又同意情況下所加收的附加費。

---

[註2]　張良衛，《國際海上運輸》，北京大學出版社，北京，2017年。

10. **繞航附加費**（Deviation Surcharge）：由於戰爭、運河關閉或正常航道受阻不能通行，船舶必須繞道才能將貨物運至目的港時，船方所加收的附加費。

11. **洗艙附加費**（Cleaning Charge）：船舶裝載污染性貨物或貨物外包裝破裂致內容物洩漏，為下一次裝運無污染性貨物，必須進行清洗動作。

12. **旺季附加費**（Peak Season Surcharge, PSS）：在貨櫃運輸中，在運輸旺季為因應供需關係而加收的費用。

13. **蘇伊士運河附加費**（Suez Canal Surcharge, SCS）：亞洲、大洋洲、東非等地區到歐洲的航線基本都要經過蘇伊士運河，船舶通過蘇伊士運河時，船公司需要向運河當局支付一定的通航費用，這個成本由船東通過蘇伊士運河附加費的形式向客戶收取。

14. **巴拿馬運河附加費**（Panama Canal Transit Fee, PTF）：和蘇伊士運河附加費同理，遠東地區和美國西岸到美國東岸的航線一般都要經過巴拿馬運河，船舶通過巴拿馬運河時，船公司需要向運河當局支付一定的通航費用，這個成本由船東通過巴拿馬運河附加費的形式向客戶收取。

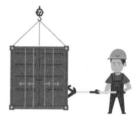

### 定期航運運價結構[註3]

運價的制定和更動應取決於運輸服務的供給（Supply）和（Demand）關係，對於貨主所能接受的運價，是以貨物價值所能負擔能力為限，而對運送人所期望的運價是至少能補足為完成運輸所產生的費用（即運輸成本）。因此理論上運價是以貨物負擔能力為上限、運輸成本為下限，再考慮市場競爭因素而確定。但有時市場運能供給過剩，運送人為攬貨競爭會將運價降至成本邊緣或以下。

船舶的營運成本是制定運價的重要依據，不同的貨物其性質、價值不同、包裝型式、積載因數（Stowage Factor）和對運輸要求也不一樣，因此不同的貨物其運輸成本也不一樣。為了簡化運價表及便於運費的計算，大多數船公司沒

---

[註3] Liner Freight Rate Structure, Logistics India
https://logisticallyyours.wordpress.com/2013/04/25/liner-freight-rate-structure/

有將每一種貨物按運輸成本，逐一制定運價，而是將各種貨物劃分為若干貨物等級的運價，按貨物的等級分別擬定在不同航線上各級貨物的運價，稱為貨物運價分級表或商品分級表（Scale of Commodity Classification）。

不同航線的運輸距離不同，有關航線上港口的裝卸效率、收費標準對船舶的營運成本也有很大影響，也因裝卸不同的貨物，在港口支付的費用也不相同，使駛船舶的營運成本存在差異，其運價當然會有差異。

$$運價＝基本運費＋附加費$$

| 考慮固定成本因素 | 運價制定考慮因素 |
|---|---|
| ◆貨物的計量單位（重量噸或容積噸） | ◆固定成本與變動成本 |
| ◆貨物的價值 | ◆貨物量 |
| ◆貨物的種類 | ◆貨物性質 |
| ◆運送距離 | ◆市場競爭 |
| ◆起運港和目的港的作業效率 | ◆規模競爭 |
| ◆貨櫃維護成本 | ◆營運成本 |
| ◆港口作業費用（引水、拖船、運河費等） | ▲船員薪資和其他費用 |
| ◆港口裝卸費用 | ▲加油及船上用品、補給 |
| ◆其他稅捐費用 | ▲船舶維護修理費用 |
| ◆代港口理費用 | ▲港口各項作業費用 |
| ◆機具重置成本 | ▲船舶保險及共同海損 |
| ◆船舶加油成本 | ▲貨櫃供給及修理費用 |
| ◆貨物運輸至港口成本 | ▲折舊成本 |
| ◆租船市場供需情況 | ▲其他必要之費用 |
| ◆船舶航速及轉運情況 | ◆各項附加費 |
| ◆臨近相同條件港口 | |
| ◆附加服務 | |

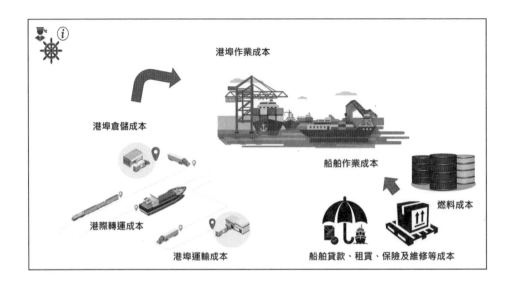

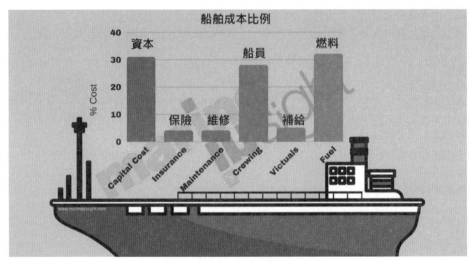

資料來源：A Guide to Marine Gas Oil and LSFO Used on Ships
https://www.marineinsight.com/guidelines/a-guide-to-marine-gas-oil-and-lsfo-used-on-ships/

# 第12章
# 海商法

# Unit 12-1 海商法介紹

我國的海商法（Maritime Act）是中華民國 18 年 12 月 30 日國民政府制定公布全文 174 條；並自中華民國 20 年 1 月 1 日施行；並經多次修正全部及部分條文，近期的條文修正為中華民國 98 年 7 月 8 日修正公布第 16、153 條條文；並自 98 年 11 月 23 日施行。現有條文內容分 8 章（通則、船舶、運送、船舶碰撞、海難救助、共同海損、海上保險、附則）共有 153 條。

**海商法第 16 條（民國 98 年 6 月 12 日修正）**

條文：共有關係，不因共有人中一人之死亡、破產或受監護宣告而終止。
理由：配合 97 年 5 月 23 日修正公布之民法總則編（禁治產部分）、親屬編（監護部分）及其施行法部分條文，已將「禁治產宣告」修正為「監護宣告」，爰配合將原條文之「禁治產」修正為「受監護宣告」。

海商法是規範海上運送和船舶關係的法律，民法則是規範所有民事關係的法律，海商法針對海事運送相關內容作規範對象，所以就海上運送而言，民法是海商法的法源。海商法規範的對象為海商，顧名思義為海上商業交易行為。實質的海商法則包含了所有規範海上貿易關係和海商船舶的法律（例如船舶法）、習慣法（商業習慣）、判例及法律解釋等，均屬於特別私法。另由於涉及國際貿易，海商法具有很強的國際性，各國海商法的立法多大量參照相關的國際條約和國際慣例，例如 1924 年《海牙規則》、1968 年《海牙威士比規則》及 1978 年《漢堡規則》等。

圖 12.1　海商法規範海上商業交易行為衍生的責任、賠償及爭議處理

**第 1 條**

本法稱船舶（Ship）者，謂在海上航行，或在與海相通之水面或水中航行之船舶。

圖 12.2　海商法之船舶——在海上航行、或在與海相通水面或水中航行

---

船舶法第 3 條

一、**船舶**：指裝載人員或貨物在水面或水中且可移動之水上載具，包含客船、貨船、漁船、特種用途船、遊艇及小船。

二、**客船**：指非小船且乘客定額超過十二人，主要以運送乘客為目的之船舶。

三、**貨船**：指非客船或小船，以載運貨物為目的之船舶。

四、**特種用途船**：指從事特定任務之船舶。

五、**遊艇**：指專供娛樂，不以從事客、貨運送或漁業為目的，以機械為主動力或輔助動力之船舶。

六、**自用遊艇**：指專供船舶所有人自用或無償借予他人從事娛樂活動之遊艇。

七、**非自用遊艇**：指整船出租或以其他有償方式提供可得特定之人，從事娛樂活動之遊艇。

八、**小船**：指總噸位未滿五十之非動力船舶，或總噸位未滿二十之動力船舶。

九、**載客小船**：指主要以運送乘客為目的之小船。

---

**第 2 條**

本法稱船長（Shipmaster）者，謂受船舶所有人僱用主管船舶一切事務之人員；稱海員（Seafarer）者，謂受船舶所有人僱用由船長指揮服務於船舶上所有人員。

**船員法第 2 條**

**雇用人**：指船舶所有權人及其他有權僱用船員之人。
**船員**：指船長及海員。
**船長**：指受雇用人僱用，主管船舶一切事務之人員。
**海員**：指受雇用人僱用，由船長指揮服務於船舶上之人員。

### 第 3 條

下列船舶除因碰撞（Collision）外，不適用本法之規定：

1. 船舶法所稱之小船。
2. 軍事建制之艦艇。
3. 專用於公務之船舶。
4. 第一條規定以外之其他船舶。

**1972 年國際海上避碰規則（International Regulations for Preventing Collisions at Sea, 1972）**

是由國際海事組織公佈對於海上航行之國際規則，提供當值航行員於海上避碰之指示，以及碰撞發生後之責任歸屬劃分。其內容共分為 5 章 38 條，包括總則、操舵與航行規則、號燈與號標、音響航行燈、號燈與號標、音響信號與燈光信號，以及豁免條款等。

海商法第94條規定：船舶之碰撞，不論發生於何地，皆依本章之規定處理之。

**第 4 條**

船舶保全程序之強制執行，於船舶發航準備完成時起，以迄航行至次一停泊港時止，不得為之。但為使航行可能所生之債務，或因船舶碰撞所生之損害，不在此限。

國境內航行船舶之保全程序，得以揭示方法為之。

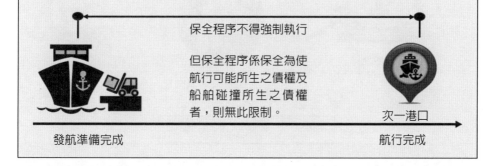

**強制執行法第 114 條**

海商法所定之船舶，其強制執行，除本法另有規定外，準用關於不動產執行之規定；建造中之船舶亦同。

對於船舶之強制執行，自運送人或船長發航準備完成時起，以迄航行完成時止，仍得為之。

前項強制執行，除海商法第四條第一項但書之規定或船舶碰撞之損害賠償外，於保全程序之執行名義，不適用之。

保全程序不得強制執行

但保全程序係保全為使航行可能所生之債權及船舶碰撞所生之債權者，則無此限制。

次一港口

發航準備完成　　　　　　　　　　　　　　　　　　　　航行完成

《辦理強制執行事件應行注意事項》第 61 條第 3 項：

就船舶為保全程序之執行僅得於運送人或船長發航準備完成前或於航行完成後，始得為之。但保全程序係保全為使航行可能所生之債權及船舶碰撞所生之債權者，則無此限制。所謂發航準備完成者，指法律上及事實上得開行之狀態而言，例如船長已取得當地航政主管機關核准發航與海關准結關放行及必需品之補給已完成，並已配置相當海員、設備及船舶之供應等屬之；所謂航行完成，指船到達下次預定停泊之商港而言；所謂為使航行可能所生之債權，例如為備航而向之購置燃料、糧食及修繕等所生債權是。

**第 5 條**

海商事件，依本法之規定，本法無規定者，適用其他法律之規定。

**海商法第 5 條全文修正（民國 88 年 6 月 22 日）**

海商法為民法等有關法律之特別法，有關海商事件自優先適用本法。又「其他法律」已涵括「民法」，爰修正之。

國際公約

海事特別法（船舶法、船舶登記法等）

其他法律
（含民法）

國際海商慣例

判例、法理

海商法其他適用法律規定來源

海商法

第 5 條 海商事件，依本法之規定，本法無規定者，適用其他法律之規定。

第 6 條 船舶除本法有特別規定外，適用民法關於動產之規定。

第 60 條 民法第六百二十七條至第六百三十條關於提單之規定，於載貨證券準用之。

以船舶之全部或一部供運送為目的之運送契約另行簽發載貨證券者，運送人與託運人以外載貨證券持有人間之關係，依載貨證券之記載。

強制執行法

第 114 條 海商法所定之船舶，其強制執行，除本法另有規定外，準用關於不動產執行之規定；建造中之船舶亦同。

對於船舶之強制執行，自運送人或船長發航準備完成時起，以迄航行完成時止，仍得為之。

前項強制執行，除海商法第四條第一項但書之規定或船舶碰撞之損害賠償外，於保全程序之執行名義，不適用之。

保險法

第 84 條 關於海上保險，適用海商法海上保險章之規定。

教育部線上國語辭典

海商：海上貿易的商人、海上的商業行為。

---

海商法

第 1 條 本法稱船舶者，謂在海上航行，或在與海相通之水面或水中航行之船舶。

第 2 條 本法稱船長者，謂受船舶所有人僱用主管船舶一切事務之人員；稱海員者，謂受船舶所有人僱用由船長指揮服務於船舶上所有人員。

第 3 條 下列船舶除因碰撞外，不適用本法之規定：
一、船舶法所稱之小船。
二、軍事建制之艦艇。
三、專用於公務之船舶。
四、第一條規定以外之其他船舶。

船員法

第 5 條 船員應年滿十六歲。
船長應為中華民國國民。

第 58 條 船舶之指揮，由船長負責；船長為執行職務，有命令與管理在船海員及在船上其他人員之權。

船長為維護船舶安全，保障他人生命或身體，對於船上可能發生之危害，得為必要處置。

# Unit 12-2 船舶特性

## 一、船舶所有權（Ownership Of The Ship）

**第 6 條**
船舶除本法有特別規定外，適用民法關於動產之規定。

**民法第 66 及 67 條**

第 66 條
稱不動產者，謂土地及其定著物。
不動產之出產物，尚未分離者，為該不動產之部分。
第 67 條
稱動產者，為前條所稱不動產以外之物。

**第 7 條**
除給養品外，凡於航行上或營業上必需之一切設備及屬具，皆視為船舶之一部。

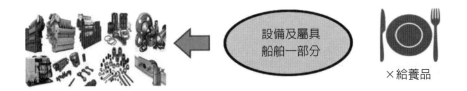

設備及屬具
船舶一部分

×給養品

**第 8 條**
船舶所有權或應有部分之讓與，非作成書面並依下列之規定，不生效力：
1. 在中華民國，應申請讓與地或船舶所在地航政主管機關蓋印證明。
2. 在外國，應申請中華民國駐外使領館、代表處或其他外交部授權機構蓋印證明。

船舶讓與→書面＋蓋印證明
國內：所在地航政主管機關
國外：外交部使館或授權機構

#### 第 9 條

船舶所有權之移轉，非經登記，不得對抗第三人。

船舶登記法第 3 條

船舶關於左列權利之保存、設定、移轉、變更、限制、處分或消滅，均應登記：
1. 所有權。
2. 抵押權。
3. 租賃權。

#### 第 10 條

船舶建造中，承攬人破產而破產管理人不為完成建造者，船舶定造人，得將船舶及業經交付或預定之材料，照估價扣除已付定金給償收取之，並得自行出資在原處完成建造。但使用船廠應給與報償。

承攬人之破產管理人不為完成建造，訂造人有權繼續建造。

#### 第 11 條

共有船舶之處分及其他與共有人共同利益有關之事項，應以共有人過半數並其應有部分之價值合計過半數之同意為之。

#### 第 12 條

船舶共有人有出賣其應有部分時，其他共有人，得以同一價格儘先承買。
因船舶共有權一部分之出賣，致該船舶喪失中華民國國籍時，應得共有人全體之同意。

#### 第 13 條

船舶共有人，以其應有部分供抵押時，應得其他共有人過半數之同意。

共有船舶

◆處分及其他與共有人共同利益有關之事項,應以共有人過半數並其應
有部分之價值合計過半數之同意為之。
◆出賣其應有部分時,其他共有人,得以同一價格儘先承買。
◆共有權一部分之出賣,致該船舶喪失中華民國國籍時,應得共有人全
體之同意。
◆以其應有部分供抵押時,應得其他共有人過半數之同意。

**第 14 條**
船舶共有人,對於利用船舶所生之債務,就其應有部分,負比例分擔之責。
共有人對於發生債務之管理行為,曾經拒絕同意者,關於此項債務,得委棄其
應有部分於他共有人而免其責任。

**第 15 條**
船舶共有人為船長而被辭退或解任時,得退出共有關係,並請求返還其應有部
分之資金。
前項資金數額,依當事人之協議定之,協議不成時,由法院裁判之。
第一項所規定退出共有關係之權,自被辭退之日起算,經一個月不行使而消
滅。

**第 16 條**
共有關係,不因共有人中一人之死亡、破產或受監護宣告而終止。

**第 17 條**
船舶共有人,應選任共有船舶經理人,經營其業務,共有船舶經理人之選任,
應以共有人過半數,並其應有部分之價值合計過半數之同意為之。

**第 18 條**
共有船舶經理人關於船舶之營運,在訴訟上或訴訟外代表共有人。

**第 19 條**
共有船舶經理人,非經共有人依第十一條規定之書面委任,不得出賣或抵押其
船舶。
船舶共有人,對於共有船舶經理人權限所加之限制,不得對抗善意第三人。

**第 20 條**

共有船舶經理人，於每次航行完成後，應將其經過情形，報告於共有人，共有人亦得隨時檢查其營業情形，並查閱帳簿。

**第 21 條**

船舶所有人對下列事項所負之責任，以本次航行之船舶價值、運費及其他附屬費爲限：

1. 在船上、操作船舶或救助工作直接所致人身傷亡或財物毀損滅失之損害賠償。
2. 船舶操作或救助工作所致權益侵害之損害賠償。但不包括因契約關係所生之損害賠償。
3. 沈船或落海之打撈移除所生之債務。但不包括依契約之報酬或給付。
4. 爲避免或減輕前二款責任所負之債務。

前項所稱船舶所有人，包括船舶所有權人、船舶承租人、經理人及營運人。

第一項所稱本次航行，指船舶自一港至次一港之航程；所稱運費，不包括依法或依約不能收取之運費及票價；所稱附屬費，指船舶因受損害應得之賠償。但不包括保險金。

第一項責任限制數額如低於下列標準者，船舶所有人應補足之：

1. 對財物損害之賠償，以船舶登記總噸，每一總噸爲國際貨幣基金，特別提款權五四計算單位，計算其數額。
2. 對人身傷亡之賠償，以船舶登記總噸，每一總噸特別提款權一六二計算單位計算其數額。
3. 前二款同時發生者，以船舶登記總噸，每一總噸特別提款權一六二計算單位計算其數額。但人身傷亡應優先以船舶登記總噸，每一總噸特別提款權一○八計算單位計算之數額內賠償，如此數額不足以全部清償時，其不足額再與財物之毀損滅失，共同在現存之責任限制數額內比例分配之。
4. 船舶登記總噸不足三百噸者，以三百噸計算。

特別提款權（Special Drawing Rights, SDRs）是國際貨幣基金組織（IMF）創設的一種儲備資產和記帳單位，IMF 於 1969 年進行第一次國際貨幣基金協定修訂時，創立用於進行國際支付的特殊手段。

**第 22 條**

前條責任限制之規定，於下列情形不適用之：

1. 本於船舶所有人本人之故意或過失所生之債務。
2. 本於船長、海員及其他服務船舶之人員之僱用契約所生之債務。

3. 救助報酬及共同海損分擔額。
4. 船舶運送毒性化學物質或油污所生損害之賠償。
5. 船舶運送核子物質或廢料發生核子事故所生損害之賠償。
6. 核能動力船舶所生核子損害之賠償。

**第 23 條**

船舶所有人，如依第二十一條之規定限制其責任者，對於本次航行之船舶價值應證明之。

船舶價值之估計，以下列時期之船舶狀態爲準：

1. 因碰撞或其他事變所生共同海損之債權，及事變後以迄於第一到達港時所生之一切債權，其估價依船舶於到達第一港時之狀態。
2. 關於船舶在停泊港內發生事變所生之債權，其估價依船舶在停泊港內事變發生後之狀態。
3. 關於貨載之債權或本於載貨證券而生之債權，除前二款情形外，其估價依船舶於到達貨物之目的港時，或航行中斷地之狀態，如貨載應送達於數個不同之港埠，而損害係因同一原因而生者，其估價依船舶於到達該數港中之第一港時之狀態。
4. 關於第 21 條所規定之其他債權，其估價依船舶航行完成時之狀態。

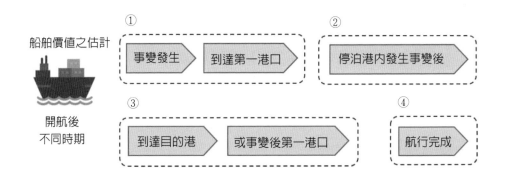

**二、海事優先權（Maritime Liens）**

**第 24 條**

下列各款爲海事優先權擔保之債權，有優先受償之權：

1. 船長、海員及其他在船上服務之人員，本於僱傭契約所生之債權。
2. 因船舶操作直接所致人身傷亡，對船舶所有人之賠償請求。
3. 救助之報酬、清除沉船費用及船舶共同海損分擔額之賠償請求。
4. 因船舶操作直接所致陸上或水上財物毀損滅失，對船舶所有人基於侵權行

　　為之賠償請求。
5. 港埠費、運河費、其他水道費及引水費。
前項海事優先權之位次，在船舶抵押權之前。

### 何謂海事優先權？

海商法為了鼓勵航海事業發展，而有船舶所有人限制責任產生，如此一來則對債權人產生不利益，因此為了調和船舶所有人及債權人兩者間之衡平，立法者乃創設海事優先權，緩和債權人因限制責任而生之不利益。所謂海事優先權，即基於特定債權，就特定之標的物，而有優先於其他債權受償之權利。其性質為一法定擔保物權，不須占有船舶亦無須登記，只要具法定列舉事項之一之債權，即可主張海事優先權。

資料來源：玉鼎法律事務所
https://www.we-defend.com.tw/qa/view?category_id=6_88&qa_id=37

## 第 25 條
建造或修繕船舶所生債權，其債權人留置船舶之留置權位次，在海事優先權之後，船舶抵押權之前。

### 何謂留置權？

民法第 928 條第 1 項：稱留置權者，謂債權人占有他人之動產，而其債權之發生與該動產有牽連關係，於債權已屆清償期未受清償時，得留置該動產之權。

**第 26 條**

本法第二十二條第四款至第六款之賠償請求，不適用本法有關海事優先權之規定。

不適用海事優先權規定：

* 船舶運送毒性化學物質
* 船舶油污損害
* 核能船舶的核子事故或損害

※ 因上述損害賠償金額非常大，若不先排除於海事優先權之外，則其他海事優先權擔保之債權將無法獲得賠償。

**第 27 條**

依第二十四條之規定，得優先受償之標的如下：

1. 船舶、船舶設備及屬具或其殘餘物。
2. 在發生優先債權之航行期內之運費。
3. 船舶所有人因本次航行中船舶所受損害，或運費損失應得之賠償。
4. 船舶所有人因共同海損應得之賠償。
5. 船舶所有人在航行完成前，為施行救助所應得之報酬。

**第 28 條**

第二十四條第一項第一款之債權，得就同一僱傭契約期內所得之全部運費，優先受償，不受前條第二款之限制。

**第 29 條**

屬於同次航行之海事優先權，其位次依第二十四條各款之規定。

一款中有數債權者，不分先後，比例受償。

第二十四條第一項第三款所列債權，如有二個以上屬於同一種類，其發生在後者優先受償。救助報酬之發生應以施救行為完成時為準。

共同海損之分擔，應以共同海損行為發生之時為準。

因同一事變所發生第二十四條第一項各款之債權，視為同時發生之債權。

**第 30 條**

不屬於同次航行之海事優先權，其後次航行之海事優先權，先於前次航行之海事優先權。

**第 31 條**

海事優先權，不因船舶所有權之移轉而受影響。

**第 32 條**

第二十四條第一項海事優先權自其債權發生之日起，經一年而消滅。但第

二十四條第一項第一款之賠償，自離職之日起算。

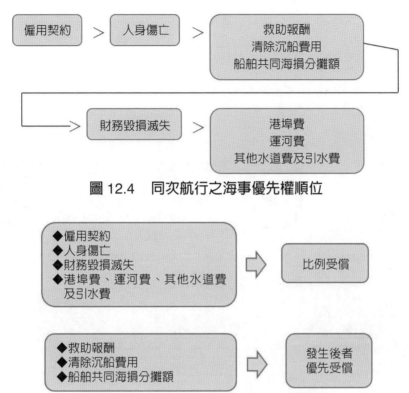

圖 12.4 同次航行之海事優先權順位

圖 12.5 同次航行之海事優先權債權

## 三、船舶抵押權（Ship Mortgages）

### 第 33 條
船舶抵押權之設定，應以書面為之。

### 第 34 條
船舶抵押權，得就建造中之船舶設定之。

辦理強制執行事件應行注意事項第 61 點

（一）本法第一百十四條第一項所稱建造中之船舶，係指自安放龍骨或相當於安放龍骨之時起，至其成為海商法所定之船舶時為止之船舶而言。

### 第35條
船舶抵押權之設定，除法律別有規定外，僅船舶所有人或受其特別委任之人
始得為之。

### 第36條
船舶抵押權之設定，非經登記，不得對抗第三人。

### 第37條
船舶共有人中一人或數人，就其應有部分所設定之抵押權，不因分割或出賣
而受影響。

船舶抵押權：
- 書面為之
- 建造中的船舶得設定
- 登記僅有抵抗效力
- 具有不可分性及追及性

船舶抵押權設定人：
- 船舶所有人
- 受船舶所有人特別委任之人
- 其他法律規定之人（船舶經理人、
  禁治產之監護人）

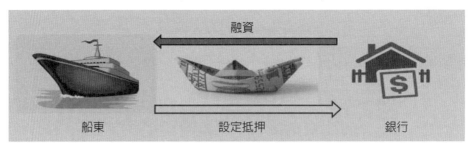

融資

船東　　　　　設定抵押　　　　　銀行

海商法
第 25條
建造或修繕船舶所生債權，其債權人留置船舶之留置權位次，在海事優先權之後，船舶抵押權之前。

海事優先權 > 留置權 > 船舶抵押權

第 31 條
海事優先權，不因船舶所有權之移轉而受影響。

民法
第 662 條
承攬運送人為保全其報酬及墊款得受清償之必要，按其比例，對於運送物有留置權。

海商法
第 6 條
船舶除本法有特別規定外，適用民法關於動產之規定。

動產擔保交易法
第 5 條
動產擔保交易，應以書面訂立契約。非經登記，不得對抗善意第三人。
債權人依本法規定實行占有或取回動產擔保交易標的物時，善意留置權人就動產擔保交易標的物有
修繕、加工致其價值增加所支出之費用，於所增加之價值範圍內，優先於依本法成立在先之動產擔
保權利受償。

# Unit 12-3 客貨運送

## 一、貨物運送（Carriage of Cargo）

**第 38 條**

貨物運送契約為下列二種：

1. 以件貨之運送為目的者。
2. 以船舶之全部或一部供運送為目的者。

**第 39 條**

以船舶之全部或一部供運送為目的之運送契約，應以書面為之。

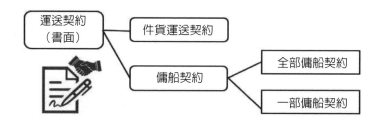

**第 40 條**

前條運送契約應載明下列事項：

1. 當事人姓名或名稱，及其住所、事務所或營業所。
2. 船名及對船舶之說明。
3. 貨物之種類及數量。
4. 契約期限或航程事項。
5. 運費。

 **海上貨物運送契約之運費條件**

1. FOB：出口商為貨物裝船後免責（Free on Board），運費、保險由進口商負擔，故由出口商訂定海上貨物運送契約。
2. CIF：價金含成本、保險及運費，由出口商訂定海上貨物運送契約。
3. C&F：價金含成本（Cost）、運費（Freight），出口商訂定海上貨物運送契約。

**第 41 條**

以船舶之全部或一部供運送之契約,不因船舶所有權之移轉而受影響。

**第 42 條**

運送人所供給之船舶有瑕疵,不能達運送契約之目的時,託運人得解除契約。

**第 43 條**

以船舶之全部供運送時,託運人於發航前得解除契約。但應支付運費三分之一,其已裝載貨物之全部或一部者,並應負擔因裝卸所增加之費用。

前項如為往返航程之約定者,託運人於返程發航前要求終止契約時,應支付運費三分之二。

前二項之規定,對於當事人之間,關於延滯費之約定不受影響。

**第 44 條**

以船舶之一部供運送時,託運人於發航前,非支付其運費之全部,不得解除契約。如託運人已裝載貨物之全部或一部者,並應負擔因裝卸所增加之費用及賠償加於其他貨載之損害。

前項情形,託運人皆為契約之解除者,各託運人僅負前條所規定之責任。

**第 45 條**

前二條之規定,對船舶於一定時期內供運送或為數次繼續航行所訂立之契約,不適用之。

**第 46 條**

以船舶之全部於一定時期內供運送者,託運人僅得以約定或以船舶之性質而定之方法,使為運送。

**第 47 條**

前條託運人,僅就船舶可使用之期間,負擔運費。但因航行事變所生之停止,仍應繼續負擔運費。

前項船舶之停止,係因運送人或其代理人之行為或因船舶之狀態所致者,託運人不負擔運費,如有損害,並得請求賠償。

船舶行蹤不明時,託運人以得最後消息之日為止,負擔運費之全部,並自最後消息後,以迄於該次航行通常所需之期間應完成之日,負擔運費之半數。

**第 48 條**

以船舶之全部或一部供運送者,託運人所裝載貨物,不及約定之數量時,仍應負擔全部之運費。但應扣除船舶因此所減省費用之全部,及因另裝貨物所取得運費四分之三。

**第 49 條**

託運人因解除契約，應付全部運費時，得扣除運送人因此減省費用之全部，及另裝貨物所得運費四分之三。

 **海上貨物運送契約之種類**

1. **件貨運送契約**：係以個別貨物之件數或數量為運送目的，並以之作為計算運算基礎的海上貨物運送契約，運送型態是一種公共運送（Common Carriage）。
2. **傭船運送契約**：係以船舶之一部或全部供運送目的之用的海上貨物運送契約，運送型態是一種私運送（Private Carriage），特定的船舶為特定人運輸貨物。

資料來源：蔡佩芬，《海商法》，元照出版公司，臺北，2021 年修訂 2 版。

**第 50 條**

貨物運達後，運送人或船長應即通知託運人指定之應受通知人或受貨人。

**第 51 條**

受貨人怠於受領貨物時，運送人或船長得以受貨人之費用，將貨物寄存於港埠管理機關或合法經營之倉庫，並通知受貨人。

受貨人不明或受貨人拒絕受領貨物時，運送人或船長得依前項之規定辦理，並通知託運人及受貨人。

運送人對於前二項貨物有下列情形之一者，得聲請法院裁定准予拍賣，於扣除運費或其他相關之必要費用後提存其價金之餘額：

1. 不能寄存於倉庫。
2. 有腐壞之虞。
3. 顯見其價值不足抵償運費及其他相關之必要費用。

**第 52 條**

以船舶之全部或一部供運送者，運送人非於船舶完成裝貨或卸貨準備時，不得簽發裝貨或卸貨準備完成通知書。

裝卸期間自前項通知送達之翌日起算，期間內不工作休假日及裝卸不可能之日不算入。但超過合理裝卸期間者，船舶所有人得按超過之日期，請求合理之補償。

前項超過裝卸期間，休假日及裝卸不可能之日亦算入之。

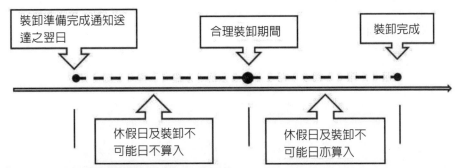

圖 12.5　裝貨或卸貨準備完成通知書（Notice of Readiness for Loading or Discharging）

## 第 53 條
運送人或船長於貨物裝載後，因託運人之請求，應發給載貨證券。

### 何謂載貨證券（Bill of Lading, B/L）？

載貨證券僅為船長、運送人單方面簽發，若託運人收受後無異議，應視為同意內容所記載，若有異議亦得提出請求更改、進行商量，因此其本質可謂為一契約。載貨證券其作用有以下三種：

1. **為海上貨物運送契約之證明**：運送人與託運人就其運送內容達成協議，其運送契約成立，後來所簽發之載貨證券應記載海商法第 54 條所規定之內容，為運送契約重要之證明文件。
2. **表彰貨物所有權之有價證券**：載貨證券持有人憑載貨證券有權要求運送人交貨，為一物權憑證。
3. **運送人收到承運貨物並已裝船之證明文件**：：運送人或船長簽發載貨證券，表明已收受載貨證券所記載之貨物。

資料來源：玉鼎法律事務所
https://www.we-defend.com.tw/qa/view?category_id=4_24&qa_id=41

## 第 54 條
載貨證券，應載明下列各款事項，由運送人或船長簽名：
1. 船舶名稱。
2. 託運人之姓名或名稱。
3. 依照託運人書面通知之貨物名稱、件數或重量，或其包裝之種類、個數及

標誌。

4. 裝載港及卸貨港。
5. 運費交付。
6. 載貨證券之份數。
7. 填發之年月日。

前項第三款之通知事項，如與所收貨物之實際情況有顯著跡象，疑其不相符合，或無法核對時，運送人或船長得在載貨證券內載明其事由或不予載明。

載貨證券依第一項第三款為記載者，推定運送人依其記載為運送。

---

 **載貨證券配合交易的主要型態**

1. D/A（**Documents against Acceptance**）**承兌交單**：賣方文件附有匯票，經買方簽字承兌後，賣方始將載貨證券交付買方。
2. D/P（**Documents against Payment**）**付款交單**：即賣方交付文件，買方付款。
3. LC（**Letter of Credit**）**信用狀**：進口商與出口商簽訂買賣契約後，由進口商申請銀行開信用狀，出口商裝載貨物後憑載貨證券向銀行辦理押匯，押匯銀行審核後將貨款交付出口商，押匯銀行再將載貨證券交付出口商的開狀銀行，開狀銀行將貨款交付給出口商的押匯銀行，開狀銀行再向進口商要求交錢領取載貨證券，進口商再憑載貨證券向運送人提貨。

資料來源：劉律師，《圖解式法典海商法》，高點文化事業有限公司，臺北，2019 年。

---

**第 55 條**

託運人對於交運貨物之名稱、數量，或其包裝之種類、個數及標誌之通知，應向運送人保證其正確無訛，其因通知不正確所發生或所致之一切毀損、滅失及費用，由託運人負賠償責任。

運送人不得以前項託運人應負賠償責任事由，對抗託運人以外之載貨證券持有人。

**第 56 條**

貨物一經有受領權利人受領，推定運送人已依照載貨證券之記載，交清貨物。但有下列情事之一者，不在此限：

1. 提貨前或當時，受領權利人已將毀損滅失情形，以書面通知運送人者。
2. 提貨前或當時，毀損滅失經共同檢定，作成公證報告書者。
3. 毀損滅失不顯著而於提貨後三日內，以書面通知運送人者。
4. 在收貨證件上註明毀損或滅失者。

貨物之全部或一部毀損、滅失者，自貨物受領之日或自應受領之日起，一年內
未起訴者，運送人或船舶所有人解除其責任。

### 第 57 條

運送人或船舶所有人所受之損害，非由於託運人或其代理人受僱人之過失所致
者，託運人不負賠償責任。

### 第 58 條

載貨證券有數份者，在貨物目的港請求交付貨物之人，縱僅持有載貨證券一
份，運送人或船長不得拒絕交付。不在貨物目的港時，運送人或船長非接受載
貨證券之全數，不得為貨物之交付。

二人以上之載貨證券持有人請求交付貨物時，運送人或船長應即將貨物按照第
五十一條之規定寄存，並通知曾為請求之各持有人，運送人或船長，已依第一
項之規定，交付貨物之一部後，他持有人請求交付貨物者，對於其膽餘之部分
亦同。

載貨證券之持有人有二人以上者，其中一人先於他持有人受貨物之交付時，他
持有人之載貨證券對運送人失其效力。

### 第 59 條

載貨證券之持有人有二人以上，而運送人或船長尚未交付貨物者，其持有先受
發送或交付之證券者，得先於他持有人行使其權利。

### 第 60 條

民法第六百二十七條至第六百三十條關於提單之規定，於載貨證券準用之。

以船舶之全部或一部供運送為目的之運送契約另行簽發載貨證券者，運送人與
託運人以外載貨證券持有人間之關係，依載貨證券之記載。

---

 **民法第 627 條至第 630 條**

1. 第 627 條：提單填發後，運送人與提單持有人間，關於運送事項，依其提單之記載。
2. 第 628 條：提單縱為記名式，仍得以背書移轉於他人。但提單上有禁止背書之記載者，不在此限。
3. 第 629 條：交付提單於有受領物品權利之人時，其交付就物品所有權移轉之關係，與物品之交付有同一之效力。
4. 第 629-1 條：第六百十八條之一條之規定，於提單適用之。

   （第 618-1 條：倉單遺失、被盜或滅失者，倉單持有人得於公示催告程序開始後，向倉庫營業人提供相當之擔保，請求補發新倉單。）
5. 第 630 條：受貨人請求交付運送物時，應將提單交還。

## 第 61 條

以件貨運送爲目的之運送契約或載貨證券記載條款、條件或約定,以減輕或免除運送人或船舶所有人,對於因過失或本章規定應履行之義務而不履行,致有貨物毀損、滅失或遲到之責任者,其條款、條件或約定不生效力。

## 第 62 條

運送人或船舶所有人於發航前及發航時,對於下列事項,應爲必要之注意及措置:

1. 使船舶有安全航行之能力。
2. 配置船舶相當船員、設備及供應。
3. 使貨艙、冷藏室及其他供載運貨物部分適合於受載、運送與保存。
   船舶於發航後因突失航行能力所致之毀損或滅失,運送人不負賠償責任。
   運送人或船舶所有人爲免除前項責任之主張,應負舉證之責。

船舶具適航性與適載性 ｜　　　　　　　船舶突失航行能力不負賠償責任
　　　　　　　　　　　　　　　　　　　　（運送人須負舉證責任）

發航前　　　　　　　發航時　　　　　　　發航後

### 船舶適航能力（Seaworthiness）

船舶適航能力亦稱海值,係指特定的船舶,於特定的航程中,能克服通常所能預見的危險,安全完成航海與運送之目的。船舶適航能力之意義與內涵包括船舶堪航能力及船舶堪載能力。

資料來源:蔡佩芬,《海商法》,元照出版公司,臺北,2021 年修訂 2 版。

## 第 63 條

運送人對於承運貨物之裝載、卸載、搬移、堆存、保管、運送及看守,應爲必要之注意及處置。

## 第 64 條

運送人知悉貨物爲違禁物或不實申報物者,應拒絕載運。其貨物之性質足以毀損船舶或危害船舶上人員健康者亦同。但爲航運或商業習慣所許者,不在此限。

運送人知悉貨物之性質具易燃性、易爆性或危險性並同意裝運後,若此貨物對於船舶或貨載有危險之虞時,運送人得隨時將其起岸、毀棄或使之無害,運送人除由於共同海損者外,不負賠償責任。

### 第 65 條

運送人或船長發見未經報明之貨物,得在裝載港將其起岸,或使支付同一航程同種貨物應付最高額之運費,如有損害並得請求賠償。

前項貨物在航行中發見時,如係違禁物或其性質足以發生損害者,船長得投棄之。

### 第 66 條

船舶發航後,因不可抗力不能到達目的港而將原裝貨物運回時,縱其船舶約定為去航及歸航之運送,託運人僅負擔去航運費。

### 第 67 條

船舶在航行中,因海上事故而須修繕時,如託運人於到達目地港前提取貨物者,應付全部運費。

### 第 68 條

船舶在航行中遭難或不能航行,而貨物仍由船長設法運到目地港時,如其運費較低於約定之運費者,託運人減支兩運費差額之半數。

如新運費等於約定之運費,託運人不負擔任何費用,如新運費較高於約定之運費,其增高額由託運人負擔之。

### 第 69 條

因下列事由所發生之毀損或滅失,運送人或船舶所有人不負賠償責任:

1. 船長、海員、引水人或運送人之受僱人,於航行或管理船舶之行為而有過失。
2. 海上或航路上之危險、災難或意外事故。
3. 非由於運送人本人之故意或過失所生之火災。
4. 天災。
5. 戰爭行為。
6. 暴動。
7. 公共敵人之行為。
8. 有權力者之拘捕、限制或依司法程序之扣押。
9. 檢疫限制。
10. 罷工或其他勞動事故。
11. 救助或意圖救助海上人命或財產。
12. 包裝不固。
13. 標誌不足或不符。

14.因貨物之固有瑕疵、品質或特性所致之耗損或其他毀損滅失。

15.貨物所有人、託運人或其代理人、代表人之行為或不行為。

16.船舶雖經注意仍不能發現之隱有瑕疵。

17.其他非因運送人或船舶所有人本人之故意或過失及非因其代理人、受僱人之過失所致者

## 第 70 條

託運人於託運時故意虛報貨物之性質或價值,運送人或船舶所有人對於其貨物之毀損或滅失,不負賠償責任。

除貨物之性質及價值於裝載前,已經託運人聲明並註明於載貨證券者外,運送人或船舶所有人對於貨物之毀損滅失,其賠償責任,以每件特別提款權六六六 · 六七單位或每公斤特別提款權二單位計算所得之金額,兩者較高者為限。

前項所稱件數,係指貨物託運之包裝單位。其以貨櫃、墊板或其他方式併裝運送者,應以載貨證券所載其內之包裝單位為件數。但載貨證券未經載明者,以併裝單位為件數。其使用之貨櫃係由託運人提供者,貨櫃本身得作為一件計算。

由於運送人或船舶所有人之故意或重大過失所發生之毀損或滅失,運送人或船舶所有人不得主張第二項單位限制責任之利益。

## 第 71 條

為救助或意圖救助海上人命、財產,或因其他正當理由偏航者,不得認為違反運送契約,其因而發生毀損或滅失時,船舶所有人或運送人不負賠償責任。

### 偏航(Deviation)

偏航係指船舶雖然偏離預定航線,但船長或運送人主觀上並未變更目的港,即仍將駛向原目的港。變更航程(Change of Voyage)則指船長或運送人已方放棄原訂目的港,另以新的港口為目的港。

資料來源:劉律師,《圖解式法典海商法》,高點文化事業有限公司,臺北,2019 年。

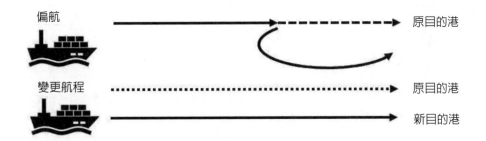

### 第 72 條
貨物未經船長或運送人之同意而裝載者，運送人或船舶所有人，對於其貨物之毀損或滅失，不負責任。

### 第 73 條
運送人或船長如將貨物裝載於甲板上，致生毀損或滅失時，應負賠償責任。但經託運人之同意並載明於運送契約或航運種類或商業習慣所許者，不在此限。

### 第 74 條
載貨證券之發給人，對於依載貨證券所記載應為之行為，均應負責。

前項發給人，對於貨物之各連續運送人之行為，應負保證之責。但各連續運送人，僅對於自己航程中所生之毀損滅失及遲到負其責任。

### 第 75 條
連續運送同時涉及海上運送及其他方法之運送者，其海上運送部分適用本法之規定。

貨物毀損滅失發生時間不明者，推定其發生於海上運送階段

### 第 76 條
本節有關運送人因貨物滅失、毀損或遲到對託運人或其他第三人所得主張之抗辯及責任限制之規定，對運送人之代理人或受僱人亦得主張之。但經證明貨物之滅失、毀損或遲到，係因代理人或受僱人故意或重大過失所致者，不在此限。

前項之規定，對從事商港區域內之裝卸、搬運、保管、看守、儲存、理貨、穩固、墊艙者，亦適用之。

### 第 77 條
載貨證券所載之裝載港或卸貨港為中華民國港口者，其載貨證券所生之法律關係依涉外民事法律適用法所定應適用法律。但依本法中華民國受貨人或託運人保護較優者，應適用本法之規定。

**涉外民事法律適用法第 43 條**

因載貨證券而生之法律關係，依該載貨證券所記載應適用之法律；載貨證券未記載應適用之法律時，依關係最切地之法律。

對載貨證券所記載之貨物，數人分別依載貨證券及直接對該貨物主張物權時，其優先次序，依該貨物之物權所應適用之法律。

因倉單或提單而生之法律關係所應適用法律，準用前二項關於載貨證券之規定。

**第 78 條**

裝貨港或卸貨港為中華民國港口者之載貨證券所生之爭議，得由我國裝貨港或卸貨港或其他依法有管轄權之法院管轄。

前項載貨證券訂有仲裁條款者，經契約當事人同意後，得於我國進行仲裁，不受載貨證券內仲裁地或仲裁規則記載之拘束。

前項規定視為當事人仲裁契約之一部。但當事人於爭議發生後另有書面合意者，不在此限。

## 二、旅客運送（Carriage of Passengers）

**第 79 條**

旅客之運送，除本節規定外，準用本章第一節之規定。

**第 80 條**

對於旅客供膳者，其膳費應包括於票價之內。

**第 81 條**

旅客於實施意外保險之特定航線及地區，均應投保意外險，保險金額載入客票，視同契約，其保險費包括於票價內，並以保險金額為損害賠償之最高額。

前項特定航線地區及保險金額，由交通部定之。

**第 82 條**

旅客除前條保險外，自行另加保意外險者，其損害賠償依約定。但應以書面為之。

**第 83 條**

運送人或船長應依船票所載，運送旅客至目的港。

運送人或船長違反前項規定時，旅客得解除契約，如有損害，並得請求賠償。

**第 84 條**

旅客於發航二十四小時前，得給付票價十分之二，解除契約；其於發航前因死亡、疾病或其他基於本身不得已事由，不能或拒絕乘船者，運送人得請求票價十分之一。

**第 85 條**

旅客在船舶發航或航程中不依時登船，或船長依職權實行緊急處分迫令其離船者，仍應給付全部票價。

**第 86 條**

船舶不於預定之日發航者，旅客得解除契約。

**第 87 條**

旅客在航程中自願上陸時，仍負擔全部票價，其因疾病上陸或死亡時，僅按其已運送之航程負擔票價。

◆運送人或船長應依船票所載，運送旅客至目的港。
◆船舶不於預定之日發航者，旅客得解除契約。

**第 88 條**

船舶因不可抗力不能繼續航行時，運送人或船長應設法將旅客運送至目的港。

**第 89 條**

旅客之目的港如發生天災、戰亂、瘟疫，或其他特殊事故致船舶不能進港卸客者，運送人或船長得依旅客之意願，將其送至最近之港口或送返乘船港。

**第 90 條**

運送人或船長在航行中爲船舶修繕時，應以同等級船舶完成其航程，旅客在候船期間並應無償供給膳宿。

**第 91 條**

旅客於船舶抵達目的港後，應依船長之指示即行離船。

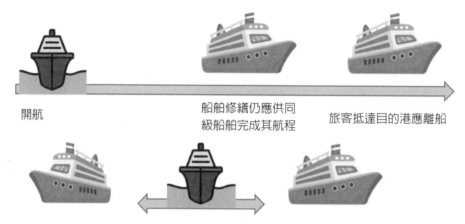

開航

船舶修繕仍應供同
級船舶完成其航程

旅客抵達目的港應離船

天災、戰亂、瘟疫等特殊事故依旅客之意願，將其送至最近之港口或送返乘船港

旅客運送責任

## 三、船舶拖帶（Towage of Ship）

### 第 92 條

拖船與被拖船如不屬於同一所有人時，其損害賠償之責任，應由拖船所有人負擔。但契約另有訂定者，不在此限。

### 第 93 條

共同或連接之拖船，因航行所生之損害，對被害人負連帶責任。但他拖船對於加害之拖船有求償權。

單一拖帶

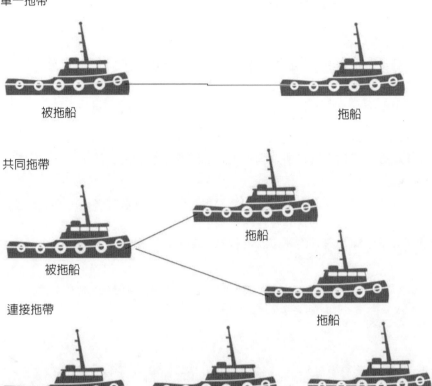

被拖船　　　　　　　　　　　　　　　　拖船

共同拖帶

被拖船

拖船

拖船

連接拖帶

被拖船　　　　　　　　　拖船　　　　　　　　　拖船

# Unit 12-4 船舶碰撞

**第 94 條**
船舶之碰撞，不論發生於何地，皆依本章之規定處理之。

**第 95 條**
碰撞係因不可抗力而發生者，被害人不得請求損害賠償。

**第 96 條**
碰撞係因於一船舶之過失所致者，由該船舶負損害賠償責任。

**第 97 條**
碰撞之各船舶有共同過失時，各依其過失程度之比例負其責任，不能判定其過失之輕重時，各方平均負其責任。
有過失之各船舶，對於因死亡或傷害所生之損害，應負連帶責任。

有共同過失之各船舶，按過失比例原則負連帶責任。
不能判定輕重，則平均負其責任。

有過失之各船舶，對人身傷亡所生損害應負連帶責任。

 引水法第 16 條（引水人之僱用）

中華民國船舶在一千五百噸以上，非中華民國船舶在五百噸以上，航行於強制引水區域或出入強制引水港口時，均應僱用引水人；非強制引水船舶，當地航政主管機關認為必要時，亦得規定僱用引水人。
在強制引水區域之航行船舶，經當地航政主管機關核准，得指定或僱用長期引水人。

**第 98 條**
前二條責任，不因碰撞係由引水人之過失所致而免除。

**第 99 條**

因碰撞所生之請求權，自碰撞日起算，經過兩年不行使而消滅。

**第 100 條**

船舶在中華民國領海內水港口河道內碰撞者，法院對於加害之船舶，得扣押之。

碰撞不在中華民國領海內水港口河道內，而被害者為中華民國船舶或國民，法院於加害之船舶進入中華民國領海後，得扣押之。

前兩項被扣押船舶得提供擔保，請求放行。

前項擔保，得由適當之銀行或保險人出具書面保證代之。

**第 101 條**

關於碰撞之訴訟，得向下列法院起訴：

1. 被告之住所或營業所所在地之法院。
2. 碰撞發生地之法院。
3. 被告船舶船籍港之法院。
4. 船舶扣押地之法院。
5. 當事人合意地之法院。

**民事訴訟法第 15 條第 2 項**

因船舶碰撞或其他海上事故請求損害賠償而涉訟者，得由受損害之船舶最初到達地，或加害船舶被扣留地，或其船籍港之法院管轄。

# Unit 12-5 **海難救助**

**第 102 條**

船長於不甚危害其船舶、海員、旅客之範圍內，對於淹沒或其他危難之人應盡力救助。

 **刑法第 294 條（遺棄罪）**

對於無自救力之人，依法令或契約應扶助、養育或保護而遺棄之，或不為其生存所必要之扶助、養育或保護者，處六月以上、五年以下有期徒刑。
因而致人於死者，處無期徒刑或七年以上有期徒刑；致重傷者，處三年以上十年以下有期徒刑。

**第 103 條**

對於船舶或船舶上財物施以救助而有效果者，得按其效果請求相當之報酬。

施救人所施救之船舶或船舶上貨物，有損害環境之虞者，施救人得向船舶所有人請求與實際支出費用同額之報酬；其救助行為對於船舶或船舶上貨物所造成環境之損害已有效防止或減輕者，得向船舶所有人請求與實際支出費用同額或不超過其費用一倍之報酬。

施救人同時有前二項報酬請求權者，前項報酬應自第一項可得請求之報酬中扣除之。

施救人之報酬請求權，自救助完成日起二年間不行使而消滅。

無效果即無報酬

有損害環境之虞

Salvage

施救人得向船舶所有人請求與實際支出費用同額之報酬。

環境之損害已有效防止或減輕者，得向船舶所有人請求與實際支出費用同額或不超過其費用一倍之報酬。

報酬請求權 ➝ 自救助完成日起二年間

### 第 104 條
屬於同一所有人之船舶救助，仍得請求報酬。
拖船對於被拖船施以救助者，得請求報酬。但以非爲履行該拖船契約者爲限。

### 第 105 條
救助報酬由當事人協議定之，協議不成時，得提付仲裁或請求法院裁判之。

### 第 106 條
前條規定，於施救人與船舶間，及施救人間之分配報酬之比例，準用之。

### 第 107 條
於實行施救中救人者，對於船舶及財物之救助報酬金，有參加分配之權。

### 第 108 條
經以正當理由拒絕施救，而仍強爲施救者，不得請求報酬。

### 第 109 條
船舶碰撞後，各碰撞船舶之船長於不甚危害其船舶、海員或旅客之範圍內，對於他船舶船長、海員及旅客、應盡力救助。
各該船長，除有不可抗力之情形外，在未確知繼續救助爲無益前，應停留於發生災難之處所。
各該船長，應於可能範圍內，將其船舶名稱及船籍港並開來及開往之處所，通知於他船舶。

# Unit 12-6 共同海損

**第 110 條**

稱共同海損者，謂在船舶航程期間，為求共同危險中全體財產之安全所為故意及合理處分，而直接造成之犧牲及發生之費用。

共同海損（General Average）之成立要件：
◆須在船舶航程期間
◆須有海上共同危險
◆須以確保全體財產之安全為目的
◆須有故意及合理處分
◆須有直接造成之犧牲及發生之費用
◆須有存留之財產

船舶損害

貨物損害

---

 **單獨海損（Particular Average, P.A.）**

單獨海損係指保險標的物由於承保危險事故或其他危險所致之損害，而非共同海損所造成者，也就是說因承保之危險事故所造成，同時僅為某一被保險標的物所單獨遭遇之損失。

資料來源：定期航運貨櫃運輸實務教學網站——NTOU
http://ind.ntou.edu.tw/~linership/good-damage_part.html

---

**第 111 條**

共同海損以各被保存財產價值與共同海損總額之比例，由各利害關係人分擔之。因共同海損行為所犧牲而獲共同海損補償之財產，亦應參與分擔。

$$共同海損分擔率 = \frac{共同海損總額（犧牲補償額＋共同海損費用）}{各個被保存之財產價值＋犧牲補償額} \times 該財產價值（被保存價值）$$

船舶所有人之共同海損應分擔額：共同海損分擔率 × 船價
貨物所有人之共同海損應分擔額：共同海損分擔率 × 貨價
運費收取人之共同海損應分擔額：共同海損分擔率 × 運費額
被犧牲財務之共同海損應分擔額：共同海損分擔率 × 犧牲額

**第 112 條**

前條各被保存財產之分擔價值，應以航程終止地或放棄共同航程時地財產之實際淨值為準，依下列規定計算之：

1. 船舶以到達時地之價格為準。如船舶於航程中已修復者，應扣除在該航程中共同海損之犧牲額及其他非共同海損之損害額。但不得低於其實際所餘殘值。

2. 貨物以送交最後受貨人之商業發票所載價格為準，如無商業發票者，以裝船時地之價值為準，並均包括應支付之運費及保險費在內。

3. 運費以到付運費之應收額，扣除非共同海損費用為準。

前項各類之實際淨值，均應另加計共同海損之補償額。

**第 113 條**

共同海損犧牲之補償額，應以各財產於航程終止時地或放棄共同航程時地之實際淨值為準，依下列規定計算之：

1. 船舶以實際必要之合理修繕或設備材料之更換費用為準。未經修繕或更換者，以該損失所造成之合理貶值。但不能超過估計之修繕或更換費用。

2. 貨物以送交最後受貨人商業發票價格計算所受之損害為準，如無商業發票者，以裝船時地之價值為準，並均包括應支付之運費及保險費在內。受損貨物如被出售者，以出售淨值與前述所訂商業發票或裝船時地貨物淨值之差額為準。

3. 運費以貨載之毀損或滅失致減少或全無者為準。但運送人因此減省之費用，應扣除之。

**第 114 條**

下列費用為共同海損費用：

1. 為保存共同危險中全體財產所生之港埠、貨物處理、船員工資及船舶維護所必需之燃、物料費用。

2. 船舶發生共同海損後，為繼續共同航程所需之額外費用。

3. 為共同海損所墊付現金百分之二之報酬。

4. 自共同海損發生之日起至共同海損實際收付日止，應行收付金額所生之利息。

為替代前項第一款、第二款共同海損費用所生之其他費用，視為共同海損之費用。但替代費用不得超過原共同海損費用。

**第 115 條**

共同海損因利害關係人之過失所致者，各關係人仍應分擔之。但不影響其他關係人對過失之負責人之賠償請求權。

## 第 116 條

未依航運習慣裝載之貨物經投棄者，不認為共同海損犧牲。但經撈救者，仍應分擔共同海損。

## 第 117 條

無載貨證券亦無船長收據之貨物，或未記載於目錄之設備屬具，經犧牲者，不認為共同海損。但經撈救者，仍應分擔共同海損。

## 第 118 條

貨幣、有價證券或其他貴重物品，經犧牲者，除已報明船長者外，不認為共同海損犧牲。但經撈救者，仍應分擔共同海損。

## 第 119 條

貨物之性質，於託運時故意為不實之聲明，經犧牲者，不認為共同海損。但經保存者，應按其實在價值分擔之。

貨物之價值，於託運時為不實之聲明，使聲明價值與實在價值不同者，其共同海損犧牲之補償額以金額低者為準，分擔價值以金額高者為準。

## 第 120 條

船上所備糧食、武器、船員之衣物、薪津、郵件及無載貨證券之旅客行李、私人物品皆不分擔共同海損。

前項物品如被犧牲，其損失應由各關係人分擔之。

| | 未依航運習慣裝載之貨物 | 無載貨證券亦無船長收據之貨物 | 未記載於目錄之設備屬具 | 未報明船長之貨幣、有價證券或其他貴重物品 | 貨物之性質，於託運時故意為不實之聲明 | 貨物之價值，於託運時為不實之聲明 | 船上所備糧食、武器、船員之衣物、薪津、郵件 | 無載貨證券之旅客行李、私人物品 |
|---|---|---|---|---|---|---|---|---|
| 共同海損犧牲 | × | × | × | × | × | 以金額低者為準 | ○ | ○ |
| 分擔共同海損 | ○ | ○ | ○ | ○ | ○ | 以金額高者為準 | × | × |

## 第 121 條

共同海損之計算，由全體關係人協議定之。協議不成時，得提付仲裁或請求法院裁判之。

**第 122 條**

運送人或船長對於未清償分擔額之貨物所有人，得留置其貨物。但提供擔保者，不在此限。

**第 123 條**

利害關係人於受分擔額後，復得其船舶或貨物之全部或一部者，應將其所受之分擔額返還於關係人。但得將其所受損害及復得之費用扣除之。

**第 124 條**

應負分擔義務之人，得委棄其存留物而免分擔海損之責。

**第 125 條**

因共同海損所生之債權，自計算確定之日起，經過一年不行使而消滅。

---

 **海商法第 125 條債權可行使者**

1. 第 111 條，各利害關係人共同海損分配額請求權。
2. 第 115 條，共同海損分擔義務人因過失所致者，其他關係人對過失負責人之賠償請求權。
3. 利害關係人於受領共同海損分擔額後，復得其船舶或貨物之全部或一部者，應將其所受之分擔額返還於關係人，該其他利害關係人若依據部不得利返還請求權，時效為15年，若請求權基礎是共同海損給付請求權者，時效依據海商法第125條為1年。

資料來源：蔡佩芬，《海商法》，元照出版公司，臺北，2021 年修訂 2 版。

---

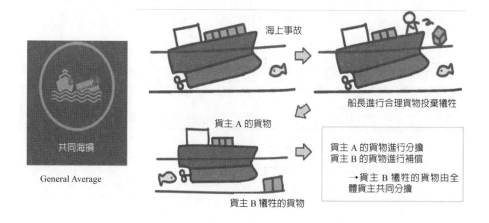

共同海損

General Average

海上事故

船長進行合理貨物投棄犧牲

貨主 A 的貨物

貨主 A 的貨物進行分擔
貨主 B 的貨物進行補償
→貨主 B 犧牲的貨物由全體貨主共同分擔

貨主 B 犧牲的貨物

# Unit 12-7 海上保險

**第 126 條**
關於海上保險，本章無規定者，適用保險法之規定。

 保險法

1. 第 1 條：本法所稱保險，謂當事人約定，一方交付保險費於他方，他方對於因不可預料，或不可抗力之事故所致之損害，負擔賠償財物之行為。
   根據前項所訂之契約，稱為保險契約。
2. 第 2 條：本法所稱保險人，指經營保險事業之各種組織，在保險契約成立時，有保險費之請求權；在承保危險事故發生時，依其承保之責任，負擔賠償之義務。
3. 第 3 條：本法所稱要保人，指對保險標的具有保險利益，向保險人申請訂立保險契約，並負有交付保險費義務之人。
4. 第 4 條：本法所稱被保險人，指於保險事故發生時，遭受損害，享有賠償請求權之人；要保人亦得為被保險人。
5. 第 83 條：海上保險人對於保險標的物，除契約另有規定外，因海上一切事變及災害所生之毀損、滅失及費用，負賠償之責。
6. 第 84 條：關於海上保險，適用海商法海上保險章之規定。

**第 127 條**
凡與海上航行有關而可能發生危險之財產權益，皆得為海上保險之標的。
海上保險契約，得約定延展加保至陸上、內河、湖泊或內陸水道之危險。

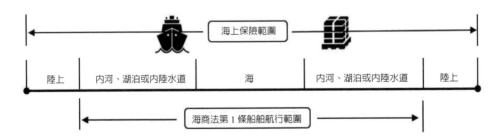

**第 128 條**

保險期間除契約另有訂定外，關於船舶及其設備屬具，自船舶起錨或解纜之時，以迄目的港投錨或繫纜之時，為其期間；關於貨物，自貨物離岸之時，以迄目的港起岸之時，為其期間。

**第 129 條**

保險人對於保險標的物，除契約另有規定外，因海上一切事變及災害所生之毀損滅失及費用，負賠償責任。

**第 130 條**

保險事故發生時，要保人或被保險人應採取必要行為，以避免或減輕保險標的之損失，保險人對於要保人或被保險人未履行此項義務而擴大之損失，不負賠償責任。

保險人對於要保人或被保險人，為履行前項義務所生之費用，負償還之責，其償還數額與賠償金額合計雖超過保險標的價值，仍應償還之。

保險人對於前項費用之償還，以保險金額為限。但保險金額不及保險標的物之價值時，則以保險金額對於保險標的之價值比例定之。

**保險法第 33 條**

保險人對於要保人或被保險人，為避免或減輕損害之必要行為所生之費用，負償還之責。其償還數額與賠償金額，合計雖超過保險金額，仍應償還。

保險人對於前項費用之償還，以保險金額對於保險標的之價值比例定之。

**第 131 條**

因要保人或被保險人或其代理人之故意或重大過失所致之損失，保險人不負賠償責任。

**第 132 條**

未確定裝運船舶之貨物保險，要保人或被保險人於知其已裝載於船舶時，應將該船舶之名稱、裝船日期、所裝貨物及其價值，立即通知於保險人。不為通知者，保險人對未為通知所生之損害，不負賠償責任。

**第 133 條**

要保人或被保險人於保險人破產時，得終止契約。

**第 134 條**

船舶之保險以保險人責任開始時之船舶價格及保險費，爲保險價額。

**第 135 條**

貨物之保險以裝載時、地之貨物價格、裝載費、稅捐、應付之運費及保險費，爲保險價額。

**第 136 條**

貨物到達時應有佣金、費用或其他利得之保險以保險時之實際金額，爲保險價額。

**第 137 條**

運費之保險，僅得以運送人如未經交付貨物即不得收取之運費爲之，並以被保險人應收取之運費及保險費爲保險價額。

前項保險，得包括船舶之租金及依運送契約可得之收益。

**第 138 條**

貨物損害之計算，依其在到達港於完好狀態下所應有之價值，與其受損狀態之價值比較定之。

---

### 保險法第 50 條

保險契約分不定值保險契約，及定值保險契約。

**不定值保險契約**，爲契約上載明保險標的之價值，須至危險發生後估計而訂之保險契約。

**定值保險契約**，爲契約上載明保險標的一定價值之保險契約。

---

**第 139 條**

船舶部分損害之計算，以其合理修復費用爲準。但每次事故應以保險金額爲限。

部分損害未修復之補償額，以船舶因受損所減少之市價爲限。但不得超過所估計之合理修復費用。

保險期間內，船舶部分損害未修復前，即遭遇全損者，不得再行請求前項部分損害未修復之補償額

**第 140 條**

運費部分損害之計算，以所損運費與總運費之比例就保險金額定之。

**第 141 條**

受損害貨物之變賣,除由於不可抗力或船長依法處理者外,應得保險人之同意。並以變賣淨額與保險價額之差額為損害額。但因變賣後所減省之一切費用,應扣除之。

**第 142 條**

海上保險之委付,指被保險人於發生第一百四十三條至第一百四十五條委付原因後,移轉保險標的物之一切權利於保險人,而請求支付該保險標的物全部保險金額之行為。

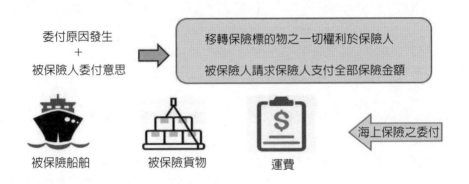

**第 143 條**

被保險船舶有下列各款情形之一時,得委付之:

1. 船舶被捕獲時。
2. 船舶不能為修繕或修繕費用超過保險價額時。
3. 船舶行蹤不明已逾二個月時。
4. 船舶被扣押已逾二個月仍未放行時。

前項第四款所稱扣押,不包含債權人聲請法院所為之查封、假扣押及假處分。

**第 144 條**

被保險貨物有下列各款情形之一時,得委付之:

1. 船舶因遭難,或其他事變不能航行已逾二個月而貨物尚未交付於受貨人、要保人或被保險人時。
2. 裝運貨物之船舶,行蹤不明,已逾二個月時。
3. 貨物因應由保險人負保險責任之損害,其回復原狀及繼續或轉運至目的地費用總額合併超過到達目的地價值時。

**第 145 條**

運費之委付,得於船舶或貨物之委付時為之。

**第 146 條**

委付應就保險標的物之全部為之。但保險單上僅有其中一種標的物發生委付原因時，得就該一種標的物為委付請求其保險金額。

委付不得附有條件。

**第 147 條**

委付經承諾或經判決為有效後，自發生委付原因之日起，保險標的物即視為保險人所有。

委付未經承諾前，被保險人對於保險標的物之一切權利不受影響。保險人或被保險人對於保險標的物採取救助、保護或回復之各項措施，不視為已承諾或拋棄委付。

**第 148 條**

委付之通知一經保險人明示承諾，當事人均不得撤銷。

**第 149 條**

要保人或被保險人，於知悉保險之危險發生後，應即通知保險人。

**第 150 條**

保險人應於收到要保人或被保險人證明文件後三十日內給付保險金額。

保險人對於前項證明文件如有疑義，而要保人或被保險人提供擔保時，仍應將保險金額全部給付。

前項情形，保險人之金額返還請求權，自給付後經過一年不行使而消滅。

**保險法第 34 條第 1 項**

保險人應於要保人或被保險人交齊證明文件後，於約定期限內給付賠償金額。無約定期限者，應於接到通知後十五日內給付之。

**第 151 條**

要保人或被保險人，自接到貨物之日起，一個月內不將貨物所受損害通知保險人或其代理人時，視為無損害。

**第 152 條**

委付之權利，於知悉委付原因發生後，自得為委付之日起，經過二個月不行使而消滅。

海上保險委付

海上保險之賠償制度，為陸上保險所無者，乃委付制度。海上保險委付係指：被保險人於發生法定之委付原因時，得將保險標的物之一切權利移轉於保險人，而請求支付該保險標的物全部保險金額之一種賠償方法，成習慣演變成為一種海上保險特有制度。

資料來源：天秤座法律網
https://www.justlaw.com.tw/News01.php?page=5&id=4105

船體與設備損壞　　　　　海上運送貨物

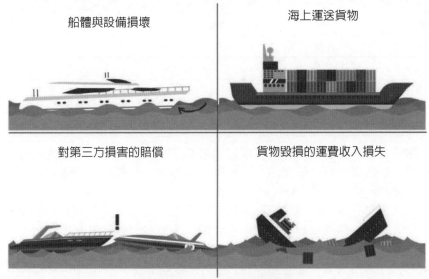

對第三方損害的賠償　　　貨物毀損的運費收入損失

**圖 12.6　海上保險種類**

圖片來源：https://littlegrapic.blogspot.com/2021/08/valued-policy-in-marine-insurance.html

### 表 12.1　海商法常見中英名詞

| 中文 | 英文 |
| --- | --- |
| 船舶 | Ship |
| 船長 | Shipmaster |
| 海員 | Seafarer |
| 船舶所有權 | Ownership of the Ship |
| 海事優先權 | Maritime Liens |
| 船舶抵押權 | Ship Mortgages |
| 載貨證券 | Bill of Lading |
| 船舶拖帶 | Towage of Ship |
| 船舶碰撞 | Collision of Ships |
| 海難救助 | Salvage |
| 共同海損 | General Average |
| 海上保險 | Marine Insurance |
| 委付 | Abandonment |

1. 船舶所有權是指船舶所有人依法對其船舶享有占有、使用、收益和處分的權利。依海商法第 7 條規定，「除給養品外，凡於航行上或營業上必須之一切設備及屬具，皆視爲船舶之一部。」
2. 所謂海事優先權，即基於特定債權就特定之標的物，而有優先於其他債權受償之權利。其性質爲一法定擔保物權，不須占有船舶亦無須登記，只要具法定列舉事項之一之債權即可主張海事優先權。
3. 船舶抵押權指債權人通過與債務人簽訂船舶抵押合約，並進行登記，而取得的一種以債務人提供的作爲借貸之債務擔保物 —— 船舶爲主要標的之擔保物權。
4. 共同海損者，謂在船舶航程期間，爲求共同危險中全體財產之安全所爲故意及合理處分，而直接造成之犧牲及發生之費用。
5. 保險委付是指被保險人將保險標的物的一切權利轉移給保險人，因此請求其支付全部保險金額的一種行爲，委付方式通常使用在海上保險。

# 第13章
# 海上保險

# Unit 13-1 海上保險介紹

海上運輸所面臨天然及人為事故風險遠較陸上運輸為大，對船東與貨主的利益損失影響甚大，除事前採取預防措施，避免船舶與貨物的海損發生，不幸事故發生時，採取必要措施使損害減至最小程度，同時為求補償以減少損失，需辦理海上保險（Marine Insurance）。

**保險法第 1 條及海商法第 129 條**

保險法第 1 條：本法所稱保險（Insurance），謂當事人約定，一方交付保險費於他方，他方對於因不可預料，或不可抗力之事故所致之損害，負擔賠償財物之行為。
根據前項所訂之契約，稱為保險契約（Insurance Contract）。
海商法第 129 條：保險人對於保險標的物，除契約另有規定外，因海上一切事變及災害所生之毀損滅失及費用，負賠償責任。

海上保險的範圍，凡與海上航行有關而可能發生危險之財產權益，皆得為海上保險之標的。海上保險契約，得約定延展加保至陸上、內河、湖泊或內陸水道之危險。保險期間除契約另有訂定外，關於船舶及其設備屬具，自船舶起錨或解纜之時，以迄目的港投錨或繫纜之時，為其期間；關於貨物，自貨物離岸之時，以迄目的港起岸之時，為其期間。要保人或被保險人於保險人破產時，得終止契約。（海商法第 127 及 128 條、第 133 條）

**保險法第 83 條及 84 條**

第 83 條：海上保險人對於保險標的物，除契約另有規定外，因海上一切事變及災害所生之毀損、滅失及費用，負賠償之責。
第 84 條：關於海上保險，適用海商法海上保險章之規定。

　　保險契約通常由保險經紀人代要保人向保險人洽訂，亦有預先代付保費並處理事故損失之賠償請求事宜，再向保險人收取佣金為報酬。

　　保險利益是要保人對於財產上之現有利益，或因財產上之現有利益而生之期待利益。運送人或保管人對於所運送或保管之貨物，以其所負之責任為限，有保險利益。凡基於有效契約而生之利益，亦得為保險利益（保險法第14及15條、第20條）。保險利益是船東、貨主由於保險的標的因事故所遭受經濟上的損失，以保險方法求取保障。被保險利益能以金錢估算者稱為保險價額（Insurable Value）。

**海商法第 134～136 條**

第 134 條：船舶之保險以保險人責任開始時之船舶價格及保險費，為保險價額。
第 135 條：貨物之保險以裝載時、地之貨物價格、裝載費、稅捐、應付之運費及保險費，為保險價額。
第 136 條：貨物到達時應有之佣金、費用或其他利得之保險以保險時之實際金額，為保險價額。

　　海上保險的保險金額係保險事故發生時，保險人負擔賠償責任之最高金額，實際理賠金額應該按照實際損失計算該理賠金額，但因為「保險價額」是保險標的之價值，若當事人於訂定保險契約時，事先約定保險標的之價值者，稱為「定值保險」，未約定而於保險事故發生時再計算保險標的之價值者，稱為「不定值保險」。

| 貨主或託運人<br>要保繳交保費 | 保險經紀人<br>投保及轉交保費 | 保險人<br>收取保費及簽訂契約 | 保險契約<br>理賠依據 |

◆保險利益（保險價額）：　　　　　　◆定值保險
◆船舶、貨物、佣金、運費　　　　　　◆不定值保險

　　凡海上危險事故直接或間接發生之損失、損害均稱爲海損（Average），海損之種類可分爲財物海損（船舶、貨物之毀損或減失的物質損失）與費用海損（救助費、拖船費等之金錢支出費用損失）。

　　一般另依海損程度可分爲 1. 全損（Total Loss），再分爲實際全損（Actual Total Loss）指保險標的全部減失或喪失，推定全損（Constructive Total Loss）指保險標的物之實際全損爲不可避免者，或爲了證明超過全損的費用、時間可觀，而將保險標的物委付（Abandonment）給保險人；或 2. 部分損失（Partial Loss）指船舶或貨物局部損失。

　　部分損失之損害額計算方式：

1. **船舶損害額**：船舶部分損害之計算，以其合理修復費用爲準。但每次事故應以保險金額爲限。部分損害未修復之補償額，以船舶因受損所減少之市價爲限。但不得超過所估計之合理修復費用。保險期間內，船舶部分損害未修復前，即遭遇全損者，不得再行請求前項部分損害未修復之補償額。（海商法第 139 條）

2. **貨物損害額**：貨物損害之計算，依其在到達港於完好狀態下所應有之價值，與其受損狀態之價值比較定之。（海商法第 138 條）
　　受損害貨物之變賣，除由於不可抗力或船長依法處理者外，應得保險人之同意。並以變賣淨額與保險價額之差額爲損害額。但因變賣後所減省之一切費用，應扣除之。（海商法第 141 條）

3. **運費損害額**：運費部分損害之計算，以所損運費與總運費之比例就保險金額定之。（海商法第 140 條）

4. **利得損害額**：貨物到達時應有之佣金、費用或其他利得之損害額及保險額，以保險時之實際情形估計。

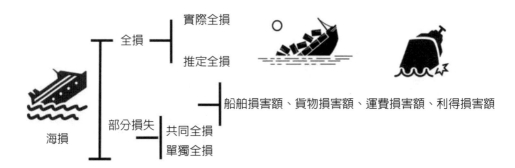

## 海上貨物運輸保險

貨物按運輸方式之不同，可分為海上貨物運輸、航空貨物運輸、內陸運輸及郵寄包裹等保險業務。簡言之，只要是貨物自甲地運往乙地，經由各種不同運輸工具（如輪船、飛機、火車及卡車），皆可由貨主投保貨物運輸保險，以保障貨主免於貨物運輸途中遭受意外事故所致之損失。

海上保險依其承保的標的物可分為下列五種：

1. 貨物保險
2. 船舶保險
3. 運費保險
4. 責任保險
5. 船東相互保險

在海上保險單範圍內，保險公司所承保的基本危險有下列六種：

1. 海難：如擱淺、觸礁、沉沒、船舶失蹤、碰撞、船破、風暴雨及海水損失等。
2. 火災：標的物燒毀、燻黑以及救火行為所致的損害。
3. 暴力偷竊：指使用暴力的偷竊。
4. 投棄：指貨物或船舶之屬具被投棄於船舶之外而言。
5. 船長船員惡意行為。
6. 其他一切行為。

資料來源：信利保險經紀人股份有限公司＿海上貨物運輸保險
http://www.hlcl.com.tw/service2.aspx?ID=102028

# Unit 13-2 保險人責任

## 一、海上保險契約之保險人責任

1. **給付保險金之責任**：保險人除有免責之原因外，對保險標的因海上保險事故所發生之損失負責賠償，並應償還被保險人為避免或減輕損失必要行為之營救費用。（海商法第 129 條及第 130 條第 2 項）
2. **保險費退還之責任**：保險費經保險人收受後，保險責任即開始，但在下列情形仍應退還一部分或全部保險費，如保險契約依法解除、終止或依法無效時。（海商法第 133 條：要保人或被保險人於保險人破產時，得終止契約。）

### 保險法第 2 條

海本法所稱保險人，指經營保險事業之各種組織，在保險契約成立時，有保險費之請求權；在承保危險事故發生時，依其承保之責任，負擔賠償之義務。

## 二、保險人負責原則

1. 保險人對於保險標的物，除契約另有規定外，因海上一切事變及災害所生之毀損滅失及費用，負賠償責任。（海商法第 129 條）
2. 保險人應於收到要保人或被保險人證明文件後三十日內給付保險金額。保險人對於前項證明文件如有疑義，而要保人或被保險人提供擔保時，仍應將保險金額全部給付。前項情形，保險人之金額返還請求權，自給付後經過一年不行使而消滅。（海商法第 150 條）

## 三、保險人不負責內容

1. 保險事故發生時，要保人或被保險人應採取必要行為，以避免或減輕保險標的之損失，保險人對於要保人或被保險人未履行此項義務而擴大之損失，不負賠償責任。（海商法第 130 條第 1 項）
2. 因要保人或被保險人或其代理人之故意或重大過失所致之損失，保險人不負賠償責任。（海商法第 131 條）

### 保險法第 29 條及 33 條

第 29 條：保險人對於由不可預料或不可抗力之事故所致之損害，負賠償責任。但保險契約內有明文限制者，不在此限。

保險人對於由要保人或被保險人之過失所致之損害，負賠償責任。但出於要保人或被保險人之故意者，不在此限。

被保險人之死亡保險事故發生時，要保人或受益人應通知保險人。保險人接獲通知後，應依要保人最後所留於保險人之所有受益人住所或聯絡方式，主動為通知。

第 33 條：保險人對於要保人或被保險人，為避免或減輕損害之必要行為所生之費用，負償還之責。其償還數額與賠償金額，合計雖超過保險金額，仍應償還。

保險人對於前項費用之償還，以保險金額對於保險標的之價值比例定之。

3. 未確定裝運船舶之貨物保險，要保人或被保險人於知其已裝載於船舶時，應將該船舶之名稱、裝船日期、所裝貨物及其價值，立即通知於保險人。不為通知者，保險人對未為通知所生之損害，不負賠償責任。（海商法第 132 條）

4. 要保人或被保險人，於知悉保險之危險發生後，應即通知保險人（海商法第 149 條）。要保人或被保險人如違反上述規定，保險人不負責。

◆ 保險費分一次交付，及分期交付兩種。保險契約規定一次交付，或分期交付之第一期保險費，應於契約生效前交付之；但保險契約簽訂時，保險費未能確定者，不在此限。（保險法第 21 條）

◆ 要保人對於保險契約內所載增加危險之情形應通知者，應於知悉後通知保險人。（保險法第 59 條第 1 項）

◆ 特約條款，為當事人於保險契約基本條款外，承認履行特種義務之條款。（保險法第 66 條第 1 項）

**要保人義務**

**海上保險責任的開始與終止**

水險是一般社會大眾對海上保險之俗稱。海上保險依標的物之不同,可分為貨物運輸保險、船體保險、漁船保險及責任保險等。貨物運輸保險的保險單均以「倉庫到倉庫」即 Warehouse to Warehouse 方式承保,也就是說保險自貨物離開保險單載明運送人的起運地倉庫或儲存處所開始運送時生效,以迄運交保險單所載明的目的地運送人或其他最終倉庫或儲存處所時為止。

再者,保險單效力的終止,除在:

1. 貨物送達保險單載明的目的地、受貨人或其他最終倉庫或儲存除所時終止外,或在
2. 貨物送達保險單所載明的目的地或中途地點,任何其他倉庫或儲存處所,為被保險人用作正常運輸過程外之儲存或分配、分送。
3. 貨物在最終卸貨港完成卸載後迄算屆滿 60 天。

以上三種情形,任何一種先發生,則保險單效力,即行終止。

資料來源:美國國際產險(AIG Taiwan)_ 海上保險責任的開始與終止
https://www.aig.com.tw/claims/cargo-liability-insurance-faqs

◆FOB 的英文全文為 Frec on Board,中文為船上交貨(或稱島離岸價),是指賣方將貨物出貨到船上後,由買方承擔貨物的費用、風險、損壞等,通常用在海運上。FOB 的費用通常只會包含商品成本、出口關稅。

◆C&F 的英文全文為 Cost and Freight,中文為成本加運費,一樣是指貨物到船上後,責任會轉移到買方,但賣方會負責支付成本與運費,但保險費、損壞的風險則由買方承擔。

◆CIF 的英文全文為 Cost, Insurance and Freight,中文為成本＋運費＋保險費(或稱為到岸價),指的就是賣方除了要付成本、運費之外,還要再負擔運輸至指定港口途中可能會有的損壞風險,由賣方付貨物的保險費用。

**What is FOB, C&F and CIF price?**

## 海上保險（Maritime Insurance）

海上保險契約標的
◆船體保險契約（Hull Policy）：為船體及機器、配件等之保險。
◆貨物保險契約（Cargo Policy）：為貨物之保險。
◆運費保險契約（Freight Policy）：為運費之保險。
◆預期利得保險契約（Expected Profit Policy）：為預期應獲得利潤之保險。
◆責任保險契約（Liability Policy）：為船舶所有人應負賠償責任事項之保險。

## 船舶保險（Ship Insurance）

船體及機器險保單（Hull & Machinery Policy）：保險人出售對具有實體可估價船舶資產為標的之保單。
船東互保補償協會（Owners' Protection & Indemnity Club, P&I）：對於船舶營運造成他人財產（包括油污染）及人命傷亡等，透過成立互助機構由會員相互救濟發生上述責任的賠償。會員依登記加入協會的船舶噸位大小繳交入會費，成為協會基金。

UK P&I CLUB

THE AMERICAN CLUB

# Unit 12-3 保險之委付

　　委付（Abandonment）在海上保險是一項特殊的重要制度，海上保險之委付，指被保險人於發生「海商法」第 143 條至第 145 條委付原因後，移轉保險標的物之一切權利於保險人，而請求支付該保險標的物全部保險金額之行為，以迅速彌補被保險人所受之損害，亦可以彌補海上保險較難以證明全部損失之舉證責任。委付的原因依「海商法」的規定分為船舶之委付、貨物之委付、運費之委付、利得之委付；關於利得之委付原因，海商法未規定，應可解釋類推適用有關貨物之委付原因。

第 143 條（船舶之委付）

　　被保險船舶有下列各款情形之一時，得委付之：

1. 船舶被捕獲時。
2. 船舶不能為修繕或修繕費用超過保險價額時。
3. 船舶行蹤不明已逾二個月時。
4. 船舶被扣押已逾二個月仍未放行時。

　　前項第四款所稱扣押，不包含債權人聲請法院所為之查封、假扣押及假處分。

---

 **查封、假扣押及假處分**

所謂的假，就是暫時的意思。假扣押、假處分、假執行皆是指先為的保全或執行程序，目的是為保全債務人財產，以免債務人脫產或使財產消失之行為，在收到確定判決或確定的支付命令，就可以聲請強制執行了，而強制執行程序不外就是將債務人財產查封、拍賣以清償債務。催收程序可以用最簡單的方式來說明，即向債務人通知債務到期，請求法院裁判取得執行的依據，執行債務人財產而假扣押、假處分，都是為了防止債務人脫產的程序；至於查封、拍賣則是對債務人財產取償的程序。

資料來源：中華民國全民扶助協會
https://www.sla.org.tw/faq/detail/51

第 144 條（貨物之委付）

被保險貨物有下列各款情形之一時，得委付之：

1. 船舶因遭難，或其他事變不能航行已逾二個月而貨物尚未交付於受貨人、要保人或被保險人時。
2. 裝運貨物之船舶，行蹤不明，已逾二個月時。
3. 貨物因應由保險人負保險責任之損害，其回復原狀及繼續或轉運至目的地費用總額合併超過到達目的地價值時。

第 145 條（運費之委付）

運費之委付，得於船舶或貨物之委付時為之。

第 146 條（委付之範圍）

委付應就保險標的物之全部為之。但保險單上僅有其中一種標的物發生委付原因時，得就該一種標的物為委付請求其保險金額。

委付不得附有條件。

上項條文旨意是若許可被保險人得一部分委付，則被保險人難免將保險標的物有利部分選擇保留，對於保險人利益將所妨礙。委付之目的本在迅速解決當事人之法律關係，若許可附有條件，徒增日後之糾紛有違委付之立法目的。

第 147 條（委付之積極效力）

委付經承諾或經判決為有效後，自發生委付原因之日起，保險標的物即視為保險人所有。

委付未經承諾前，被保險人對於保險標的物之一切權利不受影響。保險人或被保險人對於保險標的物採取救助、保護或回復之各項措施，不視為已承諾或拋棄委付。

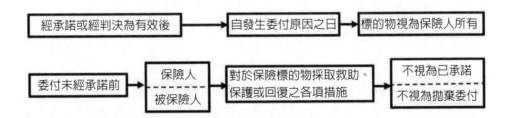

第 148 條（委付之消極效力）

委付之通知一經保險人明示承諾，當事人均不得撤銷。

　　委付乃海上保險之賠償制度，爲陸上保險所無者。海上保險之委付，係指：被保險人於發生法定之委付原因時，得將保險標的物之一切權利移轉於保險人，而請求支付該保險標的物全部保險金額之一種賠償方法，成習慣演變成爲一種海上保險特有制度。

　　海上保險之委付，指被保險人於發生我國「海商法」第 143 條至第 145 條委付原因後，移轉保險標的物之一切權利於保險人，而請求支付該保險標的物全部保險金額之行爲。

▼ 被保險船舶有下列各款情形之一時，得委付之：
　　1. 船舶被捕獲時。
　　2. 船舶不能爲修繕或修繕費用超過保險價額時。
　　3. 船舶行蹤不明已逾二個月時。
　　4. 船舶被扣押已逾二個月仍未放行時。
　　前項第 4 款所稱扣押，不包含債權人聲請法院所爲之查封、假扣押及假處分。

▼ 被保險貨物有下列各款情形之一時，得委付之：
　　1. 船舶因遭難，或其他事變不能航行已逾二個月而貨物尚未交付於受貨人、要保人或被保險人時。
　　2. 裝運貨物之船舶 行蹤不明，已逾二個月時。
　　3. 貨物因應由保險人負保險責任之損害，其回復原狀及繼續或轉運至目的地費用總額合併超過到達目的地價值時。

▼ 運費之委付，得於船舶或貨物之委付時爲之。

船舶碰撞（Ship Collision）：兩艘以上之船舶互相衝突而發生損害。
- ◆事故碰撞：偶然意外及不可抗力，船長及海員亦無過失。
- ◆過失碰撞：由雙方或一方船長或海員之過失，或引水人之過失所引起。
- ◆原因不明碰撞：不能判定過失誰屬之碰撞。

救助（Assistance）：海難程度較輕，船舶未離船員之占有，由第三者（無法律義務人）協助海員進行救濟之行為。
撈救（Recover）：海難程度較重時，船舶或貨物已脫離海員之占有，將沉沒或漂流時，被第三者施救之行為。

拖帶（Towage）：以一船或多艘船舶拖帶另一船舶或多艘船舶航行。
- ◆共同拖帶：兩艘以上船舶並行拖帶另一艘船舶。
- ◆連接拖帶：一艘或兩艘以上船舶被連接拖帶另一艘船舶。

## 海損（Average）

海上危險事故直接或間接發生之損失、損害均稱為海損。

| 海損 | 質量 | 財物海損：船舶或貨物之毀損或滅失。 |
| | | 費用海損：救助費或拖船費之金錢支出費用。 |
| | 程度 | 全部海損（Total Loss）：實際全損或推定全損。 |
| | | 局部海損（Partial Loss）：船舶或貨物局部損失。 |
| | 責任 | 單獨海損（Particular Average）：船舶在航行中發生碰撞、機器故障等偶然事故，非船舶與貨物共同危險所造成的損失。 |
| | | 共同海損（General Average）：為海難中避免船舶或貨物共同危險，由船長故意之處分所造成損害，由保全之船舶或貨物共同分擔之海損。 |

# Unit 13-4 保險之索賠

索賠（Claims）是保險事故發生時的保險爭議解決方式，索賠是被保險人依據海上保險契約的權利，當保險標的物發生契約的保險事故造成損失時，被保險人有權向海上保險人要求賠償。

第 149 條（危險通知之義務）

要保人或被保險人，於知悉保險之危險發生後，應即通知保險人。

第 150 條（保險金額之給付與返還）

保險人應於收到要保人或被保險人證明文件後三十日內給付保險金額。

保險人對於前項證明文件如有疑義，而要保人或被保險人提供擔保時，仍應將保險金額全部給付。

前項情形，保險人之金額返還請求權，自給付後經過一年不行使而消滅。

第 151 條（貨損通知之義務）

要保人或被保險人，自接到貨物之日起，一個月內不將貨物所受損害通知保險人或其代理人時，視為無損害。

**表 13.1　海商法（海上貨物保險）與保險法**

| 求償對象 | 船公司（運送契約） | 保險公司（保險契約） |
|---|---|---|
| 適用法規 | 海商法 | 保險法 |
| 通知時效 | 立即 / 3 天（第 56 條） | 5 天 / 本法或契約另有訂定 |
| 索賠時效 | 1 年（第 125 條） | 2 年 |
| 賠償時效 | 30 天（第 150 條） | 15 天（第 34 條） |
| 舉證義務 | 貨主需承擔 | 貨主需承擔 |
| 免責事由 | 可主張 | 依除外事項規定 |
| 單位責任限制 | 可主張 | 依實際損失金額賠付 |
| 責任限制 | 可主張 | 依實際損失金額賠付 |
| 共同海損分擔 | 可主張 | 依實際損失金額賠付 |

## 貨損事故索賠的一般程序

1. **出險通知**：被保險人或收貨人一經發現保險貨物受損，應立即通知保險人。
2. **及時採取施救措施**：被保險人或收貨人有義務對受損貨物採取合理的措施，避免損失擴大，使貨損盡量減少。

3. **申請檢驗公證**：被保險人或收貨人依保險契約所載的檢驗公證方，及時申請對貨損程度進行檢驗。
4. **向責任方提出追償索賠**：對於涉及第三方的貨損責任，被保險人或收貨人應向責任方要求簽證的貨損貨差證明，並提出書面索賠，以保護保險人的追償權益。
5. **蒐集必要的舉證單據**

**海上保險──貨物水險申請理賠文件**

- 索賠函正本（註明貨損原因、數量及金額，並蓋公司大小章）
- 保險單正本（若無正本則須簽切結書）
- 提單（若貨物全部遺失則須正本）
- 商業發票（Invoice）
- 裝箱單（Packing List）
- 異常證明
- 貨損通知
- 貨損照片

其他文件則視案情須要提供

資料來源：富邦產險
https://www.fubon.com/insurance/home/compensate/water_qa.html

Marine
Insurance

表 13.2　海上保險種類

| 保險名稱 | 要保人 | 保險標的 | 備註 |
|---|---|---|---|
| 船舶保險 | 船東 | 船舶本身 | 該保險責任指向為船殼保險，也就是狹義上的船舶保險。 |
| 運送人責任保險 | 船東 | 船上之商品貨物 | 若運送過程中包括陸上運輸，則陸上運輸亦包括在內。若貨物裝載在甲板上，投保時需先告知。 |
| 運費保險 | 船東 | 貨物經海上運送所預期收取之報酬 | 通常指到達目的地、付款地後收取運費。 |
| 碰撞責任險 | 船東 | 與他船發生碰撞，對其所負擔之責任 | 被保險船舶因與其他船舶碰撞或與其他物體觸碰，引起被保險人依法應負的賠償責任。 |
| 防護與補償險 | 船東 | 船舶碰撞後的軟硬體損失 | 危險發生時採取各種防護措施或者搶救措施產生的合理費用。 |
| 貨物保險 | 進出口商 | 進出口商之貨品 | 保費依照貨物、船舶種類、航程長度及目的地不同有所區別。 |

# 第14章
# 載貨證券

# Unit 14-1 載貨證券概述

依 1978 年聯合國海上貨物運輸公約（漢堡規則）（United Nations Convention on the Carriage of Goods by Sea, 1978）第 1 條名詞定義：「提單是指一種用以證明海上運輸契約和貨物由運送人接管或裝船，以及運送人據以保證交付貨物的單據。單據中關於貨物應交付指定收貨人或按指示交付，或交付提單持有人的規定，即構成了這一證明條件。」[註1]

在我國「海商法」中稱為「載貨證券」，一般通稱為「提單」（Bill of Lading, B/L）。「提單」是運送人因託運人／貨主之請求而簽發的貨物收受證券，上面記載貨物及運送條款等內容，在國際貿易上是作為運送人與託運人／貨主之間權利與義務的依據。一項國際交易，在最終取得貨品前，係就提單所載貨品內容，進行貨物的物權移轉，但實務上最後提貨係憑「小提單」或「提貨單」（Delivery Order, D/O）。

提單必須由運送人或船長或他們的代理簽發，並應明確表明簽發人身分。提單是證明海上運輸契約成立和證明運送人已接管貨物或已將貨物裝船，並保證至目的地交付貨物的憑證。提單也是一種貨物所有權憑證，運送人據以交付貨物給提單持有人，託運人也可憑此向銀行押匯，還可在載貨船舶到達目的港交貨之前進行轉讓。

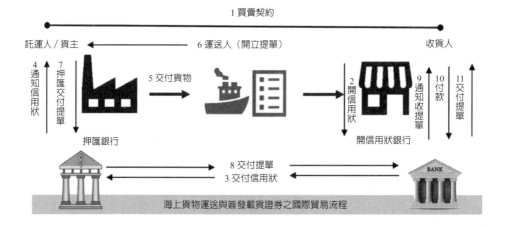

海上貨物運送與簽發載貨證券之國際貿易流程

---

[註1] 航港發展資料庫對外公開資訊平臺——航港法規館
https://data.motcmpb.gov.tw/

### 海商法第 53 及第 60 條

第 53 條：運送人或船長於貨物裝載後，因託運人之請求，應發給載貨證券。
第 60 條：民法第六百二十七條至第六百三十條關於提單之規定，於載貨證券準用之。
以船舶之全部或一部供運送為目的之運送契約另行簽發載貨證券者，運送人與託運人
以外載貨證券持有人間之關係，依載貨證券之記載。

圖 14.1　載貨證券範本

## 載貨證券的內容

載貨證券是託運人與運送人之間運輸協議的證明，又是可以轉讓物權的憑證，因此載貨證券的內容涉及託運人、運送人、收貨人或載貨證券持有人等多方面關係人的權益和責任。

載貨證券的內容一般有正反兩面。正面的內容主要包括：船名、裝運港、目的港、託運人名稱、收貨人名稱（如託運人指定收貨人時）、被通知人名稱、貨物名稱、標誌、包裝、件數、重量或體積、運費、載貨證券正本份數、載貨證券簽發日期、運送人或船長簽字。

提單的反面是印刷的具體運輸條款，對有關運送人的責任、託運人的責任、索賠與訴訟等問題均有詳細的規定。

## 載貨證券之功用

1. 為運送人（船東或傭船人）於貨物確實裝入船艙後，應託運人（Shipper）所請求簽發承認收到託運貨物之正式收據。
2. 為運送人與託運人及收貨人（Consignee）間，有關運送權利與義務之契約證明。
3. 為有受領貨物權利人或合法持有人（Holder），憑以向運送人提取或物之憑證，並作如數提取貨物及交涉短少、損壞賠償之根據。
4. 持有人憑以達成法律上使用、轉移、處分、占有、交付等處分貨物權益及表示貨物所有權、價值之物權證書。

---

 **提單電放（Telex Release, TLX）**

所謂的電放是指託運人（發貨人）將貨物裝船後將運送人（或其代理人）所簽發的全套正本提單交回運送人（或其代理人），同時指定收貨人（非記名提單的情況下）；運送人授權其在卸貨港的代理人，在收貨人不用出具正本提單（已收回）的情況下交付貨物。

資料來源：關於提單電放的幾件事
https://woei70.blogspot.com/2021/06/blog-post.html

載貨證券（提單）的四大功能：
1. 綜合裝貨收據。
2. 運送契約證明。
3. 提貨憑證。
4. 物權證書。

傭船人或船東於貨物確實裝入船艙後，應託運人請求所簽發正式收據。

有權之收貨人或持有人憑以向運送人提取貨物之憑證，作為如數提取或短損索賠之根據。

運送人與貨物託運人或收貨人，有關貨物運送權利與義務之契約證明。

持有人達成法律上使用、轉讓、占有、交付等處分貨物權益或表彰貨物所有權之憑證。

漢堡規則（Hamburg Rules）是一套管理國際貨物運輸的規則，源於1978年3月31日在德國漢堡通過的「聯合國海上貨物運輸公約」（United Nations Convention on the Carriage of Goods by Sea, 1978）。該公約試圖為遠洋船舶貨物運輸建立一個統一的法律基礎，為所有參與運輸者提供一個公平和平等的機會，該公約於1992年11月1日正式生效。

第1條規定
「海上運送契約」是指規定運送人收取運費而承擔由海上自一港口運送貨物至另一港口的任何契約；但兼以他方法運送的契約，僅於與海上運送有關的範圍內，才視為本公約目的的海上運送契約。

「提單」指作為海上運送契約和運送人接收或裝載貨物的證明文件，運送人應對提示此項文件者交付貨物。但文件中明定貨物應交付指定人，或候命交付或交付提單持有人者，不在此限。

United Nations Convention on Contracts for the International Carriage of Goods Wholly or Partly by Sea

# Unit 14-2 **載貨證券分類**

載貨證券可依貨物是否裝船、收貨人分類、收貨情狀、承運方式來分類：[註2]

1. 以貨物是否裝船分為：
   (1) **裝船載貨證券**（Shipped B/L；on Board B/L）：即貨物裝載後所簽發之載貨證券而言。我國海商法第53條規定，貨物確實裝船後由運送人或船長開立載貨證券，在國際貿易上較為銀行、保險業及託運人所接受。
   (2) **收貨待運載貨證券**（Received for Shipment B/L）：指運送人於收受貨物上未裝船前，因託運人要求而簽發之載貨證券。其可靠性較差，往往不能確實裝船、需分批裝運或不能裝船，故不指名船名或指定數船，功能屬收據性質。

2. 以載貨證券有無記名分為：
   (1) **記名載貨證券**（Straight B/L）：指載貨證券載明特定之受貨人。此種載貨證券，只有指定之受貨人始能提貨，通常會加註不可轉讓（Non-negotiable）字樣。
   (2) **不記名載貨證券**（Open or Blank B/L）：指載貨證券不註明收貨人，不須經任何背書手續，多為貨物裝船時尚未售出，待洽妥買主付清貨款即可自由轉讓憑券向運送人提貨。
   (3) **指示載貨證券**（Order B/L）：指載貨證券上收貨人欄載明「由某人指示（Order of XXX）」或「指示（To Order）」字樣之載貨證券，實務上由進口地開信用狀銀行指定提貨人。

3. 以載貨證券上有無批註分為：
   (1) **清潔載貨證券**（Clean B/L）：指運送人簽發之對貨物外表狀況未加批註之載貨證券（即貨物情況良好），故運送人需在接受貨物時，必須注意貨物外表是否與託運人所報情況相符。賣方只有向銀行提供清潔載貨證券，才能取得貨款；清潔載貨證券為貿易上履行出口契約之必要單據。
   (2) **不清潔載貨證券**（Unclean B/L；Foul B/L）：指載貨證券上有貨物外表狀態不良之批註（如包裝破損、數量短缺、外表生鏽等）。不過銀行並不接受此種載貨證券，如此賣方則無法取得貨款，因此託運人在無法改善不良狀態之情況下，通常會向運送人提出免責函（Letter of Indemnity），請運送人簽發清潔載貨證券，並擔保賠償簽發後運送人所

---

[註2] 蔡佩芬，《海商法》，元照出版公司，臺北，2021年。
玉鼎法律事務所，「載貨證券種類」
https://www.we-defend.com.tw/qa/view?category_id=4_24&qa_id=42

產生之一切損失。
4. 以承運方式分為：
(1)**直達載貨證券**（Direct B/L）：同一運送人由同一船舶，自裝船港直接將貨物運送至目的港，買方多會在信用狀中指定。
(2)**轉船載貨證券**（Transshipment B/L）：指貨物經不同運送人及兩艘船以上，再運達目的港。貨物在中途由哪艘船轉運及何處轉船，不僅買賣雙方須事先商定，運送人與託運人亦須在載貨證券內加註，託運人將負擔轉船裝卸費用及較大的貨物短少損失風險。
(3)**聯運載貨證券**（Through B/L）：貨物由兩個以上之運送人以不同或相同運送方式，如海鐵、海空、海陸等複合運輸方式，自裝貨地分段運送至目的地所分段簽發之載貨證券，其運送責任可以分割亦可單一。

---

 **提貨單（分提單、交貨指示單）**

提貨單（Delivery Order, D/O），俗稱小提單，係為保障船公司收取應得之勞務收入，法律上賦予船公司優先處置所載運貨物之權力（優先留置權）。任何人欲提領或處置該貨物前，必須先付清運送費。因此收貨人須將載貨證券（B/L）正本及運送費繳清後，船公司始將 D/O 交予收貨人，憑以提領貨物。
分提單（House Bills of Lading），由承攬業者開立，俗稱小提單、貨運提單。

---

海運提單（Bills of Lading, B/L）之功能
◆貨物收據（Receipt of the Goods）
◆契約之憑證（Evidence of Contract）
◆有價證券（A Document of Title）

# Unit 14-3 **載貨證券內容**

## 海商法第54條：

載貨證券，應載明下列各款事項，由運送人或船長簽名：

1. 船舶名稱。
2. 託運人之姓名或名稱。
3. 依照託運人書面通知之貨物名稱、件數或重量，或其包裝之種類、個數及標誌。
4. 裝載港及卸貨港。
5. 運費交付。
6. 載貨證券之份數。
7. 填發之年月日。

前項第 3 款之通知事項，如與所收貨物之實際情況有顯著跡象，疑其不相符合，或無法核對時，運送人或船長得在載貨證券內載明其事由或不予載明。

載貨證券依第一項第三款為記載者，推定運送人依其記載為運送。

## 上述的條文內容規定意義：

1. **船舶名稱**：現代國際貿易海上運輸過程甚為多元，有各種運輸方式聯運或數艘船進行聯運，為能確立運送人所負運送責任，應將船舶名稱載明。
2. **託運人之姓名或名稱**：託運人多以自己名義向運送人簽訂運送契約，且有權請求簽發載貨證券，因載貨證券可以背書交付及轉讓，為易於辨認持有人資格及發生糾紛之追查交易轉讓，須查明原始託運人之姓名。
3. **貨物之說明描述資料**：載貨證券以特定貨物之交付為目的，故應記載貨物之詳細內容、貨物名稱以方便交付與安排裝載船舶；件數或重量便於計算運費及安排艙位；包裝之種類、個數及標誌便於辨識及貨物表面情況，以便貨物在雙方收受。
4. **裝載港及卸貨港**：目的在便於辦理貨物收受、買賣、保險及受損賠償；運輸過程可能涉及在最後目的港時，中間有轉船裝卸貨地點。
5. **運費之交付**：運費為決定貨物交易價款之一部分，為貿易貨物約定負擔對象之依據，運費交付方式亦應載明。
6. **載貨證券份數**：目的使託運人、運送人、收貨人、銀行知道發行份數，交付貨物時應取得全部份數，避免提貨糾紛。
7. **填發之年月日**：載貨證券持有人可以知悉貨物裝船日期與信用狀規定最後裝船日期相符，並計算可到達日期，如不符或遲延時可拒收或提出索賠要求。

8. **簽發人**：載貨證券必須由運送人或船長簽署，始能發生法律效力並依法負擔載貨證券上所記載之義務。

### 民法第624條

託運人因運送人之請求，應填給託運單。
託運單應記載左列事項，並由託運人簽名：
一、託運人之姓名及住址。
二、運送物之種類、品質、數量及其包皮之種類、個數及記號。
三、目的地。
四、受貨人之名號及住址。
五、託運單之填給地，及填給之年月日。

載貨證券的背面是印刷的具體運輸條款，對有關運送人、託運人的責任、索賠與訴訟等有詳細的規定。如果採用「1978年聯合國海上貨物運輸公約（United Nations Convention on the Carriage of Goods by Sea，1978）」，在運送人的責任主要表示：運送人的負責期限是從託運人把貨物交付開始，到把貨物交給收貨人時終止。包括在裝運港、運輸途中和目的港，凡屬運送人掌管貨物期間，發生貨物滅失、損壞以及由於延遲交貨所造成損失賠償責任。託運人的責任主要由於託運人、或其受僱人、或其代理人的過失或疏忽所造成的損失，應由託運人自負。

託運人應在危險貨物上製作危險標誌或標籤，並將貨物的危險性質及必要應採取的預防措施告訴運送人等。在索賠與訴訟方面，主要為收貨人對貨物滅失或損壞的異議索賠，必須在提貨的次日起，以書面通知承運人（如滅失或損壞不是表面的，應在貨物交付之日起3日內），收貨人對有關貨物損害（共同海損）賠償提出訴訟或提請仲裁，必須在1年內進行，原告有權在被告所在地或契約簽訂地或裝運港、目的港或合約訂明的地點，選定起訴法院提出訴訟等。

# Unit 14-4 載貨證券印刷條款

　　載或證券本身不是船貨雙方簽訂的運輸契約，但定期什貨船運送係屬一種承諾契約，不定期的貨物運送時須簽定傭租船契約，載貨證券便成為一種證明及收據文件，主要在便於傭租船人或託運人的貨物所有權轉讓及向銀行申請押匯使用。

　　載貨證券內印刷之各項條款，大多為限制或免除運送人的責任，此種條款大多以船公司的自身利益為出發點，不利於託運人的意義保障。故我國海商法第61條規定：「以件貨運送為目的之運送契約或載貨證券記載條款、條件或約定，以減輕或免除運送人或船舶所有人，對於因過失或本章規定應履行之義務而不履行，致有貨物毀損、滅失或遲到之責任者，其條款、條件或約定不生效力。」

 **民法第 649 條**

運送人交與託運人之提單或其他文件上，有免除或限制運送人責任之記載者，除能證明託運人對於其責任之免除或限制明示同意外，不生效力。

　　載貨證券印刷條款大多載於載貨證券的背面，其規定不能抵觸我國海商法、民法及國際海事規則（如海牙規則及漢堡規則等）的範圍，一般印刷條款的內容為：

1. 管轄條款（Paramount Clause）：或稱「至上條款」，載或證券簽發人為確定運送人與託運人、收貨人間的權利及義務關係，多規定管轄法院及適用法律，我國船公司即以我國之海商法及國際上的海牙規則為依據。

 **海商法第 77 條**

載貨證券所載之裝載港或卸貨港為中華民國港口者，其載貨證券所生之法律關係依涉外民事法律適用法所定應適用法律。但依本法中華民國受貨人或託運人保護較優者，應適用本法之規定。

**海商法第 78 條**

裝貨港或卸貨港為中華民國港口者之載貨證券所生之爭議，得由我國裝貨港或卸貨港或其他依法有管轄權之法院管轄。

前項載貨證券訂有仲裁條款者，經契約當事人同意後，得於我國進行仲裁，不受載貨證券內仲裁地或仲裁規則記載之拘束。

前項規定視為當事人仲裁契約之一部。但當事人於爭議發生後另有書面合意者，不在此限。

2. **危險除外免責條款**：包括天災及海難除外（如暗礁、冰山、風暴等）、戰爭危險除外（如戰爭攻擊、船舶被捕獲等貨物損失）、第三者行為危險除外（如政府徵收、扣押罷工、海盜等），運送人可不負責任。

**海商法第 69 條**

因下列事由所發生之毀損或滅失，運送人或船舶所有人不負賠償責任：

1. 船長、海員、引水人或運送人之受僱人，於航行或管理船舶之行為而有過失。
2. 海上或航路上之危險、災難或意外事故。
3. 非由於運送人本人之故意或過失所生之火災。
4. 天災。
5. 戰爭行為。
6. 暴動。
7. 公共敵人之行為。
8. 有權力者之拘捕、限制或依司法程序之扣押。
9. 檢疫限制。
10. 罷工或其他勞動事故。
11. 救助或意圖救助海上人命或財產。
12. 包裝不固。
13. 標誌不足或不符。
14. 因貨物之固有瑕疵、品質或特性所致之耗損或其他毀損滅失。
15. 貨物所有人、託運人或其代理人、代表人之行為或不行為。
16. 船舶雖經注意仍不能發現之隱有瑕疵。
17. 其他非因運送人或船舶所有人本人之故意或過失及非因其代理人、受僱人之過失所致者。

3. 責任除外條款【註3】：
  (1)**疏忽條款**：由於運送人、代理人、船長或海員對貨物照料有過失者，不論載貨證券免責條款文字如何規定，運送人仍不能免除其責任。
  (2)**隱在瑕疵條款**：船舶在發航前應保持適當的適航能力，方能使免責條款發生效力，但船體、輪機及其屬具如有潛在缺陷，航行前船舶所有人或船長已注意仍未發現，航行後所造成毀損滅失，運送人即可不負責。
  (3)**貨物內容不詳條款**：貨物裝船時，船方只針對件數及外包裝對裝貨單予以核對，對貨物內容、品質不予以負責。
  (4)**高價貨條款**：如金銀、貨幣、證券、古玩等，託運人如未事前將高價貨之性質與價格預先聲明交付，由船長特別照護，運送人不負照價賠償之責任。
  (5)**危險品條款**：託運人在裝船前應將貨物內容性質告知運送人，否則船長有權將貨物起卸、拋棄或處置使危險性消失，運送人不負責因此發生費用及損失。
  (6)**聯運轉船條款**：一般運送人多規定有隨時可代理託運人將貨物予以轉船轉運之權，如託運人事前已知悉，轉船裝卸費用及風險由託運人負擔。
  (7)**甲板貨條款**：已獲託運人同意，且為航業習慣或法律規定許可，亦如是記載即可免除運送人責任。
  (8)**包裝標誌條款**：託運人應向運送人保證包裝及標誌正確無誤，否則託運人應負一切損害及賠償責任。
  (9)**貨物交接條款**：運送人在收貨後及交貨前應負的運送保管責任，一般航業習慣是以「鉤對鉤」（Tackle to Tackle）或「船欄對船欄」（Rail to Rail）為運送人責任期間。
  (10)**損害賠償條款**：貨物賠償請求應在貨物收領之後，或應受領之日起一年內行使或提起訴訟；另託運人如虛報貨物價值，運送人可不負賠償責任。
  (11)**動物條款**：我國海商法未規定動物運送責任，實務由雙方自由約定。
4. 其他條款
  (1)**留置權條款**：運送人為保證獲得應收運費及其他費用，必要時得按比例留置貨物以抵償。
  (2)**運費條款**：關於運費條款多在載貨證券內記載。

【註3】 陳敏生，《海運經營》，文笙書局，臺北，1997 年。
張良衛，《國際海上運輸》，北京大學出版社，北京，2017 年。

(3) **共同海損條款**：是船舶在海難中，船長為避免船舶、船員、貨物及旅客所共同的危險，所採取合理故意行為處分船貨，而直接發生費用及損失，應由剩餘的船貨所有人分擔條款。

(4) **碰撞條款**：船舶在海上相互碰撞造成損害的雙方責任負擔方式。

---

### 載貨證券認賠書（Letter of Indemnity）

載貨證券認賠書貨稱為免責函，係指為換取運送人或船長發給清潔載貨證券，由託運人出具之擔保文書，表明因運送人或船長發給清潔載貨證券所生之一切損害，託運人願負一切賠償責任。載貨證券認賠書貨的最主要功能，在於方便託運人取得清潔載貨證券，用於向押匯銀行進行押匯換取現金（貨款）。

資料來源：蔡佩芬，《海商法》，元照出版公司，臺北，2021年。

---

載貨證券條款（Clauses of Bill of Lading）是指運送人為免負責任起見，多於載貨證券上或租船契約上，載明免責條款，或潛伏缺點條款，如發生此類事件，不負責任。載貨證券正反兩面印刷條款，說明運送人與託運人的權利與責任。

## 漢堡規則（Hamburg Rules）

第 15 條（提單的內容）

提單除其他事項外必須載明下列各項目：

一、貨物的一般性質、辨認貨物必需的主要標記、適用時關於貨物危險特性的明白聲明、包數或件數，及貨物的重量或用其他方法表明的數量等等託運人提供的所有這些細節；

二、貨物的外表狀況；

三、託運人姓名和主要營業所；

四、託運人姓名；

五、託運人指定收貨人時的收貨人；

六、海上運送契約規定的裝貨港及運送人在裝貨港接收貨物的日期；

七、海上運送契約規定的卸貨港；

八、提單原本如超過一份，應列明份數；

九、提單發給地點；

十、運送人或代表運送人行事者的簽名；

十一、收貨人應付的運費金額或由收貨人支付運費的其他指示；

十二、第二十三條第三項所指的聲明；

十三、適用時貨物應該或可以裝載在艙面運送的聲明；

十四、當事雙方如明白約定在卸貨港交付貨物的日期或期間，應列明該日期或期間；

十五、如按照第六條第四項協議訂定的任何加高的責任限度，應列明該限度。

貨物裝船後，託運人要求時，運送人必須向託運人發給「裝船」提單，該提單除載列根據本條第一項所需載列的項目外，並須說明貨物已裝上指定的船舶及裝載日期。如運送人先前已向託運人發給關於這些貨物的提單或其他所有權文件，託運人經運送人請求，必須將此種文件交還，換取「裝船」提單。運送人為滿足託運人發給「裝船」提單的要求，可將先前發給的任何文件加以修改，但修改後的文件必需列入「裝船」提單所需載有的全部資料。

提單如漏載本條所述項目之一項或多項，不影響此項文件作為提單的合法性，但仍須符合第一條第七項所載列的要件。

# 第15章
# 傭租船契約

# Unit 15-1 傭租船業務

　　傭船業務爲船舶所有人經營不定期業務方式之一，以傭船契約爲手段，除光船租船爲船舶租賃契約外，傭船契約是爲船舶運送契約（Contract of Affreightment）形式之一。

　　傭船契約（Charter Party）[註1]是指船舶所有人或運送人透過其代理人或經紀人與傭船人協議以約定費率及條件，按約定航程將船艙的全部或一部分裝運傭船人所託運的貨物；或按約定期限將船舶全部艙位供傭船人裝運貨物；或將船舶置於傭船人的占有下，進行營運管理，按約定時間收取傭船費或租金，經協議條件而簽訂的書面協議文件。傭船契約主要可分三種：論程傭船契約（Trip or Voyage Charter Party）；論時傭船契約（Time Charter Party）；光船傭船契約（Bare Boat or Demise Charter Party），一般傭船契約通常是指論程傭船契約。

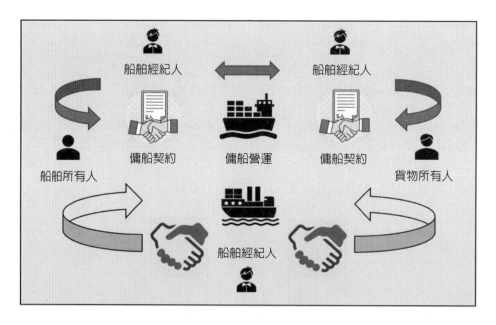

　　在我國「海商法」第38條規定貨物運送契約爲下列二種：「一、以件貨之運送爲目的者。二、以船舶之全部或一部供運送爲目的者。」第39條規定以船舶之全部或一部供運送爲目的之運送契約，應以書面爲之。」

---

[註1] Charter party, Knowledge of Sea
https://knowledgeofsea.com/charter-party/

　　傭船貨運並無固定運價，多由雙方按照當時航運市場行情洽商決定。傭船契約有船貨雙方直接洽訂，但大多由經紀人（Ship Broker or Chartering Broker）或傭船代理人（Chartering Agent）居間仲介而成。

　　傭船運輸又稱爲不定期船運輸（Tramp Shipping），是相對於定期船運輸的一種運輸方式，它沒有預先訂定的船期表、航線、固定彎靠港口，船舶的營運是依船舶所有人（或船舶營運人）與需要船舶運輸的貨主雙方事前簽訂的租船契約（Charter Party）來安排，故稱爲傭船運輸。

　　傭船通常是在傭船市場通過傭船經紀人進行，在傭船市場上將俗稱船東的船舶所有人（Ship Owner）稱爲船舶的供給方，而船舶的承租人或貨主（Cargo Owner）稱爲需求方。雙方的傭船業務大多數透過電報、傳眞或網路通訊等方式進行洽談，這項過程稱爲傭船程序。

### 1. 傭船經紀人

　　在國際傭船市場上，傭船交易通常不是由船舶所有人和租船人直接洽談，而是透過傭船經紀人（Broker）代爲洽訂並簽約。傭船經紀人是在傭船業務中代表船舶所有人或承租人進行傭船業務協商，他可以是代表船舶所有人利益進行交易的船舶所有人經紀人（Owner's Broker），也可是接受傭船人的委託，代表租船人利益進行交易的傭船經紀人（Charter's Broker）。

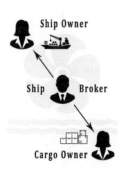

### 2. 傭船程序

　　一項傭船交易的成交，大致上會經過幾道程序：

(1) 詢價（Inquiry），是傭船人以其期望的條件透過經紀人在船舶市場上詢問。

(2) 報價（Offer），船舶所人或營運人，對市場的詢價依自己的利益估算後，提出自己船舶的情況和出租條件，向經紀人提出報價。

(3) 還價（Counter Offer），在已知條件下的報價，雙方各自依自己不能接受的條件，提出修改或增刪的內容，或新的報價。

(4) 肯定報價（Firm Offer），即多次還價後，報價要求對方做出是否成交的決定。

(5) 接受訂租（Acceptance），即一方對協議條件在有效期限內表示承諾意思。

(6) 簽定成交備忘錄（Fixture Note），雙方就傭船業務完成談判後，進行備忘錄的訂定作爲草約來約定當事人雙方的權利與義務。

## 表 15.1 傭租船契約方式比較

| 論程傭船 | 論時傭船 | 空船租船 |
|---|---|---|
| **1. 使用船舶方式** | | |
| 使用船舶一部分或全部分,為貨物運送契約。 | 使用船舶全部艙位,保留船員,為貨物運送契約。 | 占用全部船舶為一租賃契約。 |
| **2. 營運方式** | | |
| 船東直接營運。 | 船東管理船舶,傭船人負責營運。 | 租船人管理及營運。 |
| **3. 使用時間** | | |
| 以航程為時間條件並以裝卸期間限制傭船人使用時間。 | 以一定時間為傭船期間,傭船期間自一個月和數年不等。 | 以一定時間為租船期間,租船期間自數年至十年以上不等。 |
| **4. 船員雇傭** | | |
| 船東僱用船員,傭船人無權干涉。 | 船東僱用船員,傭船人可請求更換船員。 | 租船人僱用船員,船東有同意權並可請求更換船員。 |
| **5. 費用負擔** | | |
| 除裝卸若干費用由雙方協議外,一切船舶管理及營運費用由船東負責。 | 船舶管理費用由船東負責;船舶營運費用由傭船人負責。 | 除船舶折舊、船價利息及保險外,一切船舶管理及營運費用由租船人負責。 |
| **6. 載貨證券責任** | | |
| 運送人或船長簽發並負運送責任 | 傭船人為運送人,載貨證券如由船長簽發,船舶所有人負運送責任;如由傭船人簽發,則由傭船人負責。但船東負責船舶海值及貨物照料責任。 | 租船人為運送人簽發載貨證券,負運送責任並維持船舶海值。 |
| **7. 航行地區及航行命令** | | |
| 船東選擇並指示。 | 由傭船人選擇及指示,但契約中有一定限制。 | 由租船人選擇及指示,但契約中有一定限制。 |
| **8. 裝運貨物** | | |
| 多在契約中明列裝運貨物名稱。 | 未列出貨名,但註明不准裝運之貨名。 | 未列出貨名,但註明不准裝運之貨名。 |

海商法第 38 條
貨物運送契約為下列二種：
一、以件貨之運送為目的者。
二、以船舶之全部或一部供運送為目的者。
第 39 條
以船舶之全部或一部供運送為目的之運送契約，應以書面為之。

傭租船契約（Contract of Affreightment）為船舶運送契約型式之一，傭租船業務為船舶所有人經營不定期航運業務之主要方式，而以洽訂傭租船契約為手段。
係船舶所有人或運人透過經紀人與傭船人協議以約定費率及條件，按約定航程將船艙全部或一部分裝運傭船人所託運貨物；或按約定時間將全部艙位供傭租船人裝運貨物；或將船舶置於租船人的占有下進行營運管理，按約定時間收取傭船費或租金，經協商條件而簽訂之書面協議文件。

---

傭租船契約主要形式
◆論程傭船（Trip or Voyage Charter Party）：使用貨艙一部份或全部份，為貨物運送契約。
◆論時傭船（Time Charter Party）：使用船艙全部份，保留船員合理生活艙間，為貨物運送契約。
◆光船租賃（Bareboat or Demise Charter Party）：占用支配全部船舶進行營運，為租船契約。

航運交易所（Shipping Exchange）
係由船東、航運經營人、貨主、經紀人所組成，定時集會提供國內外船舶傭租消息、運價市場情況。

波羅的海交易所

# Unit 15-2 論程傭船

　　船舶所有人或傭船營運人接受傭船人（託運人）之委託，以其船舶艙位一部分或全部裝運貨物，以一定航程爲範圍自某港口或數港口運至一指定港口或數港口所簽訂之契約，稱爲論程傭船契約（Voyage Charter or One Trip Charter）。所謂一定航程有單程航程（Single Trip）、有往返程（Round Trip）、連續數航程（Consecutive Trip）。

　　論程傭船契約通常由經紀人爲仲介，有時船貨雙方各自委託經紀人，亦有爲同一人居於船貨雙方協調條件，此種專業介紹仲介船舶租賃契約者稱爲傭船經紀人（Chartering Broker）。傭船業務多由船東、航業營運人、貨主、經紀人所組成之航運交易所（Shipping Exchange）進行定時集會，提供國內外船舶傭租船消息、運價及市場情況等情報，國際聞名之交易所有波羅的海、紐約、上海交易所等。

紐約航運交易所

波羅的海交易所

上海航運交易所

◆ 波羅的海交易所 https://www.balticexchange.com/en/index.html
◆ 紐約航運交易所 https://nyshex.com/
◆ 上海航運交易所 https://sse.net.cn/

## 論程傭船契約之格式【註2】

　　論程傭船契約是由託運人與運送人（船東或傭船營運人）雙方之經紀人洽妥簽名後，分交契約當事人保存。一般論程傭船契約之內容條文極多，簽約時不能將所有內容逐項討論列入，故多採用公認之標準型契約（Standard C/P

---

【註2】　胡美芬、王義源，《遠洋運輸業務》，人民交通出版社，北京，2008 年。

Form），不限於固定貨類或航線，可適用於各種貨運，只需將協議之船名、貨名、運費、裝卸港、裝卸時間、延滯費、快速費、取消合約日期條件及修改條款分別列入，不必再協商例行細節。另有針對專門貨種所發行專用契約，爲某地區或某航運公會所承認，此種爲專用傭船契約（Private C/P Form）。

## 論程傭船契約重要條款[註3]

1. **契約當事人之名稱**：通常由雙方當事人簽約，或由雙方各委託或授權之代表代爲簽訂，代理人簽訂時應有適當措辭「As Agent of」、「On Behalf of」等表示是以代理人之身分代表簽署合約。

2. **船舶事項**：
   (1) **船名**（Name of Vessel）：一般填寫約定船舶名稱，有時因船舶調度關係而不會限定指定船舶，改以如代替船（Substitute Ship）或同型船（Sane Type Ship），甚至明列船舶確定另行通知（To be Nominated）。
   (2) **船舶國籍**（Flag of Vessel）：國際上有些國家是敵對關係或無通商互惠關係，或有貨物買賣信用狀之限制，爲避免因傭租船之國籍造成貿易糾紛，多約定船方應負擔之風險。
   (3) **船舶噸位**（Tonnage of Vessel）：契約應規定船舶之總噸位（Gross Tonnage）、登記淨噸位（Net Tonnage）、載重噸位（Dead Weight Tonnage）及載重容積（Bale and Grain Capacity），以供規劃貨物裝載，辦理港埠手續繳納稅捐等。
   (4) **船齡**（Age of Vessel）：契約多載明船舶建造年月日，保險公司對超過一定年限（多爲 15 年以上）的船舶會加收保險費，傭船人會要求因船舶逾齡加收的保險費由船方負擔。
   (5) **船級**（Classification of Vessel）：表示船舶的適航能力，必須有驗船協會發給的船級證書，往往經傭船人審查後再簽訂契約。
   (6) **航速**（Speed of Ship）：多規定船舶於貨物裝竣後，盡可能快速或合理快速駛往目的港。

3. **船舶動態及預定裝貨日期**：爲表示船舶訂約時之位置及經過港口，應載明於契約內，如有虛僞時傭船人可解除合約。

---

[註3]　陳敏生，《海運經營》，文笙書局，臺北，1997 年。
　　　　張良衛，《國際海上運輸》，北京大學出版社，北京，2017 年。

4. **解除合約日期**：爲運送人與傭船人所協議船舶必須到達指定港口，完成裝貨準備之最後期限，逾期時傭船人即有權解除契約或自動作廢。

5. **貨物名稱**：因貨物種類對運價、艙位利用及裝卸方法有密切關係，傭船人限裝運約定的貨物。

6. **貨物數量**：散裝貨物數量通常以概數記載，同時約定裝載數量時亦應有百分之若干之伸縮量。

7. **裝卸港**：契約載明裝卸港，有時指定兩個港口或僅指定某個區域爲裝貨港、卸貨港，裝卸港如由貨主選擇時，應明訂指定港口之時限及方法。

### 安全港口（Safe Ports）或安全船席（Safe Berths）

指船舶在治安、自然、防護上均能安全裝卸，不致損害船貨及船員安全，避免船舶須漲潮時駛入駛出，或須在擱淺狀態下裝卸，或先卸下一部分貨物至駁船才能安全駛入靠泊繼續裝卸，故船東多要求傭船人保證指定港口及船席，應具備上述安全條件。

8. **裝卸準備完成通知及裝卸起算時間**：船舶到達約定裝卸貨地點，船長或運送人應通知傭船人。

9. **裝些工作之完成**：裝卸完成時應將使用之裝卸時間做成詳細紀錄表，由船長及貨主共同簽名，由船方及傭船人計算與約定期限之差額，如有延誤即爲延滯日數，如有超前即爲快速日數，此爲船東保障其營運利益避免船期延滯。

10. **延滯費（Demurrage）**：傭船人未在約定裝卸期間內完成裝卸船工作，必須船舶停留繼續完成裝卸時，自期限屆滿日起，傭船人應每日給付若干元延滯費以補償運送人所發生延滯船期損失。

11. **運費計算**：論程傭船之運費以運價與貨物噸量（材積噸）之乘積計算。亦有以包船運費傭船（Lump Sum Charter），傭船人依市場運價包租全部船艙而不論裝載貨物噸量多少，照約定包船貨物噸量支付運費。

12.**運費付款方式**：包括何處付款、何時、何種貨幣及費率。運費在何時付款可分爲到付（Freight Collect）、預付（Freight Prepaid），或部分預付及部分到付。論程傭船原則上爲預付，在簽發載貨證券時收取。

 **運費**（Freight）

1. **空載運費**（Dead Freight）：傭船人不能供給充足貨物至約定數量時，傭船人仍應照全部運費付清，惟應扣除船方所節省費用；或另裝他貨運費四分之三。
2. **填載運費**（Distress Freight）：傭船人為填滿艙位而以較低運價洽攬其他貨物所收取之運費。
3. **圓載運費**（Completed Freight）：船舶因故（戰爭、罷工、冰封）不能在原港安全裝載完畢，而使往他港由船東另外招攬他貨裝船所收取之運費。

13.**貨物裝卸船費用**：依航運習慣，凡定期船均由船方負擔稱爲定期船條件（Liner Term）或碼頭交貨條件（Berth Term），不定期船之論程傭船契約則由船或雙方約定，通常由貨方負擔船邊裝卸船費用。
14.**船舶代理**（Agency Clause）：論程傭船辦理港口船舶進出港及裝卸業務之代理人，應由船東指定。
15.**費用及稅捐**：雙方依慣例及約定各應負擔之港口費用及稅捐等。
16.**留置權**（Lien）：船東人爲保障其應收取運費及其他費用（如空載損失、救助費、共同海損分攤額、延滯費），可對貨物按比例進行留置權，以待傭船人清償或拍賣抵充。
17.**佣金或回佣**（Commission or Brokerage）：論程傭船契約如係由經紀人居間接洽而定，運送人給付經紀人按運費收入百分之若干手續費作爲報酬（Commission），如在契約訂明照運費收入總額由船方支付給傭船人百分之若干回佣（Address Commission）是變相抵減運費的作法。
18.**戰爭條款**（General War Risk Clause）：制式契約規定，凡船舶航駛之國家發生戰爭及船舶航行安全發生危險時，任何一方都有權取消合約。
19.**罷工條款**（General Strike Clause）：爲避免罷工等勞動糾紛所造成之損失責任歸屬問題，制式契約規定凡因罷工或怠工延滯履行契約義務時，船方及傭船人均無責任。
20.**變更航程條款**（Deviation Clause）：船舶在航行中因故變更航路，僅有依「海牙規則」爲海難救助目的的偏航是爲合法，其他爲裝卸客貨而偏離航程都爲不當行爲。

21. **適用法律管轄條款**（Paramount Clause）：通常在契約規定雙方發生權力義務糾紛時，所依據適用之法律如「海牙規則」及本國之海商法。

**海商法第 78 條**

裝貨港或卸貨港為中華民國港口者之載貨證券所生之爭議，得由我國裝貨港或卸貨港或其他依法有管轄權之法院管轄。

前項載貨證券訂有仲裁條款者，經契約當事人同意後，得於我國進行仲裁，不受載貨證券內仲裁地或仲裁規則記載之拘束。

前項規定視為當事人仲裁契約之一部。但當事人於爭議發生後另有書面合意者，不在此限。

22. **仲裁條款**（Arbitration Clause）：雙方對於發生履約爭議尚未進行訴訟時，多在契約載明仲裁條款，對仲裁人選及地點加以約定，一般以船舶國籍之首都為仲裁地點，仲裁人選由雙方自由選擇，但須為相關之專家。

**仲裁法第 1 條**

有關現在或將來之爭議，當事人得訂立仲裁協議，約定由仲裁人一人或單數之數人成立仲裁庭仲裁之。

前項爭議，以依法得和解者為限。

仲裁協議，應以書面為之。

當事人間之文書、證券、信函、電傳、電報或其他類似方式之通訊，足認有仲裁合意者，視為仲裁協議成立。

論程傭船契約（Voyage Charter or Trip Charter）：運送人（船舶所有人或傭租船人）接受傭船人（託運人）之委託，以其船舶艙位之全部或一部份裝運貨物，以一定航程為範圍自某指定港口或數港口運至另一指定港口或數港口，所簽訂之契約。

所謂一定航程有單程（Single Trip）、往返程（Round Trip）、連續數航程（Consecutive Trip）。

傭船經紀人（Chartering Broker）：論程傭船契約通常由經紀人為媒介，居間船貨雙方介紹促成。

傭船代理人（Chartering Agents）：受大廠商委託經常代為尋找合適傭船之經紀人。

船方　　　　經紀人　　　　貨方

詢價（Enquiry）

還價或承諾（Counter Offer or Accept）

報價或撤回報價（Offer or Withdraw Offer）

論程傭船契約名詞

◆現成船（Spot Ship）：凡經契約一經簽訂，船舶已到達裝貨港，立即可開始裝貨之船舶。

◆待用船（Prompt Ship）：在短期內可卸完貨物或正在卸貨，並可迅速完成準備裝貨之船舶。

◆解除契約期限（LAY/CAN）：為運送人與傭船人所協議約定船舶必須到達指定港口，完成裝貨準備之最後期限，逾期時傭船人有權解除契約或契約自動作廢（Cancelling Date）。最早開始裝貨日期與解除契約期限，此兩種日期為（Lay days）。

◆空載運費（Dead Freight）：散裝貨物裝船數量，傭船人負有照該船所能裝載能量儘量提供貨物之責任，如果貨主對約定數量未能裝足時，仍有照付空載運費之義務。

◆安全港口（Safe Ports）或安全船席（Safe Berth）：指船舶在治安上、自然條件及防護上，均安全裝卸，不致損害船貨及船員安全，船東要求傭船人應保證指定港口須具備上述條件。

◆延滯費（Demurrage）及快速費（Despatch Money）：船舶不能於約定限期內裝卸完成，其超過時間，應由傭船人給付延滯費以補償船方延誤損失；如提前完成裝卸工作，船方應給付傭船人相當之快速費。

# Unit 15-3 論時傭船

論時傭船契約（Time Charter Party）[註4]，論時傭船是指船舶所有人向船舶承租人提供配備船員的特定船舶，承租人在契約期間為約定的用途使用船舶，並支付租金的租船方式。論時傭船不以完成的航程次數為依據，而以約定使用的一段時間即租期為為限。在租期內傭船人可以利用船舶的運能來安排運輸貨物，也可以利用租進的船舶進行

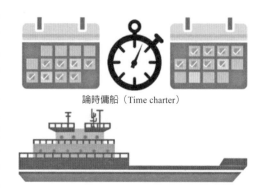

論時傭船（Time charter）

定期運輸，以補充本身運能的不足，還可以在租期內將船舶轉租，以獲取租金的差額利益。

論時傭船船舶的交接應在約定時間及港口，由船方或其代理人會同傭船人，將船舶及剩餘油水由船長交予傭船人，並作成交船證明（Delivery Certificate），載明交接時間、地點、燃料、淡水存量，由雙方代表簽署後存查。傭船期滿亦須在約定時間及港口，由傭船人將船舶交還船方，作成還船證明（Re-delivery Certificate），載明還船時間、地點、燃料、淡水存量，有時雙方另委託公證人，檢查船況及留存油水作成公證報告（On Hire Survey Report）。

## 論時傭船之契約格式

目前世界通用之標準格式約有下述兩種：

1. 波羅的海標準論時傭船契約（BALTIME 1939 (AS REVISED 2001)）[註5]，是在 1909 年首次制定，現在的版本是 1939 年版（2001 年修訂本）。
2. 美國交易所標準論時傭船契約（The New York Produce Exchange Time Charter Party, NYPE）[註6]，自 1913 年發行後經多次修正，最新修訂本為 2015 年；2015 年開始與波羅的海航運交易所（BIMCO）合作。

---

[註4] Voyage Charter vs Time Charter
https://www.marineinsight.com/maritime-law/voyage-charter-vs-time-charter/

[註5] BALTIME 1939 (AS REVISED 2001)
https://www.bimco.org/Contracts-and-clauses/BIMCO-Contracts/BALTIME-1939-As-Revised-2001

[註6] NYPE 2015, BIMCO
https://www.bimco.org/contracts-and-clauses/bimco-contracts/nype-2015

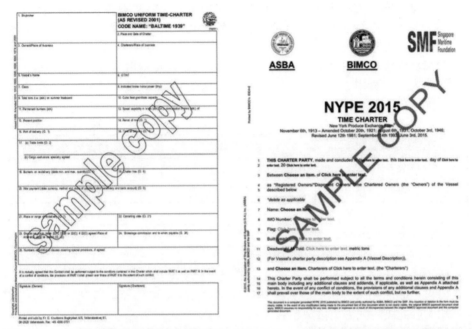

圖 15.1　波羅的海標準論時傭船契約　　圖 15.2　美國交易所標準論時傭船契約

## 論時傭船契約的重要條款【註7】

1. **契約當事人之名稱**：載明船東、傭船人名稱及國籍，簽約時日及地點。
2. **船舶規格**：船名、船舶國籍、船舶噸位及容量、航速、船齡、船級及吃水等。
3. **傭船期限**：傭船人於傭船期間內，營運船舶均會以航次為計算標準，但最後一航次終了，極少與約定期滿時間相符，通常會有若干彈性時間。
4. **交船及還船時間**：交船時間通常規定不得早於某日前，並有取消條款。還船規定在傭船期滿前時還船，交船地點會選在一能安全繫泊的地點，但傭船人應在最少若干天前通知船東進行接船。
5. **交船及還船船況**：通常應申請公證人或驗船師辦理交還船檢驗，對船舶性能、貨艙情況、設備及船上存油、存水加以檢驗計算，以作成船舶交接證明。

---

【註7】　Time Charter Clause
　　　　https://www.handybulk.com/time-charter-clauses/

6. **航行貿易限制**：航行區域為傭船人於傭船期間，使用船舶可以航行地區範圍，應由雙方協議列入契約以免糾紛。船東為保障權益多要求裝運合法貨物，並列入限制裝運貨物以策安全，危險品裝載應先徵得船東同意，甲板裝貨亦應由船長決定。

7. **船東負擔費用**：船員薪資及保險、船舶修理維護及船用品等。

8. **傭船人負擔費用**：港口稅捐及引水費、拖船、船席、代理費用、裝卸及理貨等。

| 契約規定負擔對象 | 論程傭船契約 | 論時傭船契約 |
|---|---|---|
| 船員雇用與薪資 | 船東 | 船東 |
| 船舶燃料與補給 | 船東 | 租船人 |
| 港口及貨物運送成本 | 船東 | 租船人 |
| 船舶保養及維護成本 | 船東 | 船東 |

9. **傭船費之計算**：租金之計算範圍、匯率及貨幣種類。

10. **停租**：如船舶未具適航能力或遇意外事故，使船舶停航不能裝卸航行，傭船人於此段時間得免付傭船費。

11. **轉傭**：除特別聲明禁止外，傭船人有權在不牴觸原契約條款下轉傭他人，但應給原船東通知，對船東仍負履行原有傭船契約之義務。

12. **留置權（Lien）**：雙方互相有留置權，船東可因傭船人應付之傭船費、共同海損、救難費而留置貨物，傭船人可因船方預借的傭船費未能退還，而留置船舶。

13. **船長及船員職責**：傭船人應給於船長全部航行計畫，船長及輪機人員應保持航行日誌交傭船人或其代理人查閱。

14. **仲裁（Arbitration）**：雙方對履行契約發生爭議時，均會在契約規定仲裁辦法、時間、地點及仲裁人，仲裁結果為法院重要的參考意見。

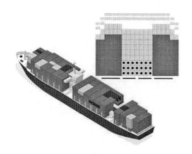

裝卸時間紀錄表（Time Sheet）：為計算裝卸時間，船長及傭船人都需將船舶到港後每一經過細節及確實時間予以紀錄，或委託公證人代為紀錄，再據以計算實際裝卸時間較約定時間之差異。

論時傭船（Time Charter Party）：在約定時間將船舶全部艙位，供傭船人經營貨運，船方對於業務經營不予干涉，而按期收取傭船費為報酬（Charter Hire），是不定期航業經營方式之一。

離租（Off-hire）：由於船方未使船舶具備海值，如人員、物料缺乏或機器故障，以及其他意外災害（擱淺、碰撞、火災、觸礁等）原因致船舶停滯或必須修理；或為維護船舶海值必須入塢檢修，使船舶不能裝卸貨物航行，傭船人對該段不能使用船舶之時間，可以免付傭船費。

海值（Seaworthiness）：是指船舶的安全航行能力，如船舶的構造、航行設備、船員素質等條件規範，以保障客貨的安全，是船舶必須具備的航海價值。

◆論時傭船，船方應將船舶一切屬具配備齊全，僱齊全部合格船員，並使船舶具有適航能力，在約定港口及時間移交於傭船人。

航次期租又稱日租租船（Daily Charter）：與論時傭船方式的特點、費用和風險劃分基本相同，不同之處，在此種租約中沒有明確期限，只有明確特定的航次，租金按完成航次所使用的日數和約定的租金率計算的租船方式。

船舶在租期內，在錨地等候、在港裝卸作業時間及其他各種風險，都由承租人承租，不涉及延滯費與快速費等問題，對船東比較有利。它可避免論時傭船條件下的風險，如缺少長期、可靠的貨源，裝卸港代理人可由承租人指定，船東基本無法知悉貨源情況，航次期租往往是承租人確切掌握某一貨源時首先考慮的方式。

航次期租的特點：
1. 租期的計算以船舶所完成的本航次任務為基礎。
2. 航次期租方式所收取的是船舶租金而不是運費。

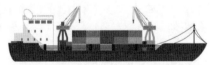

# Unit 15-4 光船租船

光船租船（Demise Charter）或空船租賃（Bare Boat Charter）的租賃契約[註8]，其出租人必爲船舶所有人，租船營運人或傭船人不得以空船方式出租。

船舶所有人　　　　　　租船營運人　　　　　　託運人

其出租方式爲船東將未配備船員之空船交由租船人占有管理下從事營運，租船人成爲暫時的所有管理者，負責船上所有一切管理責任與營運費用，包括雇用船員、飲食、燃料、稅捐等其他費用，船東僅提供船舶是具有適航能力、適當機具與屬具，租船人在歸還船時除自然損耗外，維持交船時狀況歸還，船東僅以按契約收取租金爲報酬。

亦有若干船東以船舶投資者之姿態投資造船，再以空船租賃方式轉租航運業從事營運，採用空船租賃方式以油輪爲多，油輪船東以長期租用（Long Term Charter）方式與石油公司簽訂運油契約之預期收入向銀行押貸資金，同時向船廠進行分期付款造船、取得營運船舶。有些煉油、煉鋼之大企業投資建造船舶，再以論時傭船方式傭回專門運送自有貨物，以控制原料運送及低廉運價，進而降低生產成本。空船租船契約格式，多採用美國貨物交易所所制定之光船租賃契約。

## 光船租船契約的重要條款[註9]

1. **租船期限及交還船**：光船租賃期間通常較長，多爲一年以上，租賃期間起算以交船日期爲準，預定日期、地點有向對方通知的義務，交船時船東應保證船舶適航能力，租船人在租賃期滿時應以原狀交還，交還船時的留存船上燃料、食品及物料等應依當地市價結算。

---

[註8]　What is—Bareboat or Demise Chartering
https://marinersspace.com/what-is-bareboat-or-demise-chartering/
[註9]　陳敏生，《海運經營》，文笙書局，臺北，1997 年。

2. **船員任免**：租賃期間的船員由租船人雇用管理，惟船長、輪機長及高級船員之任免應取得船東的同意，租賃期間船東如有正當理由可要求更換船長、輪機長及高級船員。

3. **修理及保養費**：租船人應定期給予船舶良好的維護保養，以維持與交船時相同的狀態，費用應由租船人負擔。保險費由租船人負擔，以船東為受益人。

4. **檢查及其他費用**：租賃期間應按法定之定期、特別及臨時階段對船舶實行檢查，所需費用由租船人負擔，所需時間亦列入租約期間內。租船人應負擔船員薪資、船舶燃料、船用品、港埠及引水等一切營運管理費用。

5. **租金**：租金按月支付，支付地點及匯率、幣制由雙方議定。

6. **租船人之責任與義務**：光船租船人在租船期間，在營運上所帶給第三人之損失，有如船舶之暫時船東，應負損失賠償責任，包括保險所不能賠償之損失，租船人應將船舶進出各港之動態隨時通知船東。

7. **航行及載貨限制**：船舶在出租期間，僅能在雙方協議之範圍內航行，載運合法之貿易貨品，並不得裝載契約所排除之貨物。

8. **撤回船舶**：船舶租賃期中，船東基於下列原因可不經事前警告、法定程序在任何處所收回船舶：租船人未履行應盡責人與義務、違反租約規定、被宣告解散破產、為債權人權益而讓渡。

9. **留置權（Lien）**：船東為保障自身利益，必須在船舶文書聲明船舶是光船租船，租約內定明租船人及船長，無權使他人留置船舶負擔任何性質的留置責任。

10. **船舶之滅失及不能使用**：規定費用交付至船舶喪失之日止，若喪失日期不能確定，則交付至最後消息之日止。

11. **停租（Off-hire）**：凡歸於船東過失致妨礙船舶營運連續 48 小時以上時，對於其損失之時間，停止付租金。但船東對租船人應付之船員薪資、燃料、港埠費用仍不負責。

12. **光船轉租**：光船租船人如擬將船舶轉租給第三人時，應徵得船東的同意。

13. **保證金**：租船人應在交船前交付一定金額之保證金。

14. **載貨證券責任**：由租船人簽發應由租船人負擔法律責任，不得違反租船契約之條款，亦不得違反海牙規則及當事人國家海商法所規定範圍。

光船租賃契約（Bareboat Charter or Demise Charter）：出租人為船舶所有人，租船人或備船人不能以空船再出租，船東將未配備船員之空船交由租船人暫時占有管理下從事營運，租船人成為實際的暫時船舶所有人，負責船舶一切營運及管理的費用與責任。

撤回船舶（Withdraw of Vessel）：船舶租賃期限內，船東可因下列原因不經警告、法定程序，在任何處所收回船舶：
1. 租船人未履行應盡責任與義務
2. 違反租約之規定
3. 被宣告解散破產
4. 為債權人權益而發生讓渡情事

留置權（Lien）：船東為保障自身權益，必須在租約內訂明租船人及船長，無權使他人留置船舶，應在船舶明顯之處標示、船舶文書內聲明該船係光船租賃，所有權屬於船東，租船人或船長無權使船舶負擔任何被留置責任。

實務上，光船租賃並不具有承攬貨物、提供運輸服務的性質，而是船舶的租賃，相當於一種財產的租賃；在業務上，船舶租賃的租船也不同於租船運輸。

在國際上辦理光船租賃業務時，往往會附有一些財務優惠條件，一般普遍是船舶購買選擇權的租賃條件，即承租人在船舶租期到期時，有購買該船舶的選擇權。如果租船人或船東同意以這種附帶條件租購船舶，會事先確認租約到期時的船舶價格，並將船價按期平均分攤，租期到時隨著船舶所有權的轉移，使原來的承租人轉為船舶所有人。

Purchase Option Ship

# 附　錄

1. 考選部海運學、海運學概要命題大綱（航運行政類科）
2. 臺灣港務股份有限公司海運學、海運學概要命題大綱（貨櫃場站管理類科）
3. 歷年公務人員高等考試三級考試海運學試題（航運行政類科）
4. 歷年公務人員普通考試考試海運學概要試題（航運行政類科）
5. 歷年交通事業港務人員升資考試海運學試題（員級晉高員級）
6. 歷年交通事業港務人員升資考試海運學概要試題（佐級晉員級）
7. 歷年臺灣港務股份有限公司年度新進從業人員甄試海運學試題

# 1.1 考選部海運學命題大綱

| 適用考試名稱 | 適用考試類科 |
|---|---|
| 公務人員高等考試三級考試 | 航運行政 |
| 專業知識及核心能力 | 一、了解海運之性質及基本要素。<br>二、具備航運經營管理之重要觀念。<br>三、具有海運相關法規之知識。 |
| 命題大綱 | |
| 一、海運之性質<br>（一）海運之特性<br>（二）我國航業發展現況<br>（三）世界航運現況及發展趨勢 | |
| 二、海運基本要素<br>（一）船舶<br>（二）貨物<br>（三）商港與貨物、貨櫃終站<br>（四）船長與海員<br>（五）航運公司之組織 | |
| 三、航運經營<br>（一）定期航運與貨櫃運輸<br>（二）不定期航運與租傭船業務<br>（三）海運市場與運價 | |
| 四、海運相關法規<br>（一）海商法<br>（二）海上保險<br>（三）載貨證券理論與實務<br>（四）傭船契約 | |
| 備註 | 表列命題大綱為考試命題範圍之例示，惟實際試題並不完全以此為限，仍可命擬相關之綜合性試題。 |

資料來源：考選部公務人員高考三級或相當特種考試三等考試（行政類科）部分應試專業科目命題大綱
https://wwwc.moex.gov.tw/main/content/wHandMenuFile.ashx?file_id=2849

# 1.2 考選部海運學概要命題大綱

| 適用考試名稱 | 適用考試類科 |
|---|---|
| 公務人員普通考試 | 航運行政 |
| 專業知識及核心能力 | 一、了解海運之性質及基本要素。<br>二、具備航運經營管理之重要基本觀念。<br>三、具備航運相關法規之基礎知識。 |
| 命題大綱 ||
| 一、海運之性質<br>（一）海運之特性<br>（二）我國航業產業現況及未來發展趨勢 ||
| 二、海運基本要素<br>（一）船舶<br>（二）貨物<br>（三）商港與貨物、貨櫃終站<br>（四）船長與海員 ||
| 三、航運經營<br>（一）定期航運經營<br>（二）不定期航運經營 ||
| 四、海運相關法規<br>（一）海商法<br>（二）海上保險 ||
| 備註 | 表列命題大綱為考試命題範圍之例示，惟實際試題並不完全以此為限，仍可命擬相關之綜合性試題。 |

資料來源：考選部公務人員普考或相當特種考試四等考試（行政類科）部分應試專業科目命題大綱
https://wwwc.moex.gov.tw/main/content/wHandMenuFile.ashx?file_id=2853

# 2.1 臺灣港務股份有限公司海運學命題大綱

| 適用級別 | 適用類科 |
|---|---|
| 師級 | 貨櫃場站管理 |
| 專業知識及核心能力 | 一、了解海運性質與航運經營。<br>二、了解貨櫃碼頭作業實務。<br>三、了解海運基本要素與相關法規。 |
| 命題大綱 ||
| 一、了解貨櫃海運性質與航運經營<br>（一）我國貨櫃航運產業發展趨勢。<br>（二）國際貨櫃航運公司營運概況。 ||
| 二、了解貨櫃碼頭作業實務<br>（一）貨櫃場運輸管理知識。<br>（二）貨櫃船舶裝卸相關知識。 ||
| 三、了解貨櫃海運基本要素與相關法規<br>（一）貨櫃船舶之了解。<br>（二）貨櫃船舶運送與船長之權利義務之了解。 ||
| 備註 | 表列命題大綱為考試命題範圍之例示，惟實際試題並不完全以此為限，仍可命擬相關之綜合性試題。 |

資料來源：臺灣港務公司首頁 > 資訊公開 > 人才招募 > 甄試規定與歷屆試題
https://www.twport.com.tw/Upload/A/RelFile/CustomPage/3941/8385ce66-807d-476c-8f4c-40ba91e3fe13.pdf

## 2.2 臺灣港務股份有限公司海運學概要命題大綱

| 適用考試名稱 | 適用考試類科 |
|---|---|
| 員級 | 貨櫃場站管理 |
| 專業知識及核心能力 | 一、了解海運之基本要素。<br>二、了解海運之經營模式。<br>三、了解海運相關法規。 |
| 命題大綱 | |
| 一、了解海運之基本要素<br>（一）對於海運港口之了解。<br>（二）對於海上運送行為與運作方式之了解。 | |
| 二、了解貨櫃航運經營模式<br>（一）對於貨櫃航運之了解。<br>（二）貨櫃碼頭管理之了解。 | |
| 三、了解海運相關法規<br>（一）對於海上運送人之了解。<br>（二）對於貨櫃船舶運送之了解。 | |
| 備註 | 表列命題大綱為考試命題範圍之例示，惟實際試題並不完全以此為限，仍可命擬相關之綜合性試題。 |

資料來源：臺灣港務公司首頁＞資訊公開＞人才招募＞甄試規定與歷屆試題
https://www.twport.com.tw/Upload/A/RelFile/CustomPage/3941/8385ce66-807d-476c-8f4c-40ba91e3fe13.pdf

# 3.1 103年公務人員高等考試三級考試試題

類科：航運行政

科目：海運學

考試時間：2 小時

※注意：

① 禁止使用電子計算器。

② 不必抄題，作答時請將試題題號及答案依照順序寫在試卷上，於本試題上作答者，不予計分。

③ 本科目除專門名詞或數理公式外，應使用本國文字作答。

一、在當前世界航運發展趨勢中，何以 Flag of Convenience（FOC）及 Offshore Registry 方興未艾？各國如欲保有相當規模之國輪船隊，得採行何種海運政策以對？申論之。（25 分）

二、航運事業之組織發展策略有① Merger and Acquisition、② Intermodal Ownership、③ Conglomerate Combination 等三者，各申論之。（25 分）

三、美國 1984 年「海運法」及 1998 年「海運改革法」對以美國為起訖港口之外貿班輪航線之運費及市場有何影響？申論之。（25 分）

四、我國「海商法」與航運事業之經營有何關係？申論之。（25 分）

資料來源：考選部考畢試題查詢平臺
https://wwwq.moex.gov.tw/exam/wFrmExamQandASearch.aspx

# 3.2 104年公務人員高等考試三級考試試題

類科：航運行政
科目：海運學
考試時間：2小時
※注意：
  ① 禁止使用電子計算器。
  ② 不必抄題，作答時請將試題題號及答案依照順序寫在試卷上，於本試題上作答者，不予計分。
  ③ 本科目除專門名詞或數理公式外，應使用本國文字作答。

一、就貨櫃之搬運與使用起重機具而言，目前貨櫃基地主要的作業方式有哪些？其優缺點各為何？（25分）

二、就載貨證券實務而言，何謂擔保提貨？何謂電報放貨？兩者之主要異同為何？（25分）

三、一個商港是否值得興建，應考慮那些實體要素？（16分）又商港之營運模式可分為地主港（Landlord Port）、工具港（Tool Port）及全包式營運港（Service Port）三種，請分別說明其意義。（9分）

四、依照我國船員法之規定，船員（包括船長與海員）之主要權利與義務為何？試申論之。（25分）

資料來源：考選部考畢試題查詢平臺
https://wwwq.moex.gov.tw/exam/wFrmExamQandASearch.aspx

# 3.3 105年公務人員高等考試三級考試試題

類科：航運行政

科目：海運學

考試時間：

※注意：

① 禁止使用電子計算器。

② 不必抄題，作答時請將試題題號及答案依照順序寫在試卷上，於本試題上作答者，不予計分。

③ 本科目除專門名詞或數理公式外，應使用本國文字作答。

一、從海運產業對我們國家經濟發展的重要性觀點來看，請述明：為何國輪船隊很重要？又為何我國國輪船隊會逐年下滑？以及要如何提升國輪船隊噸位？（25分）

二、請綜合論述：船級（Class）、適航能力（Seaworthiness）與其間之相關性？並請寫出 10 家國際船級協會（International Association of Classification Societies, IACS）驗船機構會員之中英文簡稱？（25分）

三、一般而言，船長擁有船舶之指揮管理權、緊急處分權、處置未經報明貨物與寄存貨物之權限等等，以供執行與主管船上一切事務。請述論：何謂船長之「指揮管理權」、「緊急處分權」？（25分）

四、航運政策包括了各種航運獎助與扶植政策。請您列舉出 5 種常見的航業扶植政策，並論述其內容與效益。（25）

資料來源：考選部考畢試題查詢平臺

https://wwwq.moex.gov.tw/exam/wFrmExamQandASearch.aspx

# 3.4 106年公務人員高等考試三級考試試題

類科：航運行政
科目：海運學
考試時間：
※注意：
　① 禁止使用電子計算器。
　② 不必抄題，作答時請將試題題號及答案依照順序寫在試卷上，於本試題上作答者，不予計分。
　③ 本科目除專門名詞或數理公式外，應使用本國文字作答。

一、提單（Bill of Lading）具有價證券之特性，且合法持有人得主張提單所記載之權利，請論述實務上常見與提單有關之糾紛或詐欺情事。（25分）

二、貨櫃基地依營運模式主要可以分為哪些模式？並分別詳述其營運特性。（25分）

三、請說明下列事項：
　①定期航運策略聯盟（Strategic Alliance）之優點。（15分）
　②全球目前有哪些定期航運策略聯盟與成員為何？（10分）

四、定期船運之運價計算方式，會因各國之商品性質或貿易習慣不同而有不同之計價方式，請詳述之。（25分）

資料來源：考選部考畢試題查詢平臺
https://wwwq.moex.gov.tw/exam/wFrmExamQandASearch.aspx

# 3.5 107年公務人員高等考試三級考試試題

類科：航運行政

科目：海運學

考試時間：2 小時

※ 注意：

　① 禁止使用電子計算器。

　② 不必抄題，作答時請將試題題號及答案依照順序寫在試卷上，於本試題上作答者，不予計分。

　③ 本科目除專門名詞或數理公式外，應使用本國文字作答。

一、請說明海運同盟（Shipping Conference）與貨櫃航運聯盟（Container Shipping Alliance）的差別。（25 分）

二、近 20 年來全球船舶大型化的現象極為明顯，請從船舶製造的觀點，說明船隻的設備規模經濟（Economics of Ship Size）現象。（25 分）

三、對於任何廠商而言，獲利等於總營收與總成本相減，請從此觀點，說明全球貨櫃航商產業的共同經營特性。（25 分）

四、請從效率訂價的原則分析定期航運中，臺灣地區到美國西岸跨太平洋航線去程與回程貨櫃運輸價格的訂定，並與市場實際運價比較，說明理論與實務是否有所差異。（25 分）

資料來源：考選部考畢試題查詢平臺

https://wwwq.moex.gov.tw/exam/wFrmExamQandASearch.aspx

# 3.6 108年公務人員高等考試三級考試試題

類科：航運行政

科目：海運學

考試時間：2 小時

※注意：

① 禁止使用電子計算器。

② 不必抄題，作答時請將試題題號及答案依照順序寫在試卷上，於本試題上作答者，不予計分。

③ 本科目除專門名詞或數理公式外，應使用本國文字作答。

一、請說明下列名詞在航運管理中的意義：（每小題 5 分，共 25 分）

　　① General Average

　　② STCW

　　③ COFC

　　④ Charter Party

　　⑤ Cabotage

二、何謂商港設施？一個商港之主要水面設施為何？主要繫留設施為何？（25 分）

三、就載貨證券而言，何謂已裝船提單（Shipped B/L）？何謂指示提單（Order B/L）？何謂直航提單（Direct B/L）？何謂聯運提單（Through B/L）？請分別詳細說明之。（25 分）

四、請說明商船航商選擇停靠國際商港的主要因素為何？（25 分）

資料來源：考選部考畢試題查詢平臺

https://wwwq.moex.gov.tw/exam/wFrmExamQandASearch.aspx

# 3.7 109年公務人員高等考試三級考試試題

類科：航運行政
科目：海運學
考試時間：2小時
※注意：
① 禁止使用電子計算器。
② 不必抄題，作答時請將試題題號及答案依照順序寫在試卷上，於本試題上作答者，不予計分。
③ 本科目除專門名詞或數理公式外，應使用本國文字作答。

一、試申論國際海事組織（International Maritime Organization, IMO）對港口國管制之規定。（25分）
二、自1960年代貨櫃運輸的方式興起，雜貨船已漸被貨櫃船取代，請說明定期航運主要的特點為何？（25分）
三、請申論如何「強化整合海運安全法規制度並與國際接軌」？（25分）
四、海運市場運價受成本、運輸價值、貨物性質，以及船舶營運等四因素影響，請就船舶營運之因素說明之。（25分）

資料來源：考選部考畢試題查詢平臺
https://wwwq.moex.gov.tw/exam/wFrmExamQandASearch.aspx

# 3.8 110年公務人員高等考試三級考試試題

類科：航運行政

科目：海運學

考試時間：2 小時

※注意：

①禁止使用電子計算器。

②不必抄題，作答時請將試題題號及答案依照順序寫在試卷上，於本試題上作答者，不予計分。

③本科目除專門名詞或數理公式外，應使用本國文字作答。

一、我國海商法規範了船舶從事海上企業活動所產生相關之法律行為，其中包括海事優先權。請問海事優先權立法之理由為何？得主張海事優先權之債權包括哪些項目？試申論之。（25 分）

二、依承運的貨物不同，整個海運市場又可區分成若干個不同的海運市場，請問就乾貨市場（Dry Cargo Market）而言，又可以分為哪幾種市場？試申論之。（25 分）

三、資訊科技的快速進步使得航運產業也逐漸產生了新的商業模式，請問目前船舶運送業的三個主要數位化聯盟是什麼？數位平台的建立還有區塊鏈的應用分別為航運產業帶來了哪些影響？試申論之。（25 分）

四、貨櫃租賃依租用期間可分為短租、長租、統籌租賃與買斷租賃等方式，請分別詳細說明之。（25 分）

資料來源：考選部考畢試題查詢平臺
https://wwwq.moex.gov.tw/exam/wFrmExamQandASearch.aspx

# 4.1 103年公務人員普通考試考試試題

類科：航運行政

科目：海運學概要

考試時間：1 小時 30 分

※ 注意：

   ① 禁止使用電子計算器。

   ② 不必抄題，作答時請將試題題號及答案依照順序寫在試卷上，於本試題
      上作答者，不予計分。

   ③ 本科目除專門名詞或數理公式外，應使用本國文字作答。

一、試就運送人之性質、承運之貨物、運送契約、運費市場、使用船型等五大
   面向，列表比較 Liner Shipping 與 Tramp Shipping 之差異。（25 分）

二、何謂商船？繪圖說明商船之分類（分別列舉其中、英文名稱）。（25 分）

三、說明貨櫃運輸系統有哪六大特性？（25 分）

四、我國海商法所規範之有關船舶權利有哪三大方面？說明之。（25 分）

資料來源：考選部考畢試題查詢平臺

https://wwwq.moex.gov.tw/exam/wFrmExamQandASearch.aspx

# 4.2 104年公務人員普通考試考試試題

類科：航運行政

科目：海運學概要

考試時間：1 小時 30 分

※注意：

① 禁止使用電子計算器。

② 不必抄題，作答時請將試題題號及答案依照順序寫在試卷上，於本試題上作答者，不予計分。

③ 本科目除專門名詞或數理公式外，應使用本國文字作答。

一、何謂權宜船籍？使用權宜船籍對船東之優缺點各為何？請列舉兩個目前全球提供權宜船籍設籍之主要國家。（25 分）

二、何謂「自由貿易港區」？我國目前有哪些自由貿易港區？發展自由貿易港區對港口、航商與自由貿易港區業者而言有何助益？（25 分）

三、就一艘船舶而言，何謂乾舷（Free Board）？各國政府為何要規範最小乾舷值？並請說明滿載排水噸位與輕載排水噸位之意義。（25 分）

四、就不定期航運而言，請問全球最重要的五種乾散貨為何？其使用船舶依大小而言可分哪幾種船型？而市場上船舶租傭契約主要有哪幾種？（25 分）

資料來源：考選部考畢試題查詢平臺

https://wwwq.moex.gov.tw/exam/wFrmExamQandASearch.aspx

# 4.3 105年公務人員普通考試考試試題

類科：航運行政
科目：海運學概要
考試時間：1 小時 30 分
※ 注意：
　① 禁止使用電子計算器。
　② 不必抄題，作答時請將試題題號及答案依照順序寫在試卷上，於本試題上作答者，不予計分。
　③ 本科目除專門名詞或數理公式外，應使用本國文字作答。

一、請論述為何國際海上運送行為與海運產業受到各種國際公約的規範？並請您列舉任二種較為重要的「國際海事公約」名稱。（25 分）

二、請論述何謂港口國管制？有何影響性？有哪些備忘錄有規範之？（25 分）

三、Bill of Lading（B/L）在我國民法中，稱之為「提單」，而在我國海商法則以「載貨證券」稱之。提單在國際貿易之運送行為中，扮演「貨物之收據、契約之證明及物權證書」等不同功能，請您分別闡釋上述三項之功能意涵。（25 分）

四、無船公共運送人（NVOCC）係屬於承攬運送之運送人型態。請您分別依運送人與託運人之不同觀點，闡釋「無船公共運送人」之明確定義與內容。（25 分）

資料來源：考選部考畢試題查詢平臺
https://wwwq.moex.gov.tw/exam/wFrmExamQandASearch.aspx

# 4.4 106年公務人員普通考試考試試題

類科：航運行政

科目：海運學概要

考試時間：1 小時 30 分

※注意：

① 禁止使用電子計算器。

② 不必抄題，作答時請將試題題號及答案依照順序寫在試卷上，於本試題上作答者，不予計分。

③ 本科目除專門名詞或數理公式外，應使用本國文字作答。

一、定期航運與不定期航運，在管理與經營方式有相當程度之差異，請表列下列五項說明其差異性：1. 航線及船期 2. 運費收取 3. 貨物性質 4. 服務水準 5. 運送人。（25 分）

二、由船東共同組成的協會所爲的防護與補償險（Protection & Indemnity），請就其所承保內容範圍爲何說明之？（25 分）

三、船東將其屬輪選擇懸掛權宜船籍（Flag of Convenience），請論述其主要之原因。（25 分）

四、自九一一攻擊事件之後運輸保安課題被重視，國際海事組織及美國政府部門皆提出一連串之反恐措施，請就何謂大港倡議計畫（Megaport Initiative）詳細說明？（25 分）

資料來源：考選部考畢試題查詢平臺
https://wwwq.moex.gov.tw/exam/wFrmExamQandASearch.aspx

# 4.5 107年公務人員普通考試考試試題

類科：航運行政

科目：海運學概要

考試時間：1 小時 30 分

※注意：

①禁止使用電子計算器。

②不必抄題，作答時請將試題題號及答案依照順序寫在試卷上，於本試題上作答者，不予計分。

③本科目除專門名詞或數理公式外，應使用本國文字作答。

一、請分別說明定期航運的三種運費種類。（25 分）

二、請說明目前我國航業法中所定義的「航業」種類。（25 分）

三、請說明我國船舶法中規範「船舶合於下列規定之一者，得申請登記為中華民國船舶」，其中所謂的「下列規定」有四項規定，請分別說明。（25 分）

四、請說明依地理位置所區分的四種港口位置，並分別舉一例說明。（25 分）

資料來源：考選部考畢試題查詢平臺
https://wwwq.moex.gov.tw/exam/wFrmExamQandASearch.aspx

# 4.6 108年公務人員普通考試考試試題

類科：航運行政
科目：海運學概要
考試時間：1 小時 30 分
※ 注意：
① 禁止使用電子計算器。
② 不必抄題，作答時請將試題題號及答案依照順序寫在試卷上，於本試題上作答者，不予計分。
③ 本科目除專門名詞或數理公式外，應使用本國文字作答。

一、請說明下列名詞在航運管理中的意義：（每小題 5 分，共 25 分）
① Gantry Crane
② CFS
③ Stevedore
④ Stowage factor
⑤ Deadweight

二、商港的運輸功能主要為何？試申論之。（25 分）

三、何謂多角化經營？就一個定期航運公司而言，適合進行的垂直與水平多角化之事業有哪些？其風險與效益為何？（25 分）

四、何謂複合運輸？請說明北美陸橋複合運輸之主要運送方式。（25 分）

資料來源：考選部考畢試題查詢平臺
https://wwwq.moex.gov.tw/exam/wFrmExamQandASearch.aspx

# 4.7 109年公務人員普通考試考試試題

類科：航運行政

科目：海運學概要

考試時間：1 小時 30 分

※ 注意：

①禁止使用電子計算器。

②不必抄題，作答時請將試題題號及答案依照順序寫在試卷上，於本試題上作答者，不予計分。

③本科目除專門名詞或數理公式外，應使用本國文字作答。

一、海上運送扮演國際貿易之角色，試申論海運對我國經濟及貿易之貢獻為何？（25 分）

二、目前依航業法授權交通部訂定管理航運業之「海運承攬運送業管理規則」，請說明何謂海運承攬運送業？（25 分）

三、請論述海運與國家安全之關係為何？（25 分）

四、載貨證券的種類，可因收貨情況區分成清潔載貨證券（Clean B/L）與不清潔載貨證券（Unclean B/L）兩類，請說明之。（25 分）

資料來源：考選部考畢試題查詢平臺
https://wwwq.moex.gov.tw/exam/wFrmExamQandASearch.aspx

# 4.8 110年公務人員普通考試考試試題

類科：航運行政
科目：海運學概要
考試時間：1 小時 30 分
※ 注意：
　① 禁止使用電子計算器。
　② 不必抄題，作答時請將試題題號及答案依照順序寫在試卷上，於本試題上作答者，不予計分。
　③ 本科目除專門名詞或數理公式外，應使用本國文字作答。

一、船舶噸位的丈量在航運管理中是相當重要的課題，請問何謂船舶噸位？丈量船舶噸位的主要目的是什麼？並且請比較總噸位（Gross Tonnage）與淨噸位（Net Tonnage）的異同。（25 分）

二、自從 911 攻擊事件之後，貨櫃運輸保安問題逐漸被重視，許多反恐措施與法案也紛紛被提出。請分別說明下列計畫之目的與執行重點：（25 分）
　①國際船舶及港口設施保安章程（ISPS Code）
　②貨櫃保安倡議計畫（CSI）
　③美國海關反恐貿易夥伴計畫（C-TPAT）

三、就貨櫃碼頭船邊裝卸作業而言，實務上有利用跳板的 Ro/Ro 及利用橋式機的 Lift-on/Lift-off 兩種主要作業方式，請說明此兩種方式的操作內容，並分別從「適合的船型」與「碼頭建置成本高低」等構面，來比較此兩種作業方式的優缺點。（25 分）

四、載貨證券是實務上相當重要的航運文件，請問何謂 Negotiable B/L？何謂 Non-negotiable B/L？又 Non-negotiable B/L 與 Sea Waybill 之差異為何？請分別詳細說明之。（25 分）

資料來源：考選部考畢試題查詢平臺
https://wwwq.moex.gov.tw/exam/wFrmExamQandASearch.aspx

# 5.1 104年交通事業港務人員升資考試試題

等級：員級晉高員級

類科（別）：各類別—港務公司、航港局

科目：海運學

考試時間：2小時

※注意：

　① 禁止使用電子計算器。

　② 不必抄題，作答時請將試題題號及答案依照順序寫在試卷上，於本試題上作答者，不予計分。

一、散裝航運船舶營運模式主要有哪些？（25分）

二、我國之航政法規主要有哪些？請說明這些法規之要義。（25分）

三、船舶噸位有哪些不同種類？與哪些計費標準有關？（25分）

四、載貨證券在法律上之功用為何？（25分）

# 5.2 106年交通事業港務人員升資考試試題

等級：員級晉高員級
類科（別）：各類別—港務公司、航港局
科目：海運學
考試時間：2小時
※注意：
　① 禁止使用電子計算器。
　② 不必抄題，作答時請將試題題號及答案依照順序寫在試卷上，於本試題上作答者，不予計分。

一、某貨主擬運送一個20呎貨櫃自高雄港至美國紐約港，請問其可使用的運送路徑有哪些選擇？各有哪些優缺點？巴拿馬運河拓寬後，對該貨主運送路徑選擇又有何影響？（25分）

二、假設船舶甲於航行途中不慎發生船難而有沉船之虞，船上仍有旅客及貨物尚待救援，請問船舶甲之船長應有哪些作為？又不應有哪些作為？假設另有一艘船舶乙恰好行經船舶甲附近，請問船舶乙之船長應有哪些作為？又不應有哪些作為？請依船員法規定之權利與義務進行論述。（25分）

三、請從環保與永續經營的角度，說明岸電系統（Alternative Power）與壓艙水控管（Ballast Water Management）兩措施之意義與具體作法。（25分）

四、911事件後，國際海事組織與美國對「反恐」均相當重視，請問由國際海事組織與美國政府部門就海運方面提出的反恐措施有哪些？其具體作法為何？（25分）

資料來源：考選部考畢試題查詢平臺
https://wwwq.moex.gov.tw/exam/wFrmExamQandASearch.aspx

# 5.3 108年交通事業港務人員升資考試試題

等級：員級晉高員級
類科（別）：各類別—港務公司、航港局
科目：海運學
考試時間：2 小時
※注意：
　①禁止使用電子計算器。
　②不必抄題，作答時請將試題題號及答案依照順序寫在試卷上，於本試題上作答者，不予計分。

一、國際間海上運送行為所面臨之船舶安全、船員資格、運送責任等，各國標準不一，有礙航運發展。故眾多國際公約乃因應而生，雖然有些公約，因為某些國家未簽署而未能全面生效，但其規範內容，仍足以對國際海事營運行為，產生全面性的影響。請您依年代，分別列示並寫出 5 種國際海事公約或國際運送公約的名稱。（25 分）

二、請解釋與論述以下在商港內的主要水面設施與導航設施：（25 分）
　①錨地 Anchorage
　②航道 Channel
　③迴船池 Turning Basin
　④船席 Berth
　⑤航路標誌

三、在論程傭船（Voyage Charter, V/C）契約中，船東對船舶營運具有控制權，並對運送負有運送人義務及責任。至於船傭雙方應負擔之費用，則依傭船契約之約定，而有所謂的「總括條件（Gross Terms）」或「F.I.O.S.T. Terms」等條件。請解釋何謂總括條件與 F.I.O.S.T. Terms？（25 分）

四、世界各國基於國家海權的拓展，都很重視航運產業獎助政策的擬定，並隨時修正各種相關的獎勵措施。請您列舉在實施航業獎助政策時，應有哪些重要的準則？（25 分）

資料來源：考選部考畢試題查詢平臺
https://wwwq.moex.gov.tw/exam/wFrmExamQandASearch.aspx

# 5.4 110年交通事業港務人員升資考試試題

等級：員級晉高員級

類科（別）：各類別—港務公司、航港局

科目：海運學

考試時間：2 小時

※注意：

　①禁止使用電子計算器。

　②不必抄題，作答時請將試題題號及答案依照順序寫在試卷上，於本試題上作答者，不予計分。

一、當貨物於運送途中發生毀損、滅失或交付遲延，則產生貨損賠償問題，請根據海商法或民法說明海上運送人之賠償責任。（25 分）

二、請說明波羅地海運價指數（BDI）的主要功能及其子市場所指為何？（25 分）

三、論程傭船（Voyage Charter, V/C）契約係指船東（Owners）與傭船人（Charterers）約定，以船舶之全部（或一部），在特定的港口之間，不論時間所耗長短，以特定的一個航次或數個航次（Voyages），將貨物送達目的港的運送契約。請說明在此契約中，航次劃分的方式。（25 分）

四、何謂海損單位責任限制？是否有排除限制的情況，請說明。（25 分）

資料來源：考選部考畢試題查詢平臺

https://wwwq.moex.gov.tw/exam/wFrmExamQandASearch.aspx

# 6.1　104年交通事業港務人員升資考試試題

等級：佐級晉員級

類科（別）：各類別—港務公司、航港局

科目：海運學概要

考試時間：2小時

※注意：

　① 禁止使用電子計算器。

　② 不必抄題，作答時請將試題題號及答案依照順序寫在試卷上，於本試題上作答者，不予計分。

一、論時傭船契約之主要內容為何？（25分）

二、請說明載貨證券的種類。（25分）

三、海上保險有哪些種類？（25分）

四、應登記之船舶權利事項包括哪些？（25分）

資料來源：考選部考畢試題查詢平臺

https://wwwq.moex.gov.tw/exam/wFrmExamQandASearch.aspx

# 6.2 106年交通事業港務人員升資考試試題

等級：佐級晉員級

類科（別）：各類別—港務公司、航港局

科目：海運學概要

考試時間：2 小時

※ 注意：

　① 禁止使用電子計算器。

　② 不必抄題，作答時請將試題題號及答案依照順序寫在試卷上，於本試題上作答者，不予計分。

一、就定期航運而言，何謂開頂貨櫃（Open Top Container）？何謂平板貨櫃（Flat rack Container）？何謂冷凍（藏）貨櫃（Reefer Container）？其使用時機與優缺點分別為何？（25 分）

二、就載貨證券實務而言，何謂簽發不實清潔提單？何謂倒填裝船日期？請分析其原因以及可能產生之風險。（25 分）

三、就不定期航運而言，請舉出四種用於運送大宗乾散貨的船型，說明其載重能力與適合運送的貨物。（25 分）

四、請問何謂船長？何謂海員？請依相關法規舉出三項海員應盡的義務並解釋之。（25 分）

資料來源：考選部考畢試題查詢平臺
https://wwwq.moex.gov.tw/exam/wFrmExamQandASearch.aspx

# 6.3 108年交通事業港務人員升資考試試題

等級：佐級晉員級

類科（別）：各類別—港務公司、航港局

科目：海運學概要

考試時間：2小時

※注意：

　①禁止使用電子計算器。

　②不必抄題，作答時請將試題題號及答案依照順序寫在試卷上，於本試題上作答者，不予計分。

一、全球的海運市場運價，會受到航運成本、運輸價值、貨物性質以及船舶營運等諸多因素之影響。其中，航運成本之固定成本（Fixed Cost/Running Cost），其計算之周全與否，會影響船東營收。請述明：航運成本之固定成本，通常包括哪些項目？（25分）

二、請論述一般商港（Commercial Port），可以提供的三大機能為何？（25分）

三、船舶租傭業務之所以能夠成為國際航運經營之重要營業方式，其主要原因有哪5項？（25分）

四、我國航業法授權交通部訂定管理航運業之子法有哪四種？請分別列示；並述明該子法之項下事業的營運業務內容或業別定義。（25分）

資料來源：考選部考畢試題查詢平臺

https://wwwq.moex.gov.tw/exam/wFrmExamQandASearch.aspx

# 6.4　110年交通事業港務人員升資考試試題

等級：佐級晉員級

類科（別）：各類別—港務公司、航港局

科目：海運學概要

考試時間：2小時

※ 注意：

　① 禁止使用電子計算器。

　② 不必抄題，作答時請將試題題號及答案依照順序寫在試卷上，於本試題 上作答者，不予計分。

一、請列舉定期航運公司的攬貨管道。（25分）

二、請說明鉤對鉤原則係指為何？（25分）

三、請說明載貨證券（B/L）之功能為何？（25分）

四、請詳述何謂權宜船籍（Flag of Convenience）？（25分）

資料來源：考選部考畢試題查詢平臺
https://wwwq.moex.gov.tw/exam/wFrmExamQandASearch.aspx

# 7.1 臺灣港務股份有限公司108年度新進從業人員甄試

專業科目試題
筆試科目：海運學
甄選類科：24 師級 _ 貨櫃場站管理

| 題號 | 題目 |
|---|---|
| 1 | 請英翻中或中翻英下列海運名詞： <br> 1. Verified gross mass <br> 2. Certificate of classification <br> 3. Ballast <br> 4. Arrest of ship <br> 5. Delivery order <br> 6. Lay/Can <br> 7. Non negotiable <br> 8. Shut-out cargo <br> 9. Surveyor <br> 10. Tramp service <br> 11. Charter hire <br> 12. Notify party <br> 13. Zulu time <br> 14. Freight prepaid <br> 15. Equipment positioning <br> 16. 礦雜油多用途船舶 <br> 17. 船舯水尺 <br> 18. 還船證明 <br> 19. 排水順位 <br> 20. 水手長 <br> 21. 船舶右舷 <br> 22. 共同海損 <br> 23. 還櫃附加費 <br> 24. 遠洋航線 <br> 25. 拆櫃費 |
| | 配分：每小題各 1 分，共 25 分。 |
| 2 | 有關全球定期貨櫃航運產業的發展和營運，請說明： <br> 1. 目前全球定期貨櫃航運策略聯盟之組成情形及其對航運產業之影響？ <br> 2. 定期貨櫃航商在船期安排上有何特色？策略聯盟航商之聯營行為對貨櫃碼頭資源的影響為何？ |
| | 配分：第 1 小題 15 分，第 2 小題 10 分，共 25 分。 |
| 3 | 請繪簡圖說明貨櫃碼頭在平面佈署上的各項子系統，並說明： <br> 1. 進口、出口、轉口之概略作業流程。 <br> 2. 在各子系統中，較常運用的貨櫃裝吊和移動機具設備有哪些？請簡要說明其運作特性。 |
| | 配分：第 1 小題 10 分，第 2 小題 15 分，共 25 分。 |

| 題號 | 題目 |
|------|------|
| 4 | 為配合貨物運輸特性，不同船型的散裝船其營運模式須依照貨物的海運需求量而有所調整，請針對以下個各類散裝乾貨：穀類、燃煤、鐵礦砂、鋁礦砂、磷礦，分別簡述不同散裝船型的經營特色為何？ |
|  | 配分：25分。 |

資料來源：臺灣港務股份有限公司首頁＞資訊公開＞人才招募＞甄試規定與歷屆試題
https://www.twport.com.tw/upload/a/relfile/custompage/2436/ebf816d4-4b96-4de2-99e9-2672e3660422.pdf

## 7.2 臺灣港務股份有限公司109年度新進從業人員甄試

甄選類科：師級 A03 貨櫃場站管理
測驗科目：專業科目 2- 海運學
第 1 頁，共 1 頁
本科考試時間爲 80 分鐘，每題二十五分，總分爲一百分，請依序作答

一、（一）請說明何謂船級？（5 分）
　　　（二）成立船級協會（Classification Society）之目的爲何？（20 分）
二、請說明港埠貨櫃基地之規劃原則及營運設施有哪些？（25 分）
三、請說明有關碼頭裝卸危險品時應注意哪些事情？（25 分）
四、請逐項解釋該業別之定義：(1) 船舶運送業、(2) 船務代理業、(3) 海運承
　　攬運送業、(4) 貨櫃集散站經營業。（25 分）

資料來源：考選部考畢試題查詢平臺
https://wwwq.moex.gov.tw/exam/wFrmExamQandASearch.aspx

# 7.3 臺灣港務股份有限公司110年度新進從業人員甄試

專業科目試題
筆試科目：海運學
甄選類科：A2 師級 _ 貨櫃場站管理

| 題號 | 題目 |
|---|---|
| 1 | 自從 1956 年貨櫃商業化運用於海上運輸後，如何藉由創新的方式以提升貨櫃碼頭的作業效率，一直是航商與碼頭業者積極努力追求的目標。請就您的了解，說明有哪些創新的技術曾經被嘗試運用來改善碼頭裝卸效率及同時降低船舶泊港時間？ |
|  | 配分：25 分 |
| 2 | 下列為典型的貨櫃終站布置示意圖，請說明下圖①②③④⑤的動作。 |
|  | 配分：25 分 |
| 3 | 請敘述近一年因新冠肺炎（COVID-19）疫情對海運市場造成的影響。 |
|  | 配分：25 分 |
| 4 | 船舶大型化持續現象，將使航商對港口設施之需求產生很大的變化，以港埠經營角度而言，為符合航商之需求而成為船舶泊靠之主要軸心港，須針對哪些港口設施進行改善？ |
|  | 配分：25 分 |

資料來源：臺灣港務股份有限公司首頁 > 資訊公開 > 人才招募 > 甄試規定與歷屆試題
https://www.twport.com.tw/Upload/A/RelFile/CustomPage/2436/41bce164-b15b-430f-96bd-1534e84cb420.pdf

國家圖書館出版品預行編目資料

圖解海運學／張雅富作. -- 初版. -- 臺北
市：五南圖書出版股份有限公司, 2022.09
　面；　公分
　ISBN 978-626-343-038-9（平裝）

1.CST: 航運

557.4　　　　　　　　111010485

5I67

# 圖解海運學

作　　者 ― 張雅富（214.5）

發 行 人 ― 楊榮川

總 經 理 ― 楊士清

總 編 輯 ― 楊秀麗

副總編輯 ― 王正華

責任編輯 ― 張維文

封面設計 ― 姚孝慈

出 版 者 ― 五南圖書出版股份有限公司

地　　址：106臺北市大安區和平東路二段339號4樓

電　　話：(02)2705-5066　　傳　真：(02)2706-6100

網　　址：https://www.wunan.com.tw

電子郵件：wunan@wunan.com.tw

劃撥帳號：01068953

戶　　名：五南圖書出版股份有限公司

法律顧問　林勝安律師事務所　林勝安律師

出版日期　2022年 9 月初版一刷

定　　價　新臺幣420元

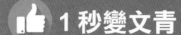

# 經典永恆・名著常在

## 五十週年的獻禮——經典名著文庫

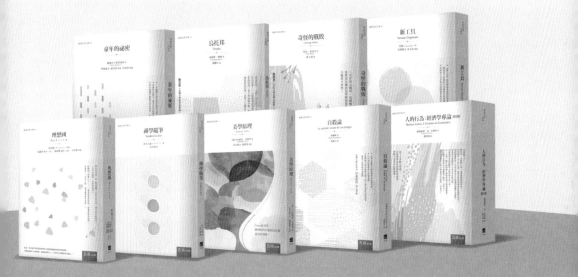

五南，五十年了，半個世紀，人生旅程的一大半，走過來了。

思索著，邁向百年的未來歷程，能為知識界、文化學術界作些什麼？

在速食文化的生態下，有什麼值得讓人雋永品味的？

歷代經典・當今名著，經過時間的洗禮，千錘百鍊，流傳至今，光芒耀人；

不僅使我們能領悟前人的智慧，同時也增深加廣我們思考的深度與視野。

我們決心投入巨資，有計畫的系統梳選，成立「經典名著文庫」，

希望收入古今中外思想性的、充滿睿智與獨見的經典、名著。

這是一項理想性的、永續性的巨大出版工程。

不在意讀者的眾寡，只考慮它的學術價值，力求完整展現先哲思想的軌跡；

為知識界開啟一片智慧之窗，營造一座百花綻放的世界文明公園，

任君遨遊、取菁吸蜜、嘉惠學子！